- 国家自然科学基金面上项目“中国对外直接投资推动全球价值链重构：基于共建‘一带一路’背景的研究”（项目编号：72073047）
- 广东省软科学项目“有关国家技术出口管制对广东科技创新发展的影响研究”（项目编号：2018B07071401）
- 广州市哲学社会科学规划项目“RCEP协定影响下广州构建‘双循环’重要战略地位研究”（项目编号：2021GZYB01）

共建“一带一路”倡议：中国对世界的贡献

The Belt and Road Initiative: China's Contribution to the World

黄亮雄　等著

中国财经出版传媒集团
经济科学出版社
Economic Science Press

图书在版编目（CIP）数据

共建“一带一路”倡议：中国对世界的贡献／黄亮雄等著.—北京：经济科学出版社，2021.7
ISBN 978－7－5218－2715－6

Ⅰ.①共…　Ⅱ.①黄…　Ⅲ.①“一带一路”－国际合作－研究　Ⅳ.①F125

中国版本图书馆 CIP 数据核字（2021）第 141911 号

责任编辑：张　燕
责任校对：李　建
责任印制：王世伟

共建“一带一路”倡议：中国对世界的贡献
黄亮雄　等著
经济科学出版社出版、发行　新华书店经销
社址：北京市海淀区阜成路甲 28 号　邮编：100142
总编部电话：010－88191217　发行部电话：010－88191522
网址：www.esp.com.cn
电子邮箱：esp@esp.com.cn
天猫网店：经济科学出版社旗舰店
网址：http://jjkxcbs.tmall.com
固安华明印业有限公司印装
710×1000　16 开　14 印张　240000 字
2021 年 8 月第 1 版　2021 年 8 月第 1 次印刷
ISBN 978－7－5218－2715－6　定价：78.00 元
（图书出现印装问题，本社负责调换。电话：010－88191510）

前　言

共建“一带一路”倡议是在百年未有之大变局中，中国建设社会主义现代化国家的对外开放和经济外交的顶层设计，既是中国经济高质量发展的重要抓手，也是中国承担大国责任，对世界做贡献的重要平台。“一带一路”倡议的重要性无可比拟，自提出至今已逾7年，有必要系统性地审视倡议的进展情况及其影响效应。本书正是有关共建“一带一路”倡议的系统性实证研究。

值得注意的是，虽然“一带一路”倡议一直被学者们高度关注，分析研究可谓汗牛充栋，但大多是定性分析，缺乏严谨的定量分析。随着倡议的不断深入，虽然相关的定量研究相应增多，但更多地是站在中国获益的视角，即讨论中国从“一带一路”倡议中获益多少，以及如何获益。中国的社会主义现代化国家建设，不但要强调自身的高质量发展，还要有大国胸襟，为世界提供公共品，为世界做出贡献，推动经济全球化朝着更加开放、包容、普惠、平衡、共赢的方向发展。

本书希冀做有所裨益的工作，以中国对世界的贡献视角，展开对共建“一带一路”倡议的实证分析。在交代了研究脉络、进行文献综述以及总结“一带一路”倡议的建设成效后，本书把“一带一路”看成地域概念进行了实证分析，并基于双重差分法对“一带一路”倡议进行了绩效检验。本书共分为十章。第一章是导论。主要阐述了本书的研究背景、视角、意义、方法和研究思路等，为本书提纲挈领。第二章对涉及的文献进行综述与评价。文献涉及共建“一带一路”倡议意涵、以“一带一路”区域为研究范围的实证分析、共建“一带一路”倡议的绩效研究文献以及中国对世界的贡献。第三章是“一带一路”倡议建设现状。通过对有关“一带一路”倡议的数据统计描述，展现倡议的建设现状、建设成效、当前的主要问题等，以为实证分析奠定现实基础。第四章采用“一带一路”沿线64个国家的非平衡面板数据，分析中国的经济发展对“一带一路”沿线国家和地区经济发展的影响。第五章构建五维度的基础设施水平指数，继而建立计量模型，分析中国的对外直接投资对沿线国家基础设施水平的影响。第六章构建面板 VAR 模型，验证中国向沿线国家的直接投资与沿线国家经济增长的互动关系。第四章至第六章是本书的区域篇实证部分，其主要特点是以“一带一路”64 个沿线国家为分析样本。第七章基于拟自然实验的框架，采用双重差分法，检验共建“一带一路”倡议对参与国基础设施水平的绩效。第八章评价“一带一路”倡议的中外科技创新合作影响效应。第九章整合 DMSP/OLS 和 NPP/VIIRS 夜间灯光数据，检验共建“一带一路”倡议对参与国经济增长的影响。第七章至第九章是本书的绩效篇实证部分，其主要特点是采用双重差分法，基于全球数据，检验“一带一路”倡议的绩效。第十章是总结、政策建议与未来展望。

本书是本人七年来有关“一带一路”研究的汇总，也是本人学术团队的集体结晶。其中，第二章的合作者包括华南理工大学经济与金融学院的王淑祺和吴念峻硕士生。第三章的合作者为华南理工大学经济与金融学院的肖霞硕士生。第四章的合作者为广东外语外贸大学广东国际战略研究院韩永辉教授、商学院王佳琳硕士和会计学院李忠杰硕士，该章已发表在《经济学家》2016 年第 9 期。第五章的合作者是暨南大学经济学院钱馨蓓博士生和广东外语外贸大学广东国际战略研究院隋广军教授，该章已发表在《管理评论》2018 年第 3 期。第六章的合作者是暨南大学经济学院钱馨蓓博士生，该章已发表在《国际经贸探索》2016 年第 8 期。第八章的合作者是浙江大学经济学院曹婷婷硕士生和浙江理工大学经济管理学院申晨博士。其余章节均为本人单独撰写。希望本书的出版能够拓展社会各界对“一带一路”建设问题的认识，同时也希望本书能够在研究上有所突破，对丰富高质量建设“一带一路”以及积极参与全球经济治理的理论研究、政策分析具有一定的学术价值和政策参考意义。

感谢中山大学徐现祥教授、才国伟教授、张莉教授，华南理工大学邓可斌教授、谭锐研究员，暨南大学王贤彬副教授、李书娟副教授，广东财经大学刘敏副教授，广州大学刘淑琳博士对本人研究及本书的评论与建议。

本书得到了国家自然科学基金面上项目“中国对外直接投资推动全球价值链重构：基于共建‘一带一路’背景的研究”（项目编号：72073047）、广东省软科学项目“有关国家技术出口管制对广东科技创新发展的影响研究”

（项目编号：2018B07071401）、广州市哲学社会科学规划项目“RCEP协定影响下广州构建‘双循环’重要战略地位研究”（项目编号：2021GZYB01）的资助，在此一并表示感谢。

本书参考了国内外很多同行专家、学者的研究成果，在此表示诚挚的谢意！书中若有不当或谬误之处，敬请业界方家批评指正。

黄亮雄

2021年7月

目　录

第一部分　基础篇

第二部分 区域篇

第三部分 绩效篇

第一部分

基础篇

第一章 导 论

第一节 提出问题

当前世界正处于百年未有之大变局中，尤其是，2008 年国际金融危机之后，中国全面崛起的发展势头更为明显，而传统西方发达国家则相对衰落，新冠肺炎疫情的暴发，进一步加深了该趋势①。2010 年，中国超越日本成为全球第二大经济体，2013 年成为世界第一大对外贸易国。2017 年，党的十九大报告强调，中国特色社会主义进入新时代，中国社会主要矛盾已经转化为人民日益增长的美好生活需要和不平衡不充分的发展之间的矛盾。2020 年，中国全面建成小康社会，实现了第一个百年奋斗目标。当前，中国正踏上建设社会主义现代化国家的新征程，积极探索着实现第二个百年奋斗目标。

在实现中华民族伟大复兴中国梦的过程中，一方面，我国仍需要寻找更广阔的国际合作空间，尤其与发展中国家展开深度合作，提升国际竞争力，推动经济高质量发展；另一方面，中国的现代化道路需要有负责任大国形象，尤其要积极参与全球治理体系改革和建设，推动经济全球化朝着更加开放、包容、普惠、平衡、共赢的方向发展。正如前文所强调的，当今世界正发生复杂深刻的变化，国际金融危机深层次影响继续显现，世界经济增长缓慢、发展分化，国际投资贸易格局和多边投资贸易规则酝酿深刻调整，各国面临的发展问题依然严峻。2013 年 9 月和 10 月，中国国家主席习近平分别提出建设“新丝绸之路经济带”和“21 世纪海上丝绸之路”的合作倡议（简称

---

① 据《2021 年国民经济和社会发展统计公报》显示，2020 年，面对疫情，中国全年的国内生产总值（GDP）增长率为 2.3%，是全球唯一实现经济正增长的主要经济体。当年，中国 GDP 超过 100 万亿元人民币，人均 GDP 超过 1 万美元，按照世界银行给出的标准，我国已经是一个中等偏上收入国家，越发接近成为高收入国家。

“一带一路”倡议），旨在高举和平发展的旗帜，积极发展与沿线国家的经济合作伙伴关系，共同打造政治互信、经济融合、文化包容的利益共同体、命运共同体和责任共同体。共建“一带一路”倡议既是今后中国对外开放的总纲领，也成为全面深化改革的总钥匙。推进“一带一路”建设既是中国扩大和深化对外开放的需要，也是加强和亚欧非及世界各国互利合作的需要，中国愿意在力所能及的范围内承担更多责任义务，为人类和平发展做出更大的贡献。

共建“一带一路”倡议提出至今已逾7年，针对该倡议的研究，可谓是汗牛充栋，但当前的研究多为定性分析，观点多缺乏严谨的数理分析与实证支撑。例如，部分学者从大战略的宏观角度为“一带一路”建设提供了前瞻性的观点，尤其是提出建设思路、基本架构，探索具体策略和路径（胡鞍钢等，2014；陈万灵和何传添，2014；等等）。部分学者则从中国与沿线国家贸易、投资、金融、产业等方面阐述中国与沿线国家的合作空间与步骤（申现杰和肖金成，2014；郭宏宇和竺彩华2014；等等）。当然，针对“一带一路”倡议的定量实证研究日渐成为经济学分析的主流。该实证研究主要经历两个阶段：第一阶段，主要见于2017年以前，其特点是把“一带一路”当成区域概念，即框定研究样本，一般以“一带一路”沿线64个国家为研究对象①。此类研究跟以往采用跨国数据分析是一致的，只不过用的是“一带一路”沿线64个国家的数据。例如，崔日明（2017）利用“一带一路”沿线国家的面板数据研究沿线国家贸易投资便利化水平及其对中国出口的影响。黄亮雄等（2018a）采用“一带一路”沿线国家为分析样本，探讨了领导人访问对跨国并购的影响。第二阶段，是2017年之后，这类研究强调检验“一带一路”倡议的绩效，即把“一带一路”倡议当作一项政策冲击，采用拟自然实验框架，进行绩效检验。例如，孙楚仁等（2017）检验了“一带一路”

---

① 综合目前商务部对“一带一路”的定义，以及现有文献的惯常做法（刘红铎，2015；孙楚仁等，2017；黄亮雄等，2018；孙焱林和覃飞，2018），除中国外，“一带一路”沿线64个国家包括：蒙古、俄罗斯、印度尼西亚、泰国、马来西亚、越南、新加坡、菲律宾、缅甸、柬埔寨、老挝、文莱、东帝汶、乌克兰、白俄罗斯、格鲁吉亚、阿塞拜疆、亚美尼亚、摩尔多瓦、印度、巴基斯坦、孟加拉国、斯里兰卡、阿富汗、尼泊尔、马尔代夫、不丹、沙特、阿联酋、阿曼、伊朗、土耳其、以色列、埃及、科威特、伊拉克、卡塔尔、约旦、黎巴嫩、巴林、也门、叙利亚、巴勒斯坦、波兰、罗马尼亚、捷克、斯洛伐克、保加利亚、匈牙利、拉脱维亚、立陶宛、斯洛文尼亚、爱沙尼亚、克罗地亚、阿尔巴尼亚、塞尔维亚、马其顿、波黑、黑山、哈萨克斯坦、乌兹别克斯坦、塔吉克斯坦、土库曼斯坦、吉尔吉斯斯坦。

倡议与中国对沿线国家的贸易增长的影响。孙焱林和覃飞（2018）检验发现，“一带一路”倡议能显著降低企业对外投资风险。吕越等（2019）指出，“一带一路”倡议实施显著促进了中国企业对外绿地投资的增长。王桂军和卢潇潇（2019a，2019b）考察了“一带一路”倡议对中国企业创新、企业升级的影响及作用路径。上述文献，无论是关于区域的分析，还是绩效的分析，更多地是站在中国利益诉求的角度，强调世界对中国的影响。当前，全面崛起的中国正积极参与全球经济治理，此时，更应强调中国承担大国责任，更好地让中国的发展成果惠及全球，让各国搭乘中国发展的列车，即强调中国对世界的影响与贡献。

与此同时，当前中国对世界贡献的研究，更多地关注中国对世界经济增长的影响，而缺乏更多领域的探究。例如，丁一凡（2005）采用广泛的数据分析了中国经济增长对世界经济的积极贡献。罗坚毅等（2017）基于1996～2016年数据分析，认为中国对世界经济增长的作用和贡献尤为关键，中国在世界经济中发挥着无可替代的作用，对全球经济增长贡献率越来越大，现已位居首位，且这一贡献度远超一些发达国家和地区（金灿荣和王浩，2014；宋泓，2018）。戴翔（2020）指出，中国对世界经济增长的贡献率持续上升，成为全球经济发展的重要引擎，为世界经济的增长做出巨大实质性的贡献。此外，上述研究也缺乏渠道分析，即，中国如何、通过怎样的渠道对世界做出贡献，带来影响。

本书是系统地针对共建“一带一路”倡议的定量研究。本书将综合上述两大分析框架，不但将进行以“一带一路”为区域概念的实证分析，也将进行“一带一路”倡议绩效检验。更重要的是，与以往的分析不同，本书从中国对世界贡献的视角，强调“一带一路”倡议对参与国的影响，并关注中国通过对外直接投资以及进出口贸易影响世界。

第二节 研究视角

共建“一带一路”是中国与世界深度互动的新型链接范式，是中国积极影响、引领与推动建立更加公正合理的国际新秩序的重要平台（陈伟光，2015；邢广程，2016；任琳和彭博，2020）。共建“一带一路”引起了国内外学者和媒体的关注，研究热潮不断。正如前文提到的，在这一波分析中，大多为定性研究。具体包括：阐述“一带一路”的意义，分析其建设思路，探索未来的实践策略与路径（陈万灵和何传添，2014；胡鞍钢等，2014；等等）；以及从贸易、投资、金融、产业等方面阐述中国与沿线国家的合作情况与路径（韩永辉和邹建华，2014；申现杰和肖金成，2014；等等）。这类分析数量巨大，可见学者对该话题的关注，但这类定性分析，未能全面地展现“一带一路”的现状及其影响。只有系统地掌握“一带一路”倡议带来的影响，才能高质量地推动“一带一路”的未来建设。

当然，随着“一带一路”倡议不断深入，严谨的计量分析日渐增多。以中国与沿线国家的贸易与投资状况为例。一是，讨论影响中国与沿线国家贸易和投资的因素。王颖等（2018）强调东道国的制度环境因素，认为东道国市场规模、东道国人均收入水平以及东道国资源禀赋是影响中国企业对其投资的主要因素。林玲和刘尧（2018）的实证也指出，中国更倾向于向制度质量较好的“一带一路”国家出口契约密集度较高的产品。崔远淼（2018）认为，出口经验能显著提升企业对“一带一路”国家的对外直接投资。李晓钟和吕培培（2019）对中国对“一带一路”沿线国家装备制造产品出口的贸易潜力和贸易效率进行分析，指出伙伴国的人口规模、人均 GDP、双边距离对我国装备制造产品出口贸易规模影响显著。郭烨和许陈生（2016）、黄亮雄等（2018a）则指出，国家领导人访问能促进中国企业对沿线国家的贸易与投资。陈胤默等（2017）基于母国文化助推视角，提出孔子学院对中国企业在“一带一路”沿线国家的直接投资有促进作用。张友棠和杨柳（2018）测度“一带一路”国家税收竞争力水平，认为国家税收竞争力对中国对外直接投资（OFDI）有显著的促进作用。可见，这些分析大多仅是采用“一带一路”的区域概念，即仅是采用“一带一路”沿线国家作为分析样本，并不展现“一带一路”倡议产生的影响，分析倡议带来的绩效。这类分析多见于 2017 年之前，一方面，“一带一路”建设的时间尚短，难以进行绩效分析；另一方面，仅是区域分析，与以往的跨国样本分析一致，只是更换了研究样本，分析门槛相对较低。

二是，分析共建“一带一路”倡议对贸易与投资等方面带来的效应。研究起初进行事前预测，陈虹和杨成玉（2015）运用 CGE 模型模拟了中国与“一带一路”沿线国家建成自由贸易区后的各方国际经济效应。倪中新等（2016）采用时变向量自回归模型，预测“一带一路”倡议将逐年化解我国过剩的钢铁产能。然后随着“一带一路”倡议的深入，逐渐有更多的学者采用拟自然实验的框架。孙楚仁等（2017）利用中国海关数据库，结合世界发展指标数据库，采用双重差分法验证了“一带一路”倡议的提出显著地促进了中国对“一带一路”国家的出口增长，且对出口数量增长的影响要大于对价格上升的影响。吕越等（2019）同样也采用双重差分法，认为“一带一路”倡议实施显著促进了中国企业对外绿地投资的增长，对沿线国家的投资项目数增长幅度达32%左右。孙焱林和覃飞（2018）关注微观企业的影响，采用双重差分法评估“一带一路”倡议对企业对外直接投资的风险的影响，他们认为“一带一路”倡议能够降低企业在“一带一路”国家投资的风险，且对投资目的地为非邻国的企业的投资风险降低作用更大。王桂军和卢潇潇（2019a，2019b）利用双重差分法考察“一带一路”倡议对中国企业创新、企业升级的影响及作用路径后，指出“一带一路”倡议显著提高了企业的创新水平，助推中国以全要素生产率提高为表征的企业升级。徐思等（2019）基于双重差分法，表明“一带一路”倡议的实施显著降低了受到倡议支持企业的融资约束。事前预测是在“一带一路”倡议提出不久进行的分析，随着倡议的深入，这类分析越来越少见；而且能进行预测的变量，其范围较窄。而基于拟自然实验的分析，由于不失科学严谨，且分析鲜明简易，成为2017年后有关“一带一路”倡议实证研究的主流。

然而，上述文献更多地是站在中国利益诉求的角度，强调中国能从“一带一路”建设中获得的机遇与收益（黄亮雄和钱馨蓓，2016；黄亮雄等，2018b）。马艳等（2020）的分析视角有所转换，他们利用动态数值模拟和双重差分法，考察“一带一路”倡议对缩小国际不平等性的作用效果，认为“一带一路”倡议具有技术和制度双重维度的逆不平等性，是防止全球化过程中发达国家与发展中国家之间不平等加剧的重要举措。但他们的研究没有理论机制分析，也没有突出中国的角色。而事实上，作为发展中大国，自身的发展固然重要，但在成为世界强国的过程中，中国同样需有大国担当，为世界做出贡献。同时，只有做出了与大国身份相匹配的世界贡献，才能赢得更好的国际形象，突破重围，获得更多的国际支持，得到更广阔的国际合作空间。

与此同时，探讨中国对世界的影响与贡献，起初更多地关注中国对世界经济的积极贡献（丁一凡，2005；余芳东，2007；刘得手，2017）。罗坚毅等（2017）定量分析了1996~2016年中国对世界经济增长的贡献率，指出了进出口贸易、国际投资、科技进步、产业结构变动和贫困人口减少五条贡献途径。黄亮雄等（2016）采用夜间灯光数据捕捉“一带一路”的经济发展程度，认为中国经济发展显著推动了沿线国家的经济发展，该推动作用源于提高双边贸易与直接投资额。张同斌等（2017）基于中间品关联和中间品流向的视角，在全球价值链框架下，测度了中国制造业与世界各地区之间的关联特征以及“中国制造”对于世界经济增长的贡献，指出中国制造业为发达国家贡献的经济产出增量大于新兴经济体国家。蔡昉（2019）认为，中国经济发展的世界意义在于中国以其作为世界经济的发动机和稳定器，促成了世界百年未有之大变局。随着中国的全面崛起，研究展现了中国对世界更多方面的贡献。例如，张春侠（2018）、郜亮亮（2019）强调中国对世界减贫的贡献。王宁静和魏巍贤（2019）强调中国大气污染治理绩效的提高对世界减排的贡献。王海飞和龚晓莺（2019）总结了新中国成立70年来中国对世界经济社会发展的三大贡献，分别为：物质文明贡献，消减普遍贫困，培育积极的建设主体；社会制度贡献，主动寻求变革，贡献宝贵的体制经验；发展理念贡献，积极推动创新，提供优质的内生动能。上述研究并没有紧扣“一带一路”建设的重要平台。要知道“一带一路”建设是新时代中国对外开放的顶层设计，其将深刻影响中国社会主义现代化强国的新征程。

党的十八大以来，在“四个自信”下，强调“中国道路”“中国制度”对世界贡献的分析更为深入（姜卫平和蒋岩桦，2018；李伟，2019），其中在全球经济治理中提供“中国方案”“中国智慧”是重要一环（裴长洪，2014）。目前分析主要围绕两个方面：一是，强调中国通过自身发展对全球治理产生影响。例如，李青和黄亮雄（2015）认为，中国的产业结构调整，尤其是2014年之后的探索，有助于降低全球经济失衡。李瑞琴（2018）指出，新时代中国特色社会主义以独特的中国方案推动解决人类共同面临的各类问题，为世界和平发展做出卓越贡献。二是，阐述中国如何参与国际制度的改革，进而影响世界（“中国2020”课题组，2013；广东国际战略研究院课题组，2014；朱磊和陈迎，2019）。而这些领域的研究更多停留在定性或简单的数据统计描述分析上，且甚少涉及理论机制分析，也缺乏有关全球价值链重构的探索。推动全球价值链重构，促进国际经济秩序朝着平等公正、合作共赢的方向发展，是中国积极参与全球经济治理的重要目标。共建“一带一路”倡议是中国积极参与全球经济治理所提供的重要“中国方案”，不仅助推中国梦的实现，还将助力沿线国家实现现代化，为世界发展贡献“中国智慧”（王义桅，2016；陈凤英，2018），对于深化区域合作、促进我国与周边国家经济关系、推动全球和平发展具有重大而深远的意义（谭秀杰和周茂荣，2015）。但正如前文所指出的，当前对“一带一路”绩效的分析，更多地关心中国从中所得到的收益，对于中国贡献的数量研究较为缺乏。

本书遵循以往“一带一路”倡议实证分析的方式，依然分为两个方面：一是，把“一带一路”看作区域概念，即仅是采用“一带一路”沿线国家作为分析样本。本书分别展现了中国经济发展对沿线国家经济发展的影响，中国对外直接投资对沿线国家基础设施与经济发展的影响。二是，检验“一带一路”倡议带来的绩效。本书也分别展现了共建“一带一路”倡议对参与国基础设施水平、中外科技合作以及经济发展的影响。

本书强调中国对世界的影响，认为“一带一路”倡议是中国对世界做贡献的重要平台。此外，本书特别关注中国影响世界的作用渠道，也把作用渠道聚焦于中国对外直接投资，以及进出口贸易。

第三节　研究意义

共建“一带一路”倡议既是中国经济高质量发展的重要抓手，又是中国为世界做贡献，边际改革全球经济治理体系的重要平台。本书以中国对世界的贡献视角，系统地展开针对“一带一路”倡议的实证研究，并主要呈现区域篇和绩效篇两大篇章。本书研究，具有以下重要意义。

第一，深化共建“一带一路”理论，丰富中国对世界做贡献的理论。目前，对于“一带一路”的分析大多集中于概念阐述与政策建议，本书强调共建“一带一路”是中国与沿线国家互惠共赢的合作平台。更重要的是，“一带一路”倡议体现了中国负责任大国的胸襟：中国通过共建“一带一路”倡议，提供全球公共品，让中国的发展成果惠及全球，这是本书强调的中国对世界的贡献视角。也正是这样的贡献，有助于提升中国的国际形象，收获更多的国际友谊。与此同时，以往对中国对世界的贡献的研究讨论，大多只关注经济增长方面的贡献，且缺乏贡献的渠道和手段分析。本书不但认为中国通过“一带一路”平台，为参与国带来更高的经济增长，还带来基础设施水平的提高，以及中外科技合作的加深，而且强调产生这些贡献的主要手段，即中国对参与国的直接投资，以及中国与参与国之间的进出口贸易。

第二，更深入了解“一带一路”的建设现状，助推未来的进一步高质量建设。本书的分析全面而严谨。本书不但描述了“一带一路”的建设成效，还采用拟自然实验框架，实证检验“一带一路”倡议在基础设施、中外科技合作以及经济增长方面的绩效。这些都有助于对“一带一路”的理解。“一带一路”倡议将是中国建设社会主义现代化国家的长期政策，自党的十八届三中全会以来，一直出现在党和国家重要会议的报告与文件中。在全面把握了“一带一路”建设的现状后，才能做到有的放矢，找到未来高质量发展的落脚点。

第三，为中国积极参与全球治理体系改革和建设提供政策指引。中国与沿线国家的合作空间巨大，各国也在为各自的繁荣发展寻找措施与方法。中国与沿线国家经营好“一带一路”，例如，通过对外直接投资以及进出口贸易互惠共赢，形成合力，能充分应对各种冲击，促进国际经济秩序的改革。本书从区域和绩效两个维度，为推动中国与沿线国家共建“一带一路”的实践和务实合作提供了现实抓手与目标，阐述“一带一路”的建设现状，有助于推动中国与沿线国家更深层次的合作。本书强调中国对沿线国家、对世界的贡献，尤其在促进沿线国家经济发展方面，充分体现共建“一带一路”倡议是中国在全球经济治理上的“中国方案”，是共商共建共享理念的现实探索，充分体现了“中国智慧”和“中国贡献”，从而能够为政府寻求新的政策着力点，为积极参与全球治理体系改革和建设提供更有利的政策保障。

第四节　方法与数据

针对具体的研究问题和研究层次，本书将灵活采用事实分析、统计分析、计量实证等方法，主要的实证方法包括静态面板模型、动态面板模型、面板自回归模型以及双重差分法。本书主体内容采用实证分析，因此数据非常重要，涉及的数据主要包括以下四类。

（1）“一带一路”合作协议签订数据，来源于中国一带一路网的《已同中国签订共建“一带一路”合作文件的国家一览》，网址为：https：//www.yidaiyilu. gov. cn/gbjg/gbgk/77073. htm。主要在第三章和第九章采用该数据。

（2）国家层面的宏观变量数据，见于世界银行 WDI 数据库。该数据在实证各章均有所运用。

（3）中国的对外直接投资数据与进出口数据。前者见于《中国对外直接投资统计公报》，后者见于 CEPII BACI 国际贸易数据库。同样地，实证各章都有所运用。

(4) 其他数据。在第五章和第九章，采用到夜间灯光数据，来源于美国国家海洋和大气局（NOAA）的由美国国防气象卫星搭载的可见光成像线性扫描业务系统（DMSP/OLS）数据以及美国国家极轨卫星搭载的可见光近红外成像辐射仪（NPP/VIIRS）数据。在第八章采用到中外科技合作数据，来源于世界知识产权组织（WIPO）的 PATPATENTSCOPE 数据库。第五章也采用到领导人访问数据，来源于由外交部政策规划司编撰的《中国外交》中的《中国外交重要活动》章节。

具体的数据处理方法，请参照本书的相关章节。

第五节 结构与内容

本书旨在以中国对世界的贡献视角，展开对共建“一带一路”倡议的实证分析。遵循以往的分析，本书涉及三个部分的内容：一是基础篇，主要介绍本书的研究脉络，进行文献综述以及总结“一带一路”倡议的建设成效；二是区域篇，把“一带一路”看作地域概念，主要以沿线 64 个国家为研究样本进行实证分析；三是绩效篇，采用拟自然实验框架，基于双重差分法，进行倡议的绩效检验。本书的研究框架如图 1-1 所示。具体各章节的内容安排如下。

第一章导论。主要阐述了本书的研究背景及问题、视角、意义、方法和结构等，为本书提纲挈领。

第二章文献综述。对涉及的文献进行综述与评价。文献涉及共建“一带一路”倡议意涵、以“一带一路”区域为研究范围的实证分析、共建“一带一路”倡议的绩效研究以及中国对世界的贡献。

第三章“一带一路”倡议建设现状。通过对有关“一带一路”倡议的数据统计描述，展现倡议的建设现状、建设成效、当前的主要问题等，以为实证分析奠定现实基础。

第一到第三章，构成了本书的基础篇部分。

第四章中国经济发展与“一带一路”建设。本章采用 2002～2013 年“一带一路”沿线 64 个国家的非平衡面板数据，实证检验中国的经济发展对

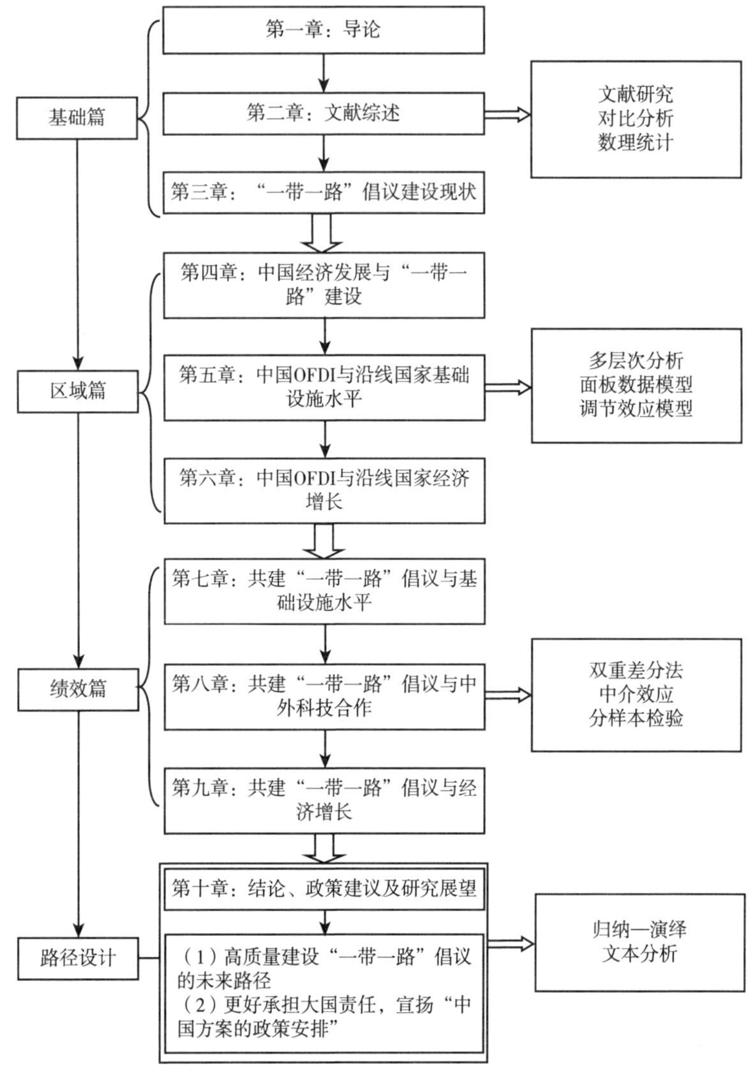

图1-1　研究内容与思路

沿线国家经济发展的影响。实证结果表明，中国的经济发展显著促进了沿线国家的经济发展，双方领导人的互访和良好经贸关系的构建则进一步提高了该效应。即中国的经济发展显著推动了沿线国家的经济发展，沿线国家与中国友好紧密程度的提高，更能强化这种推动作用，此推动作用源于中国的经济发展显著提高双边贸易与直接投资额。由此，通过综合国力不断壮大及与世界的深入互动，都将强化中国发展推动“一带一路”建设效应。

第五章中国 OFDI 与沿线国家基础设施水平。采用 2003 ~ 2013 年 64 个沿线国家的非平衡面板数据，构建计量模型，分析中国向沿线国家直接投资对沿线国家基础设施水平的影响效应。该章首先构建了五维度的基础设施水平指数，衡量沿线国家的基础设施状况，沿线国家的基础设施水平正不断完善，区域差异在缩小。其次，建立面板数据模型，发现中国向沿线国家直接投资显著促进沿线国家基础设施水平。

第六章中国 OFDI 与沿线国家经济增长。采用“一带一路”沿线 55 个国家 2003 ~ 2013 年的面板数据，构建面板 VAR 模型，验证中国向沿线国家的直接投资与沿线国家经济增长的互动关系。结果表明，中国向沿线国家的直接投资显著提高了沿线国家的人均实际 GDP，该影响效应能持续 7 年左右，并在 2 ~ 3 年后达到峰值。自 2003 年以来，在控制其他因素不变的情况下，中国向沿线国家的直接投资促进沿线国家人均实际 GDP 增长仅约为 2%，对沿线国家的经济增长贡献率不足 8%，中国的推动作用有待加强。同时，沿线国家的经济发展情况越好，越能吸引中国的投资，中国企业决定是否向沿线国家投资及投资额的大小，一般会考虑沿线国家最近 10 年左右的经济发展情况。

第四到第六章，构成了本书的区域篇部分。

第七章共建“一带一路”倡议与基础设施水平。基于拟自然实验的框架，采用双重差分法，利用全球 90 个国家 2009 ~ 2018 年的面板数据，进行实证检验。该章以沿线 64 个国家为实验组，其他国家为对照组，以 2014 年为政策发生年份。本章研究发现，共建“一带一路”倡议显著提高了参与国的基础设施水平，该效应是由于共建“一带一路”倡议显著提高了中国向参与国的直接投资，以及参与国对中国的出口，从而提高了参与国的基础设施水平。

第八章共建“一带一路”倡议与中外科技合作。通过 WIPO 的国际专利数据库，利用加入专利合作条约（PCT）的 152 个国家 2009 ~ 2018 年的面板数据，基于拟自然实验框架，运用双重差分法，评价“一带一路”倡议的中外科技创新合作影响效应。研究发现，“一带一路”倡议显著促进了中外科技创新合作程度，究其机制，“一带一路”倡议能提高中国与外国的进出口贸易量，提高中国的对外直接投资，从而促进中外科技创新合作。

第九章共建“一带一路”倡议与经济增长。整合 DMSP/OLS 和 NPP/VIIRS 夜间灯光数据，匹配世界银行 WDI 数据库，形成 2009 ~ 2018 年的 193 个国家（或地区）面板数据，进而，以是否与中国签订“一带一路”合作协议来判定某国是否参与“一带一路”倡议，构建双重差分法检验共建“一带一路”倡议对参与国经济增长的影响。研究结果表明，“一带一路”倡议的实施显著提高了参与国的经济增长。探索该结果的形成机制，发现“一带一路”倡议显著提高了中国向参与国的直接投资，提高了参与国对中国的出口，从而促进了倡议参与国的经济增长。

以上三章，为本书的绩效篇部分。

第十章结论、政策建议及研究展望。

第二章　文献综述*

共建“一带一路”是中国开拓国际合作空间的重要倡议，也是中国边际改革全球经济治理秩序的重要平台。自2013年提出以来，该倡议一直是中国的国家战略，并在党的十八届三中全会、五中全会，党的十九大等得以强调。在国家的“十四五”规划纲要中，同样强调“推动共建‘一带一路’高质量发展”。可见，共建“一带一路”倡议是在百年未有之大变局下中国的长期战略举措。共建“一带一路”倡议涉及众多层面与学科，而本书仅从经济学的角度探讨共建“一带一路”问题，这也是当前分析中国建设高水平开放型经济新体制、积极参与全球经济治理体系改革的新兴话题。纵使如此，本书的研究仍涉及多方面的经济学文献。

首先，共建“一带一路”倡议是中国新的对外开放举措，在倡议提出之初，有不少研究针对倡议的意涵进行分析。本书也将接受倡议意涵的文献，主要包括倡议的主要内容、意义、面临的挑战以及应对策略。

其次，随着“一带一路”倡议实施的推进，越来越多的学者进行了定量分析。在早期的研究中，“一带一路”被作为一个区域的概念，旨在界定研究对象的范围。本书也将会对这一领域的研究进行综述。

再次，共建“一带一路”倡议实证分析的另一个领域是检验倡议的绩效。本书也会综述这方面的文献。

最后，本书强调中国对世界的影响与贡献，本书同样将综述该方向的研究文献。

---

* 本章的作者为：黄亮雄（华南理工大学经济与金融学院）、王淑祺（华南理工大学经济与金融学院）、吴念峻（华南理工大学经济与金融学院）。

第一节　共建“一带一路”倡议的意涵研究

随着“一带一路”倡议的提出，国内外众多学者对“一带一路”倡议的主要内容、意义、面临的挑战以及应对策略等众多方面进行了阐述和解读。

（一）共建“一带一路”倡议的主要内容分析

2013 年，习近平主席提出了建设“丝绸之路经济带”与“21 世纪海上丝绸之路”的倡议构想。不管对于中国还是其他国家，“一带一路”倡议的提出都将具有非同凡响的意义。

共建“一带一路”倡议是在主权国家和平共处的指导原则下，要求建立一个开放包容的国际经济、政治和文化合作的发展模式（Dunford and Liu，2019），该倡议已经成为国际讨论的重要议题，同时也展现了中国希望在国际合作中采取更加积极主动的态度（Wang，2016）。对“一带一路”的理解不能单单从开放的国际视野来看，也不能只从我国发展的角度来看，要将两者结合起来（张良悦和刘东，2015）。黄益平（Huang，2016）认为，“一带一路”倡议是一项综合性倡议，包括政策对话、贸易畅通、金融支持和人文交流，它有可能、有能力将不发达的“一带一路”地区变成一个经济支柱，通过不断吸收经验，为经济政策思考做出贡献。当前，中国经济发展长期向好，市场空间广阔，发展弹性较强。以国内大循环为主体，国内外双循环相互促进的发展新格局正在形成。“一带一路”建设不仅是世界经济“双循环”结构中的关键环节，也是世界经济增长复苏的重要动力（王跃生和吕磊，2016）。经济全球化的发展，使得各国之间实现更全面、更深入的“互联互通”成为最基本的趋势。金碚（2016）认为，“一带一路”构想的核心含义也是为了更好地实现“互联互通”的格局。

“一带一路”倡议的实施将相关国家、地区的经济社会连成一体（王国刚，2015），在推进建设的过程中，始终坚持共商、共建、共享原则，彰显了中国对“一带一路”推进国际合作的坚定信心，同时“一带一路”是作为构建人类命运共同体的重要实践平台，这种开放包容、和平合作、互利共赢、互学互鉴的新理念被沿线国家高度认同（付永嘉，2020；丁云宝，2019）。从我国国内改革发展战略实施来看，阚阅和周谷平（2016）认为，“一带一路”作为我国新时期对外开放的总体战略，对助推供给侧结构改革具有重要意义。黄凤志和魏永艳（2019）认为，“一带一路”倡议与建设是中国逐渐发展壮大并对外积极进行交流合作的新思路。

（二）共建“一带一路”倡议的意义研究

共建“一带一路”倡议是作为我国新时期对外开放的总体战略，涉及政治、经济、外交、社会等诸多方面，具有一定的现实意义。

“一带一路”倡议的提出顺应了世界发展的潮流，创造了一条和平发展、合作共赢的道路，推动了世界各国的友好合作。阮宗泽（2019）认为，“一带一路”倡议作为全球化大潮中的一个新机遇，在一定程度上能够推动构建新型国际关系，促进世界和平发展与繁荣。柴尚金（2018）认为，在“一带一路”倡议下，各国通过政策之间的对接，产能合作与互联互通，推进了经济全球化朝着健康的方向蓬勃发展，各个国家都可以从中获益。在“一带一路”的建设中，中国与沿线国家在经济结构上高度互补（甬军等，2019），中国通过将自身的发展同周边国家的发展紧密结合起来，通过合作实现共同发展、利益共享，造福沿线各国人民（韩震，2017）。同时，“一带一路”倡议通过互联互通为全球化奠定了基础，搭建了各国平等合作的机制平台，从多个方面为构建人类命运共同体做出了独特贡献（李丹，2019）。不仅如此，“一带一路”也是为世界各国创造了一条文明之路，不同国家同样在文化上互相交流合作，比如李远等（2017）学者认为，在“一带一路”倡议的背景下，通过推动沿线国家孔子学院与海外企业之间的合作，能够推动企业形成合作共赢的机制。

当前，国际政治经济形势的变化越来越复杂，“一带一路”倡议的提出，顺应了经济全球化，中国进一步扩大对外改革开放的新形势。从经济视角来看，众多学者认为，“一带一路”倡议的提出，能够推动中国与世界各国进一步加强经济合作，进而促进世界经济的增长。王跃生和吕磊（2016）认为，“一带一路”倡议的建立与实施，使中国与沿线国家之间建立了紧密的经济联系与合作平台，这一举措将成为世界经济增长的主要推动力。“一带一路”倡议扩大了区域经济范围，促进了经济的平衡发展，为实现沿线国家经济文化交流、产能调整和基础设施改善带来了新契机（赵天睿等，2015）；同时，“一带一路”将塑造全球经济秩序（Tekdal，2018），对促进形成国际经济社会新规则具有重要意义（王国刚，2015）。在当前环境下，新兴市场的增长速度远远快于发展经济体，因而“一带一路”沿线国家经济在世界经济中的比重将会逐步上升（哈瑞尔达·考利等，2019）。对于中国自身经济发展而言，“一带一路”倡议的实施，在形成国际经济新规则新秩序的同时，能够使中国借助多边投资机制，充分发挥自己的优势，提高其全球资源配置的能力，走出一条适合中国自己对外开展经济活动的道路（王国刚，2015）。

在对外合作方面，习近平总书记在2019年的第二届“一带一路”国际合作高峰论坛开幕式的主旨演讲中指出，共建“一带一路”倡议与联合国、东盟、非盟、欧盟、欧亚经济联盟等国际和地区组织的发展和合作规划对接，同各国发展战略对接。[①] 因此，建立与多国的对外政治经济合作，与多国建立友好的外交关系必不可少。胡宗山和聂锐（2019）、朱利安·查斯和松下三郎（Chaisse and Matsushita，2018）认为，“一带一路”倡议提出以来，经济合作进展顺利，范围超过66个国家，成为党的十八大以来中国最主要的经济外交形式，加强了中国的经济地位。万杰利（Vangeli，2017）认为，在“一带一路”背景下，中国扩大了与中欧、东欧的互动范围，使其成为“一带一路”的重点地区，同时，随着“一带一路”进程的推进，中国与中东欧之间的关系也将随之变化。杨雷（2021）认为，“一带一路”与大欧亚伙伴关系两大倡议的对接将推动国际社会新兴力量在国际制度体系构建和全球治理中的影响力，在一定程度上化解中俄双方潜在的矛盾，推动欧亚区域合作的进程。在与欧亚的合作中，周伟峰和埃斯特班（Zhou and Esteban，2018）认为，“一带一路”加强了中国与欧亚空间区域多边合作的努力，是一个多层面的大战略的有力推动。

同时，我们不能单单从一个角度来看“一带一路”倡议实施所带来的影响。它的实施能够同时为全球各国之间的合作创造可能性（Colin and Zhu，2019）。

（三）“一带一路”倡议面临的挑战以及应对策略

“一带一路”建设是一项长期、复杂而艰巨的系统工程。在过去的几年里，“一带一路”倡议自提出和实施以来取得了重大进展，在做出贡献的同时，也存在一些挑战，如政治、经济、安全、人文等方面（胡宗山和聂锐，2019）。

---

① 习近平在第二届“一带一路”国际合作高峰论坛开幕式上的主旨演讲（全文）[Z]. 中国政府网，http：//www. gov. cn/xinwen/2019 -04/26/content_5386544. htm.

潘家华（2020）、黄俊和董小玉（2015）认为，中国与大多数“一带一路”沿线国家之间的合作是成功的，但同时并不乏一些国家特别是以美国为代表的部分发达国家在基于地缘政治战略考虑的基础上，对“一带一路”倡议的提出存在一些疑虑，并对其极力歪曲、反对，这为战略的实施带来了一定的阻力。同时，对于我国国内自身企业能否担当开发重任也有待观察（何茂春等，2015）。我国企业对“一带一路”沿线国家的投资风险，主要是缘于地理政治因素，不良的营商环境为我国企业“走出去”带来了诸多未知隐患（李峰，2016）。

面对“一带一路”倡议实施中存在的诸多困难，有关学者也提出了针对性的建议。何茂春等（2015）认为，我国应进一步加强“一带一路”倡议的优化和内部资源的整合，充分考虑沿线国家的投资风险，与外交、军事、人文交流、金融等领域相结合。另外，在注重对外交流合作的同时，也要结合国内企业的情况，以企业“走出去”战略推动“一带一路”倡议的实施（郁强明，2016）。“一带一路”拥有巨大的投资空间，但风险也并存，李峰（2016）认为，可以通过经济外交增进战略互信，改善“一带一路”投资环境，强化市场机制作用，让企业更好地融入当地市场等方式进行应对。

在上述文献中，国内外学者从对“一带一路”倡议的内涵剖析、战略意义以及在实施过程中面临的挑战与政策建议进行了大量的研究，但是这些研究大多数停留在理论层面，对“一带一路”倡议实施进行定性分析，缺乏一定的数理和实证支持（黄亮雄和钱馨蓓，2016；黄亮雄等，2018a、2018b）。

第二节　以“一带一路”区域为研究范围的实证分析

针对“一带一路”的定量的实证研究，主要经历了两个阶段。第一阶段，主要见于2017年以前，其特点是把“一带一路”当成区域概念，即框定研究样本，一般以“一带一路”沿线64个国家为研究对象。此类研究跟以往采用跨国数据分析是一致的，只不过用的是“一带一路”沿线64个国家的数据。第二阶段，是2017年之后，这类研究往往是检验“一带一路”倡议的绩效，即把“一带一路”倡议当成一项政策冲击，采用拟自然实验框架，进行绩效检验。本节先综述第一阶段的实证分析，或者说，以“一带一路”区域为研究范围的实证分析文献。这类文献又包括对我国的经济发展、贸易出口、对外投资、语言文化等方面的分析。

对外投资是一个热门的研究方向，众多学者以“一带一路”区域为研究范围和样本，分析了对“一带一路”沿线国家直接投资的影响因素，现有文献发现“一带一路”对象国与我国的国家距离、文化距离、政治距离等方面的因素都发挥决定性影响。为了研究东道国政府治理对中国对外直接投资区位选择的影响，付邵军（2018）选择了59个“一带一路”沿线国家进行研究，结果表明，我国OFDI的区位选择会很大程度上受到该因素的影响；而对于其他分指标，该学者认为，法治、监管质量、与中国双边关系、经济自由等因素具有积极影响，但政治稳定性、机构距离与腐败控制等指标会产生负面影响。李正辉等（Li Z. et al.，2019）通过构建制度距离变化的PSTR模型，以“一带一路”沿线的12个国家为样本，研究了2010~2015年对对外直接投资的非线性影响。结论发现，政策指标（机构距离、经济自由和双边贸易）以及激励因素（GDP和专利）是“一带一路”沿线国家对外直接投资的重要决定因素。其中，经济自由对OFDI具有显著的正效应，而机构距离对OFDI具有负效应。赵甜（Zhao T.，2020）则从“一带一路”路线沿线国家的地理、经济、人文三个角度出发，实证研究发现，国家距离对中国对外直接投资具有“U”型影响。跨国并购作为对外直接投资的方式之一，“一带一路”中跨国企业的实践也为学者们提供了大量的研究样本。李斌和李玉芳（2020）认为，长期绩效与并购规模呈倒“U”型关系，即只会在一定程度内与并购规模成正比；而跨国并购短期绩效与并购企业所在地发展程度、并购规模都为负相关；发达国家并购长期绩效低于短期绩效，而在发展中国家则会出现相反的结论。张宁宁和张宏（2019）认为，如果东道国与我国的双边政治关系足够好，即便该国存在较高的制度风险，中国企业也会倾向于独资进入该国，而与民营企业相比，国有企业的这种倾向性会更强。

反过来，在研究探讨吸收外资时，廖宏伟等（Liao et al.，2020）以“一带一路”国家的数据作为样本，从理论和实证两个角度分析了“一带一路”国家获得的国际发展援助对其外商直接投资（FDI）的影响。发现无论在短期、中期还是长期，对受援国援助的互补因素形式都能促进FDI，而援助受援国的物质资本形式会对其FDI产生挤出效应。艾拜等（Aibai et al.，2019）则是利用50个国家的“一带一路”倡议数据，检验了FDI对东道国金融发展的影响。实证结果表明，FDI能够显著促进金融业的发展，特别是金融市场的发展。

而在贸易研究方面，崔日明（2017）对“一带一路”沿路国家贸易投资便利化水平进行了深入研究，该学者认为，沿线国家贸易投资便利化整体水平不高且差异较大；并且贸易投资便利化是对我国出口最有积极意义且最稳定的影响因素。陈继勇和陈大波（2017）认为，中国与“一带一路”沿线国家多数是中等贸易开放度和中等经济自由度国家，并且贸易开放度和经济自由度是影响中国与“一带一路”沿线国家经济增长的重要因素，而与贸易开放度相比，经济自由度会更能促进经济的增长。赵东麒和桑百川（2016）通过比较优势分析和竞争优势分析，对我国与“一带一路”国家 10 个部门的国际竞争力现状以及变化趋势进行了实证研究，认为我国制成品出口的国际市场占有率与贸易竞争优势均逐年上升，制造业竞争水平的上升成为推动我国产业国际竞争力提升的主要动力，并且我国的产业结构正在转型升级，在传统的劳动力密集型产业仍然保持着强大国际竞争力的同时，资本密集型产业的国际竞争力正在迎头赶上；另外，“一带一路”国家的国际产业竞争力也各有强弱。影响中国与“一带一路”沿线国家双边贸易的因素众多，刘爱兰等（Liu et al.，2020）使用 2002 ~ 2016 年中国与 99 个贸易伙伴（其中有 38 个“一带一路”沿线国家）之间产品级别的双边贸易数据估算了扩展引力模型，发现文化距离和制度距离抑制了中国与“一带一路”沿线国家的双边贸易。并通过比较贝塔系数，得出结论：中国与“一带一路”沿线国家的双边贸易对文化距离的变化比体制距离更敏感。谭秀杰和周茂荣（2015）利用随机边界引力模型估计了 2005 ~ 2013 年中国与海上丝绸之路沿线国家之间贸易流动的潜力和效率。结果发现，海上丝绸之路的贸易效率呈上升趋势，与沿线其他国家的出口增长相比，中国仍然具有巨大的潜力。另外，中国对“一带一路”沿线国家的对外直接投资将对“一带一路”国家的贸易强度产生影响。吴岩和陈春来（Wu and Chen，2019）通过利用“一带一路”沿线 64 个国家的相关数据，发现中国对外直接投资对“一带一路”沿线国家的进口强度有正向影响，对出口强度有负向影响。

经济增长拉动国内就业，王继源和陈璋（2016）研究了“一带一路”沿线国家基础设施投资对我国经济产出与国内就业的影响程度，该学者提出，对东道国水电气供应进行投资，在最好的情况下，对我国产品产出的投资回报率为 30.72%，对拉动 GDP 的投资回报率为 7.8%；对交通运输进行投资，对我国产品产出的投资回报率高达 39.79%，对拉动 GDP 的投资回报率为

10.51%；而对邮政电信业进行投资，对我国产品产出的投资回报率高达41.42%，对拉动GDP的投资回报率为10.3%；各1亿美元总投入对应能拉动0.0624万人、0.0902万人和0.0826万人的国内就业。

林乐芬和王少楠（2016）研究了“一带一路”对人民币国际化的影响，实证结果表明，通过乘数效应（投资乘数、贸易乘数）和反馈效应可提高“一带一路”国家和中国的依存关系以保证“一带一路”进程中人民币国际化的可持续性；经济规模、币值稳定性、对外投资等均是人民币国际化的积极影响因素，而经济自由度则是负面影响因素。同样，在评估人民币国际化对中国及其合作伙伴之间经济一体化的影响时，学者张帆（Zhang，2017）通过利用2000～2016年双边互换协议的数据进行研究，认为人民币互换协议通过促进双边贸易，有利于中国与“一带一路”沿线国家之间的经济一体化。高海红等（Gao et al.，2020）研究了人民币汇率对“一带一路”和美国的影响，并与美元的影响进行了比较。发现人民币在与某些中间产品占主导地位的“一带一路”国家的双边贸易中使用不足，且人民币与样本国家的进口量显著相关，反映了中国在全球价值链中的重要地位。

“一带一路”沿线横跨亚非欧65个国家，语言交流的问题势必会影响“一带一路”倡议的实施与发展。徐明昊和范梓幸（2020）基于2007～2018年“一带一路”沿线约60个国家的面板数据，考察了语言对双边贸易流量的影响，研究结果表明，共同口语，基于对数规范的共同语言指数以及基于水平规范的共同语言指数与中国对“一带一路”沿线国家双边贸易额均呈正相关；中国对“一带一路”沿线国家双边贸易额与语言距离呈负相关；英语语用水平对共同语言指标或者语言距离都有调节作用。

众多国外学者同样以“一带一路”为研究区域进行了多样的实证分析。光景（Kwang-Jing，2018）选定2000～2015年的亚洲国家面板数据进行分析，研究结果表明，交通基础设施对GDP具有正向影响，而教育与GDP呈负相关关系；因此，建议政策制定者鼓励“一带一路”国家在交通基础设施、人力资本、文化和教育等方面进行系统的扩展和升级。克里斯蒂娜（Cristina，2021）则关注由于基础设施体系的改善，“一带一路”国家可能会经历双边贸易强度的变化；实证结果表明，一国基础设施禀赋的改善与其对合作伙伴的贸易偏好之间的关系也必须考虑到后者的基础设施质量，即只有当基础设施禀赋增加的国家与拥有强大基础设施体系的国家进行贸易时，贸易优惠才会得到加强。乔安娜（Joanna，2020）利用国际贸易引力模型探究了“一带一路”倡议对贸易流动和全球价值链联系的潜在影响，并指出，“一带一路”与国际贸易和全球价值链（GVC）都呈正相关的关系。

上述研究及其成果均是在以“一带一路”为研究范围与样本下实现的，较为全面地分析了“一带一路”沿线国家在对外投资、经济发展、进出口贸易等诸多方面的表现，但是没有对“一带一路”倡议实施所带来的影响进行进一步的讨论，或者说，并没有严谨地检验出共建“一带一路”倡议带来的绩效。

第三节　共建“一带一路”倡议的绩效研究

正如前文所指出的，第二阶段的有关“一带一路”的实证，主要是采用拟自然实验框架进行绩效分析。其中，比较典型的文献如下所述。

在对外投资方面，吕越等（2019）运用双重差分法对“一带一路”倡议的投资促进效应进行全方位的评析，认为“一带一路”倡议实施显著促进了中国企业对外绿地投资的增长，提出“一带一路”倡议对中国企业绿地投资的积极促进效应是通过设施、政策、资金、贸易、民心五方面的融通实现的，并且发现“一带一路”倡议的对外投资促进效应更明显地表现为面向海上丝绸之路沿线国家和邻近“一带一路”国家的投资增长。

在对外贸易方面，种照辉和覃成林（2017）认为，“一带一路”倡议令沿线国家的贸易联系更加紧密，但“一带一路”经济带与其他经济合作组织相比，贸易网络化程度仍有较大差距；随着“一带一路”倡议的实施，我国在各项中心性指标上均有所提升，在贸易网络中有了更多的参与度和话语权。孙楚仁等（2017）采用双重差分法，考察“一带一路”倡议的实施是否会促进我国对“一带一路”沿线国家之间的出口贸易增长，研究结果指出，“一带一路”倡议的提出显著地促进了中国对“一带一路”国家的出口增长，并且我国对非邻国的出口增长效应要高于我国对邻国的出口增长效应；该学者还认为，倡议的提出对出口产品数量的促进作用要大于对出口产品价格的影响，且对强异质的产品的出口增长更明显。

在国内企业影响方面，王桂军和卢潇潇（2019a）指出，“一带一路”对中国企业的优化升级有显著的积极影响，尤其是以全要素生产率提高为表征的企业与瓶颈企业，而且影响幅度在逐年上升。郭吉涛和张边秀（2020）认为，“一带一路”倡议实施后，会令受支持企业的财务绩效得到显著提高，且整体状态呈上升趋势；“一带一路”倡议可以通过研发投入进一步提高OF-DI企业的财务绩效，且在民营企业中更为明显。韩晶和孙雅雯（2020）利用双重差分和倾向得分匹配双重差分模型，指出“一带一路”倡议显著提升了对外直接投资企业的经营绩效；在“一带一路”合作框架下，供给型产业政策和需求型产业政策发挥了显著的中介效应，但环境型产业政策中介效应并不显著。石薛桥（2019）研究了“一带一路”倡议对中国产业结构的影响，并指出倡议对中国产业结构合理化、高级化都有积极影响，而且与后者相比，前者所受到的影响会更显著。

当然，对于“一带一路”倡议不一定采用拟自然实验框架。例如，严佳佳和辛文婷（2017）提出，“一带一路”倡议在推动对外直接投资量突破的同时也拓宽了投资渠道，加强了人民币在“一带一路”区域内被非居民使用的意愿，更加速了人民币国际化发展；“一带一路”倡议有助于促使人民币成为区域内结算货币，并为人民币国际化营造稳定的金融环境。范云成（2016）认为，“一带一路”使得外汇储备投资多元化，外汇储备投资于“一带一路”沿线国家实业更加多元化、降低了机会成本，并且收益也高于债券或者货币投资，而且有助于我国与其他国家展开更深入的合作，提高国际地位。李凤亮和宇文曼倩（2016）指出，“一带一路”倡议的实施为文化产业的“走出去”提供了动力因素；“一带一路”倡议更加合理、科学地分配文化产业的多重资源，令产业结构、规模的发展更具活力，给文化产业带来宏伟前景。

许多海外学者对“一带一路”倡议的影响持积极观点，认为“一带一路”的实践前景对世界各国是新一轮的机遇，主张各国积极投身其中。傅（Foo，2020）利用2000～2016年东盟国家和中国的“一带一路”政策与数据，研究“一带一路”政策对贸易流量和贸易的潜在影响，研究结果表明，“一带一路”倡议对贸易流量产生了积极影响，而且其他非“一带一路”国家也能通过更高的国际贸易流量受益匪浅；该学者认为，东盟国家可以利用“一带一路”倡议帮助发展东盟的欠发达地区。陈莎拉（Chan，2017）认为，“一带一路”倡议将填补基础设施投资缺口中的很大一部分，以帮助解决亚洲的基础设施赤字问题，改善区域连通性，其筹资举措和投入将对沿线地区的经济发展产生重大影响。玛丽拉（Maryla，2019）指出，贸易成本的下降将大大加快“一带一路”沿线国家和地区的经济一体化和发展速度，而东亚地区在其中收益最高，并且在全球范围内，“一带一路”倡议有助于使870

万人摆脱极端贫困，并使3400万人摆脱中等贫困。

对于欧洲地区，埃雷罗（Herrero，2017）指出，“一带一路”倡议以改善运输基础设施为中心，就贸易创造而言，对欧洲十分有利，而贸易只是“一带一路”倡议可能影响欧洲的众多方式之一，外国直接投资和投资组合流动等“一带一路”带来的金融变化，也会对欧洲产生积极影响。法德垃（Fardella，2017）认为，对部分欧洲国家如意大利而言，“一带一路”倡议的言语暂时要多于其行为，但众多欧洲政府部门都认为“一带一路”倡议的实践是优先事项，有效的基础设施可以帮助欧洲各国总体上增加对中国和亚洲的出口；同时，该学者还指出，“一带一路”倡议可能会成为意大利等地中海欧洲国家地缘政治未来的转折点，并将其转变为一个新的地中海良性连接网络的主角。凯里克梅（Kerikmäe，2017）指出，对欧洲而言，中欧“16+1”合作的战略广度是前所未有的，把不同属性的国家纳入同一个“合作框架”中，使欧盟国家能够与世界上人口最多、最具盛名的国家合作，这是机遇而不是威胁。

对于相对落后的非洲来说，“一带一路”倡议是让他们实现自身发展潜力的重要机遇。伊泽伦（Ehizuelen，2017）认为，由于大多数G20集团成员国都是人口老龄化的国度，因此，越来越多的国家意识到，投资包括非洲在内的欠发达但充满青年劳动力的尚未开发的经济体会带来巨大好处，而“一带一路”则寻求储蓄和基础设施能力过剩的国家与非洲地区之间的优势互补，实现双赢；对于非洲各国而言，“一带一路”项目不仅有大量的资金支持，还为其当地提供了许多就业和发展机会。谢里夫（Sheriff，2018）同样认为，“一带一路”倡议对非洲国家来说确实是一个有益的倡议，实践将促进非洲国家的基础设施建设，也将有助于这些非洲国家的工业化，创造更多的就业机会；同时该学者还提出，中国应该在非洲国家多建立完整成熟的产业与工厂，确保“一带一路”倡议能顺利地在非洲落地。

第四节 中国对世界的贡献

在全球经济快速发展和国际贸易规模扩大的背景下，随着中国改革开放的不断深化，中国成为世界发展的重要部分，越来越多的学者对中国对世界的贡献进行了相应的研究，起初更多关注中国对世界经济的积极贡献（丁一凡，2005）。

一方面，从中国自身经济发展出发，随着经济全球化的发展演变，中国不仅仅只是经济全球化的受益者，在自身发展的同时，对世界经济的影响也越来越大。有些学者认为，中国作为世界经济的重要组成部分，其经济的高速增长在平均意义上带动了世界经济增长，拉动了世界总产出增长（古柳和戴翔，2020；钟茂初，2017），中国对世界经济增长的贡献率持续上升，成为全球经济增长的重要引擎，为世界经济的增长做出巨大实质性的贡献（戴翔，2020）。罗坚毅等（2017）基于1996～2016年的数据分析，认为中国对世界经济增长的作用和贡献尤为关键，中国在世界经济中发挥着无可替代的作用，对全球经济增长贡献率越来越大，且这一贡献度远超一些发达国家和地区（金灿荣和王浩，2014；宋泓，2018）。龚鸣等（2020）认为，中国经济的复苏回暖，为世界经济恢复和增长注入了更多动力；改革开放以来，中国与世界各国的经济关系日趋紧密，中国经济对全球经济增长的贡献率迅速上升，对带动世界经济走向复苏发挥了重要作用，同时，对全世界的减贫事业也做出了无可替代的贡献（万相昱和张涛，2017）。

另一方面，全球价值链的迅速发展让中国以及越来越多的国家参与到全球价值链的划分中。有些学者从全球价值链分工的角度出发，研究了中国对世界经济增长的作用。刘京军等（2020）认为，在全球价值链分工体系日渐成熟的背景下，中国的经济发展将在出口以及进口方面促进全球经济的增长，中国出口的竞争将提高欧洲国家的企业全要素生产率（Bloom et al.，2016）。同时，中国的快速发展也进一步深化了全球分工，提高了全球资源的配置效率（赵晋平等，2014）。另外，改革开放以来，中国主要以加工贸易的方式加入全球价值链的分工体系当中（陈文府，2015），因此，有部分学者具体从中国制造业出发，探寻了中国制造业的发展对世界经济的影响。张同斌等（2017）研究认为，"中国制造"对世界经济增长的贡献十分显著，中国制造业产品作为中间投入，推动了世界各地区经济产出增量的快速发展。同时，中国制造业的发展也有助于世界经济的稳定增长，中国制造业规模的快速扩张推动了世界经济的持续增长（杨继军和范从来，2015；刘维林，2015）。

中国的持续发展不仅在经济、脱贫、就业等方面对世界做出了巨大贡献，同时也维护了全球经济秩序与金融市场的稳定，在和平发展与环境治理等方面也起到了重要作用（万相昱和张涛，2017）。如严书翰（2018）认为，中国力量与中国智慧通过改革开放的成功完全展现出来，促进了世界和平的发展；潘世伟（2019）认为，中国道路的开辟对世界文明与世界社会主义产生了重要的影响。在环境治理方面，控制和减少碳排放以缓解气候变化是全球的共识，二氧化碳的排放量与国际贸易紧密相关；丁涛等（Ding et al.，2018）研究发现，中国通过“一带一路”的双边贸易可以减少全球碳排放，对全球环境的治理做出贡献。但就目前的文献研究而言，探讨中国对世界的贡献，更多的是从中国自身经济的增长、中国在全球价值链的分工出发，研究中国对世界经济领域的影响作用，虽然有少部分学者对中国对世界和平发展、环境治理等方面的贡献有所涉及，但相比前者，却略显不足。

目前，有关中国更多方面贡献的分析主要围绕两个方面：一是，强调中国通过自身发展对全球治理产生影响。例如，李瑞琴（2018）指出，新时代中国特色社会主义以独特的中国方案推动解决人类共同面临的各类问题，为世界和平发展做出卓越贡献。潘春阳和吴青山（2021）基于 2003～2017 年 146 个发展中国家的面板数据，发现中国通过对外直接投资显著促进了发展中国家的经济增长，提升了相应东道国人均 GDP 水平。随着全球化的深入发展，西方主导的全球治理也面临了一系列的挑战。钮菊生和刘敏（2019）认为，随着中国实力的增长，中国参与全球治理的过程从被动到主动推进，并逐步成为全球治理的引领者。蔡昉（2019）认为，中国经济除了以其高速增长、规模扩大对世界经济产生越来越大的影响外，同时通过反映自身关于国际经贸规则的诉求，引领了全球化治理方式的转变。

二是，阐述中国如何参与国际制度的改革，进而影响世界（朱磊和陈迎，2019）。雷达和程万昕（2020）认为，中国通过构建“双循环”的发展新格局，能够从长远的视角去洞察全球经济格局的变动，为国际经济秩序中一些未解决的外部性问题提供有效的支撑。中国的“一带一路”倡议是国际制度发展的关键节点，是中国在全球治理道路上的探索，促进了国际制度的发展与完善（何志鹏，2016）。上述研究更多地停留在定性或简单的数据统计描述分析上，且甚少涉及中国影响世界的渠道分析。

第五节 本章小结

本章是本书的文献综述部分，主要展现了当前对共建“一带一路”倡议的研究状况。可以发现以下四点。

第一，“一带一路”倡议自提出以来，就受到学术界高度重视，学者们对其进行了深入研究，形成了大量的研究成果。但大多是定性研究，以介绍倡议的意涵、分析遇到的困难和提出应对策略为主，而采用严谨的定量分析的研究较少。

第二，针对“一带一路”的定量实证研究，一类是把“一带一路”看作地域概念，一般采用“一带一路”沿线64个国家为研究样本。这类实证分析，与以往采用跨国数据的实证分析是一致的，只不过研究样本是沿线国家。这类文献大概展现了对我国的经济发展、贸易出口、对外投资、语言文化等方面的分析。

第三，针对“一带一路”的定量实证研究，另一类是把“一带一路”倡议作为一项政策冲击，采用拟自然实验框架，检验“一带一路”倡议的绩效。这些文献也正处于起步阶段，但已经分析了倡议对我国对外直接投资、出口贸易、企业营运等方面的影响。值得注意的是，无论是第一类的实证——地域概念分析，还是第二类实证——绩效分析，更多地站在中国获益的立场，强调中国从“一带一路”倡议中的获益，缺乏关于中国对世界贡献的分析。

第四，当前中国对世界贡献的研究，更多地关注中国对世界经济增长的影响，缺乏更多领域的探究。此外，也缺乏渠道分析，即，中国如何、通过怎样的渠道对世界做出贡献或带来影响。

接下来，本书试图在上述文献上有所拓展。在第三章，我们通过一些数据的统计描述，展现“一带一路”倡议的成效以及面临的问题；第四章、第五章和第六章是把“一带一路”看作地域概念的实证分析，但这三章强调了中国对世界的贡献。第七、第八、第九章则是“一带一路”倡议的绩效检验，采用的是拟自然实验框架的双重差分法，同样地，这三章也强调中国对世界的贡献。

第三章 “一带一路”倡议建设现状*

第一节 引 言

共建“一带一路”倡议不仅是中国与发展中国家进一步加大合作、互利双赢的新试验，还是中国与世界深度互动的新型链接范式，是中国积极影响、引领与推动建立更加公正合理的国际新秩序的重要平台（陈伟光，2015；邢广程，2016；任琳和彭博，2020）。为此，党和国家高度重视“一带一路”倡议的建设，党的十八届三中、五中全会及党的十九大均强调积极促进“一带一路”国际合作。

2015 年 3 月，《推动共建丝绸之路经济带和 21 世纪海上丝绸之路的愿景与行动》（以下简称《愿景与行动》）的发布标志着“一带一路”倡议开始了实际工作的阶段。如今，“一带一路”倡议提出已逾七年，是时候总结“一带一路”倡议的历程，分析其现状、成效与问题，以为未来的进一步高质量建设提供参考。通过对资料的阅读与整理，发现目前对该问题的研究是有所欠缺的。

本章试图通过一系列的数据描述，呈现“一带一路”倡议的建设现状与成效，并在此基础上，总结当前倡议建设主要存在的问题。本章余下的结构如下：第二节分析“一带一路”倡议的现状；第三节归纳概括倡议的主要成效；第四节归纳倡议建设面临的问题；第五节是本章小结。

---

* 本章的作者为黄亮雄（华南理工大学经济与金融学院）、肖霞（华南理工大学经济与金融学院）。

第二节　建设现状[①]

一、共建“一带一路”倡议载入国际组织重要文件

“一带一路”核心理念被联合国、二十国集团、亚太经合组织以及其他区域组织等有关文件收录。2015 年 7 月，上海合作组织发表了《上海合作组织成员国元首乌法宣言》，支持关于建设“丝绸之路经济带”的倡议。2016 年 11 月，联合国 193 个成员国通过了“一带一路”倡议，呼吁国际社会为“一带一路”建设提供安全保障环境。2017 年 3 月，联合国安全理事会一致通过了第 2344 号决议，倡议国际社会通过“一带一路”建设加强区域经济合作。2018 年，中拉与中非召开多次会议[②]，会议上形成了多份重要成果文件[③]，如中拉《关于“一带一路”倡议的特别声明》（夏友仁，2019）。“一带一路”逐渐被计入更多的国际组织重要文件，在各国的发展中逐渐起到了推动作用。

二、签署共建“一带一路”政府间合作文件的国家和国际组织数量逐年增加

在共同构建“一带一路”的架构下，各参与国和国际组织将按照求同存异的原则，充分交流各自的经济发展规划和政策，共商经济发展的计划和举措。截至 2021 年 1 月，140 个国家与中国签订“一带一路”合作协议，31 个国际组织与中国签订合作文件，共计 201 份。参与的国家遍布全球各地[④][⑤]。

---

① 本节主要根据推进“一带一路”建设工作领导小组办公室发布的研究报告《共建“一带一路”倡议：进展、贡献与展望》（2019）整理而成，详见中国一带一路网，https：//www. yidaiyilu. gov. cn/ldzd/dejgfld/wjxz/86708. htm。

② 中拉论坛第二届部长级会议、中国—阿拉伯国家合作论坛第八届部长级会议、中非合作论坛峰会。

③ 中拉《关于“一带一路”倡议的特别声明》《中国和阿拉伯国家合作共建“一带一路”行动宣言》和《关于构建更加紧密的中非命运共同体的北京宣言》。

④ 跨越了亚欧、非洲、南太平洋、拉丁美洲等区域。

⑤ 资料来源：《已同中国签订共建“一带一路”合作文件的国家一览》，https：//www. yidaiyilu. gov. cn/xwzx/roll/77298. htm。

总的来看，与中国签订“一带一路”合作协议的国家主要集中在非洲，共有46个国家与中国签订了合作协议，其次是亚洲，共有37个国家与中国签订了“一带一路”合作协议，位于欧洲、北美洲、大洋洲、南美洲的国家与中国签订合作协议的数量分别为27、11、11、8个（见图3-1）。2021年1月新增2个国家与中国签订相关协议，分别为刚果（金）与中国签署关于共同推进“一带一路”建设的谅解备忘录，博茨瓦纳同中国签署“一带一路”合作文件。中国也与签订协议的国家开展了许多活动，具体签订协议国家与开展的活动见附录。与中国签订协议的国家洲际分布比例如图3-2所示。

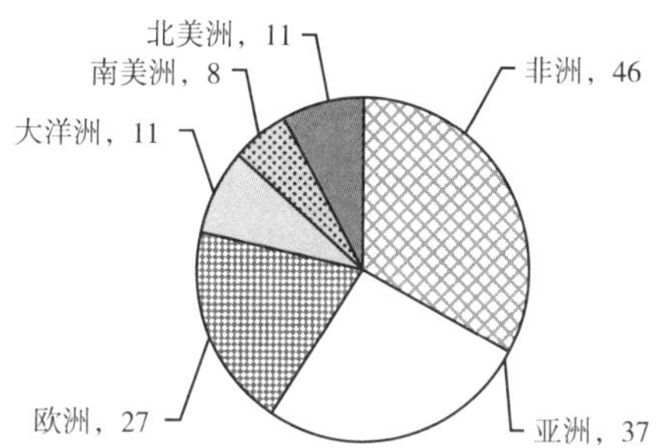

图3-1 与中国签订协议的国家洲际分布

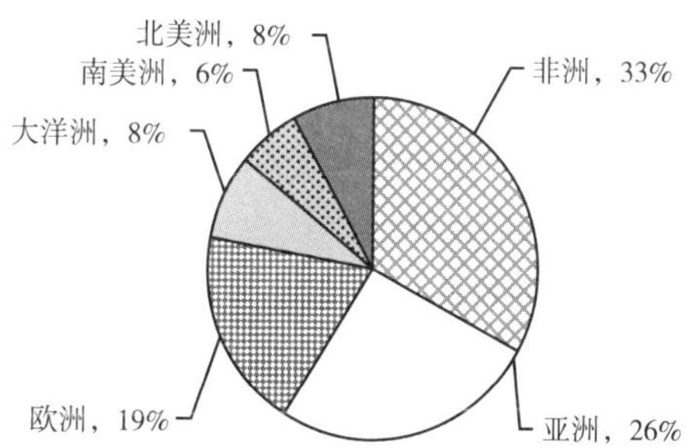

图3-2 与中国签订协议的国家洲际分布比例

三、共建“一带一路”专业领域对接合作有序推进

首先，中国与埃及、老挝、沙特阿拉伯、塞尔维亚、泰国、土耳其、阿联酋等国家共同启动了“一带一路”数字经济国际合作倡议，签署了16项加强建设数字丝绸之路的合作文件。其次，《标准联通共建“一带一路”行

动计划（2018～2020年）》公布中国与49个国家和地区签署了85份标准化合作协议（陈盈，2019）。再次，税收合作机制在“一带一路”建设中日渐完善，中国组织召开以此为主题的会议，并发布了《阿斯塔纳“一带一路”税收合作倡议》，使得税收协定合作网络拓展到111个国家和地区。最后，《“一带一路”法治合作国际论坛共同主席声明》指出，中国还与8个国家建立了能源合作伙伴关系①。不仅如此，中国还积极建设农业合作与海上合作②，积极推动国际商事法院和纠纷解救机制（卢力和张玺，2019）。

四、“五通”水平越来越高

第一，政策沟通方面。首先，政策参与者具有广泛性。“一带一路”政策沟通切不可忽视政策沟通的主体和区域。就主体而言，政府是政策沟通的主力军，而民间组织、社会团体、企业，甚至个人都发挥着不可替代的作用；就区域而言，“一带一路”参与者来自世界各地，政策沟通既包括了某个经济体的内部沟通，也包括了多个经济体的多边沟通。其次，政策沟通内容具有多样性，“一带一路”倡议涉及经济沟通、贸易畅通、人文交流等多方面，而不仅仅是某一方面的合作。政策沟通是一个通过沟通建立互信，在合作的基础上共同打造利益共同体、责任共同体和命运共同体的过程。最后，政策沟通主体多元化的需求。“一带一路”沿线国家在经济发展水平、制度体制、政策法规、文化认同等各方面，都存在较大的差异性，各国间不同方面的差异也意味着在合作发展中的需求不同，这也体现出了古丝绸之路开放包容、互学互鉴的精神。

第二，设施联通方面。国际经济合作走廊和渠道建设成效显著，构建了多个经济合作走廊③。为构建高效畅通的亚欧市场发挥了重要作用（王志民和陈宗华，2020），提高了基础设施互通水平。

第三，贸易畅通方面。首先，贸易与投资自由便利化程度不断提高（潘

---

① “一带一路”法治合作国际论坛和“一带一路”能源部长会议，在国际论坛上发布《“一带一路”法治合作国际论坛共同主席声明》，发布建立能源伙伴关系。

② 中国发布《共同推进“一带一路”建设农业合作的愿景与行动》《“一带一路”建设海上合作设想》等（杨泽伟，2020）。

③ 中国—中亚—西亚、新亚欧大陆桥、中国—中南半岛、中蒙俄、中巴和孟中印缅等六大国际经济合作走廊。

昱霖，2016）。自2017年5月开始，海关检疫成为贸易畅通的重要部分，在100份签署的倡议合作文件中，近一半的农产品实现了免疫准入。另外，中国平均关税水平优惠幅度加大。加入世界贸易组织时，中国平均关税水平为15.3%，2020年已降至7.5%。其次，贸易规模不断扩大。2013～2018年，中国与“一带一路”沿线国家和地区的出口贸易年均增长率高于同期对外贸易增速。此外，贸易方式创新进程加快。2018年，中国零售进出口商品总额达203亿美元，同比增长50%。

第四，资金融通方面。一是，探索新型国际投融资模式。2018年7月，中欧共同投资基金投资金额达到5亿欧元（曹忠祥等，2019）。二是，多边金融合作支撑作用显现。2018年底，国际金融公司等多边开发机构开展联合融资已覆盖超过70个国家和地区，项目累计超过100个。三是，金融机构联系程度不断提升。截至2018年底，中国出口信用保险公司对沿线国家的出口和投资累计超过6000亿美元。四是，金融市场体系建设日益完善。金砖国家新开发银行发行首单30亿元人民币绿色金融债，支持绿色丝绸之路建设（中国人民银行济南分行课题组，张立光，2019）。五是，金融互联互通不断深化。目前11家中资银行在“一带一路”沿线28个国家设立了将近80家一流机构。

第五，民心相通方面。一是，丰富的文化交流。中国与各国共同举办文化交流活动，形成了特别的文化交流品牌。二是，丰硕的教育培训成果。孔子学院与孔子学堂的设立较大程度上能展示丰硕的教育成果。中国在54个沿线国家建立了153所孔子学院和149个孔子课堂。2017年，接受中国奖学金来华留学的人数将近4万人。三是，旅游合作逐步扩大。中国已与沿线57个国家达成各类护照免签证协议，与15个国家达成19个简化签证手续协议或安排。2018年，中国出境和入境的人数总计超过1.5亿人次。四是，卫生合作不断深化。中国与多国及组织①签署了56项卫生合作协议。在“一带一路”沿线35个国家建立了中医药海外中心，建设了43个中医药国际合作基地。五是，救灾援助扶贫工作继续推进。在第一届“一带一路”国际合作高峰论坛中，中国向“一带一路”沿线发展中国家提供了20亿元人民币的紧急粮食援助，增加了10亿美元的南南合作援助基金。

① 蒙古国、世界卫生组织、比尔及梅琳达·盖茨基金会等国家、国际组织和非政府组织。

五、产业合作水平不断提高

第一，中国直接投资平稳增长。2013～2018年，中国企业对“一带一路”沿线国家直接投资超过900亿美元，沿线国家对外承包工程营业额超过4000亿美元（刘志强，2019）。

第二，国际产能合作和第三方市场合作稳步推进。中国已与哈萨克斯坦、埃及等40多个国家签署了相关合作文件。

第三，合作园区蓬勃发展。中国分别与哈萨克斯坦、老挝建立了中哈霍尔果斯国际边境合作中心、中老磨憨—磨丁经济合作区等跨境经济合作区（马友君，2018）。

第三节　建设成效[①]

一、影响力不断提升

就国际影响力而言，根据国家信息中心提供的数据显示，自“一带一路”倡议提出以来，“一带一路”全球关注热度总体呈现上升趋势，每一个重大里程碑事件均成为舆论关注的焦点。在全球关注热度曲线中，《愿景与行动》文件发布、亚洲基础设施投资银行（以下简称亚投行）成立、首届“一带一路”国际合作高峰论坛召开以及“一带一路”写入党章等事件，全球关注度较高。其中，第一届“一带一路”国际合作高峰论坛举行时，全球关注热度达到最高（见图3－3）。

随着“一带一路”建设的发展，融入其中的国家越来越多，朋友圈越来越大。截至2018年，与中国签署共建“一带一路”合作文件的国家超过60个，遍布亚洲、非洲、大洋洲、拉丁美洲，例如南美洲的智利、欧洲的奥地利、大洋洲的新西兰等。不仅如此，超过100个国家与组织同中国签订了“一带一路”合作协议；联合国大会、联合国安理会等重要决议均呼吁国际

---

① 本部分主要根据《数说“一带一路”成绩单》编写，https：//www.yidaiyilu.gov.cn/jcsj/dsjkydyl/79860.htm。

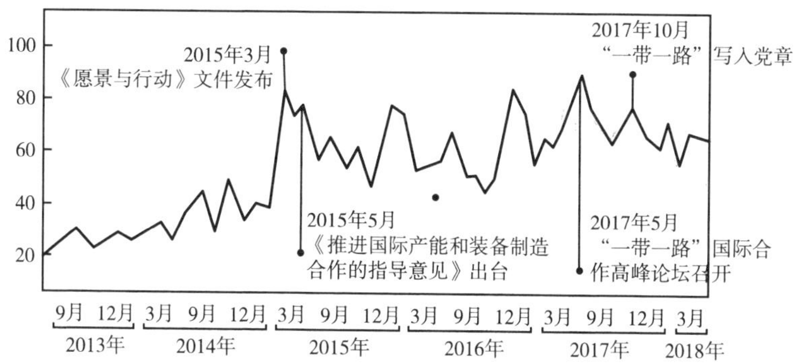

图3-3 “一带一路”关注趋势

资料来源：中国一带一路网。

社会加强“一带一路”合作；多个国际组织①将“一带一路”作为重要合作内容；“一带一路”倡议与多个战略计划实现对接②。

各国依据实际情况，积极建立战略对接关系，具体如图3-4所示。

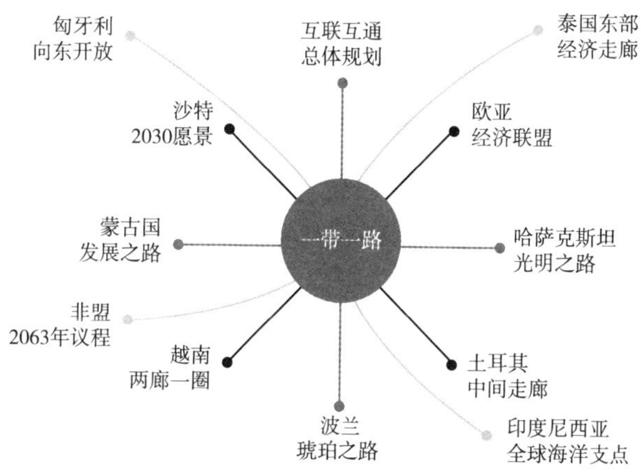

图3-4 战略对接情况

资料来源：中国一带一路网。

对于国内关注度来说，从全国百度指数来看，2013~2020年末，“一带一路”关键词保持着持续的热度，在2015年和2019年出现了两个小高峰，

① 二十国集团、亚太经合组织、上合组织等。

② 哈萨克斯坦的“光明之路”、俄罗斯的“欧亚经济联盟”、蒙古国的“发展之路”、土耳其的“中间走廊”、越南的“两廊一圈”、波兰的“琥珀之路”等发展战略。

在2017年，“一带一路”百度指数关键词的搜索热度达到最高（见图3－5）。从全国的百度指数来看，“一带一路”进程一直受到全国人民的共同关注，“一带一路”的国内影响力不容小觑。

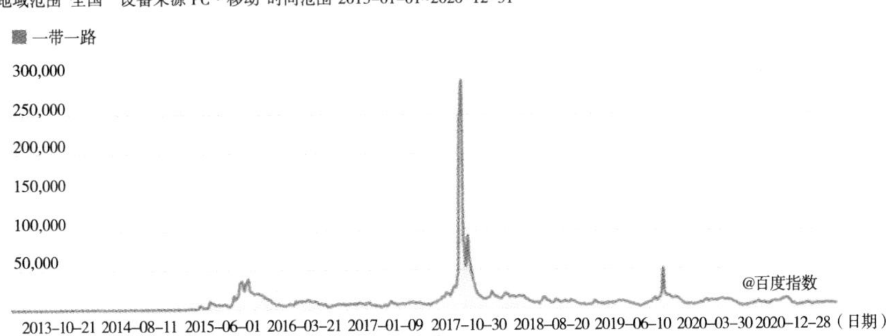

图3－5　百度指数关键词搜索趋势——“一带一路”

二、基础设施建设发展迅猛

基础设施互联互通在“一带一路”建设中占据重要地位。“一带一路”项目构建的全方位基础设施互联互通将彻底改变制约“一带一路”沿线各国深化合作的“薄弱环节”，为当今世界规模最大、潜力最大的经济合作奠定了基础。目前，“一带一路”沿线国家和地区（包括欧盟成员国）大部分存在财政约束，导致基础设施的投资较低，基础设施落后（张海霞和张翠萍，2018）；与此同时，与西北相连的“一带一路”在各省市的铁路、公路和高速公路上也远远落后于全国平均水平（黄珂和亢姝婧，2018）。根据世界银行公布的数据来看，到2030年，全球预计基础设施投资需求将达到57万亿美元①。巨大的重大基础设施工程投资需求，为中国装备和国际产能合作结缘世界，推动开放型经济格局由“大进大出”向“优进优出”转变创造了难得的机遇。在“一带一路”项目的引领下，我国工程企业开始活跃起来。2016年我国对外承包工程业务完成营业额为1594亿美元（陈进，2017）。属于“一带一路”的营业额为760亿美元，同比增长9.7%，占比达47.7%（曾赛星和林翰，2014）。

① 王义桅．美国的“一带一路”综合症［Z］．商务部网站，http：//chinawto. mofcom. gov. cn/article/br/bs/201904/20190402858378. shtml.

中国也与沿线国家在基础设施建设的各方面开展了合作。具体而言，与俄罗斯一起修建珲马铁路、中俄黑龙江大桥；与越南一起修建中越国际铁路、中越沿边公路；与哈萨克斯坦修建阿亚古兹铁路和中哈公路；与蒙古国一起修建中蒙俄铁路、“两山”铁路；与缅甸一起修建滇缅公路，且共同合作促进澜沧江—湄公河全流域基础设施建设（见图3-6）。

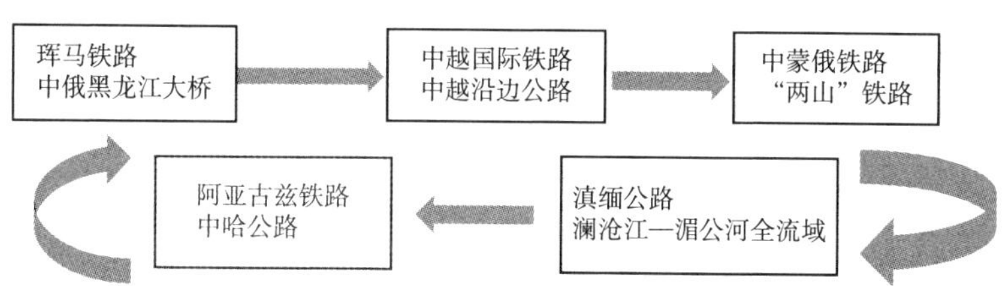

图3-6 中国与沿线国家铁路、公路修建开展情况

资料来源：中国一带一路网。

三、国家间贸易加速回暖

2013~2017年，中国与“一带一路”沿线国家贸易增长率分别为7.86%、6.55%、-9.97%、-6.51%、13.45%，整体呈现上升趋势（见图3-7）。此外，2013~2018年，中国与“一带一路”沿线国家进出口总额超过6万亿美元，新签对外承包工程合同额超过5000亿美元。

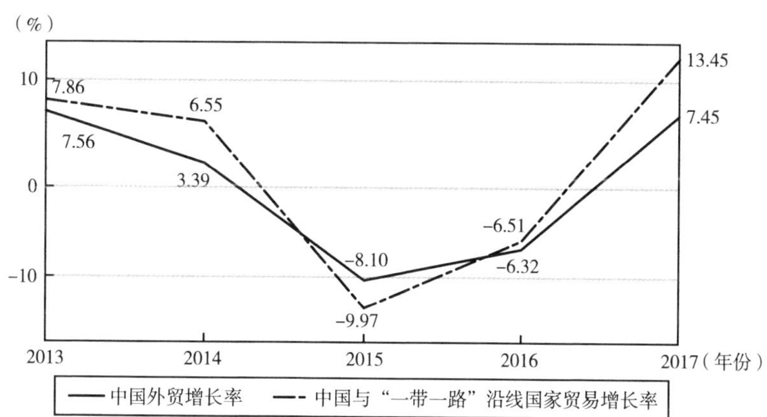

图3-7 中国与“一带一路”沿线国家贸易增长率

资料来源：海关总署。

具体而言，国家间贸易情况可用以下三个指数进行说明。

第一，海上丝路贸易指数（maritime silk road trade index，STI）[①]。

海上丝路贸易指数较为全面地反映了中国对外经济与贸易的发展情况，同时反映了中国对外贸易发展变化趋势。根据图3－8，2020年10月，海上丝路贸易指数（STI）显示：进出口贸易指数为145.45点，环比下跌6.01%，同比上涨8.58%；出口贸易指数为164.44点，环比下跌1.07%，同比上涨11.39%；进口贸易指数为126.12点，环比下跌11.85%，同比上涨5.07%。2020年1～10月，我国进出口贸易总额为37119.58亿美元，同比下跌0.57%。其中，出口贸易总额为20480.79亿美元，同比上涨0.44%；进口贸易总额为16638.79亿美元，同比下跌1.80%；贸易顺差额为3841.99亿美元，扩大11.45%。

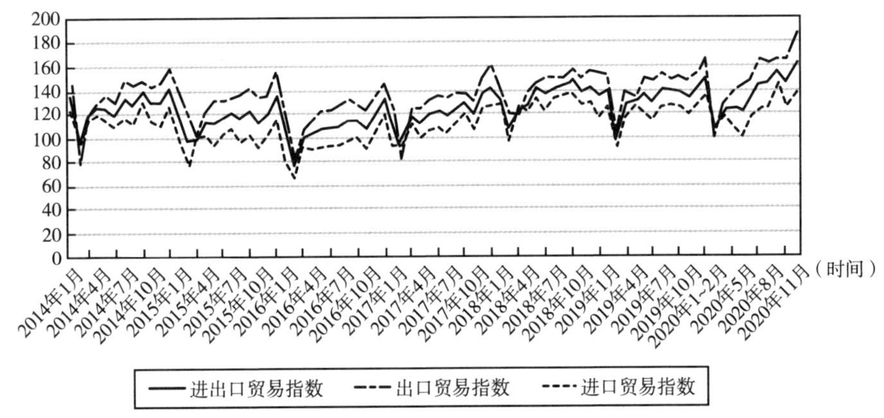

图3－8 海上丝路贸易指数

第二，“一带一路”航贸指数[②]。

“一带一路”航贸指数由多个指标构成[③]。指数基期为2015年1月，基期指数为100点，该指数涉及的货种不仅限于集装箱，还包括煤炭、铁矿石、原油等大宗物资，直接反映贸易额、货运量、运输价格三者之间的变

① 资料来源：中国一带一路网，https：//www.yidaiyilu.gov.cn/search/newSearch.jsp?q=%E4%BA%9A%E6%B4%B2&t_id=290&pageSize=15&qIndex=1&siteId=CMSydylgw。

② 资料来源：中国一带一路网，https：//www.yidaiyilu.gov.cn/search/newSearch.jsp?q=%E4%BA%9A%E6%B4%B2&t_id=290&pageSize=15&qIndex=1&siteId=CMSydylgw。

③ 包括“一带一路”贸易额指数、“一带一路”集装箱海运量指数和“海上丝绸之路”运价指数。

化和相互关系。从图 3-9 可以看出，“一带一路”贸易额指数从 2017 年 7 月开始至 2020 年 11 月，整体呈现上升趋势，且保持在较高水平；对于“一带一路”集装箱海运量指数来说，整体呈现上升趋势。该指数说明“一带一路”倡议使各国之间保持着良好的贸易关系，促进了各国航运规模的扩大。

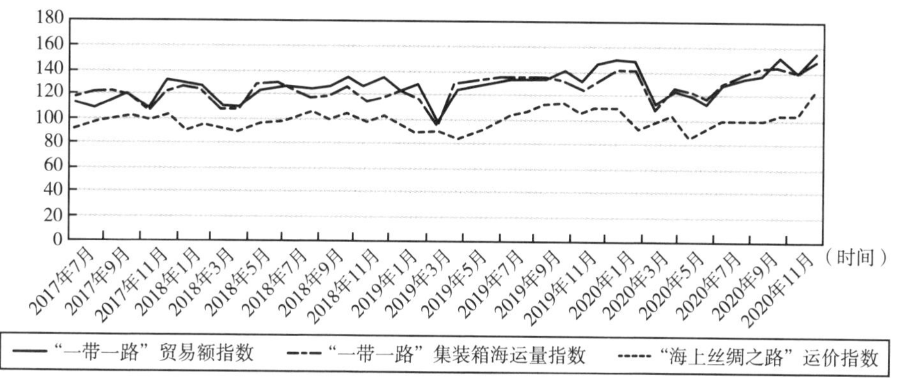

图 3-9 “一带一路”航贸指数

第三，中国外贸出口先导指数①。

对于中国来说，“中国外贸出口先导指数”较好地衡量了国内货物的出口情况。该指数包含加工贸易进口、外商直接投资、主要经济体的投资消费等 7 个宏观指标，企业订单、信心、成本 3 个通过网络问卷调查获取的微观指标信息，进行统计处理合成月度综合指标，可用来预测预警我国未来两三个月的出口走势。该指数以数值表示，数值越大，表明出口形势越兴旺。若数值增长，表明对未来三个月内的出口预期保持积极的态度；反之则说明出口形势较为消极。从图 3-10 可以看出，2014～2016 年第一季度中国外贸出口先导指数呈现小幅度的下降趋势，2016 年第二季度至 2018 年第一季度中国外贸出口先导指数呈现不断上升的趋势，说明我国未来一个季度的出口形势较好。同时，图 3-10 还显示出口企业综合成本指数在不断下降，新增出口订单指数在不断上升，各指标共同说明中国出口形势较好。

① 资料来源：中国一带一路网，https://www.yidaiyilu.gov.cn/search/newSearch.jsp?q=%E4%BA%9A%E6%B4%B2&t_id=290&pageSize=15&qIndex=1&siteId=CMSydylgw。

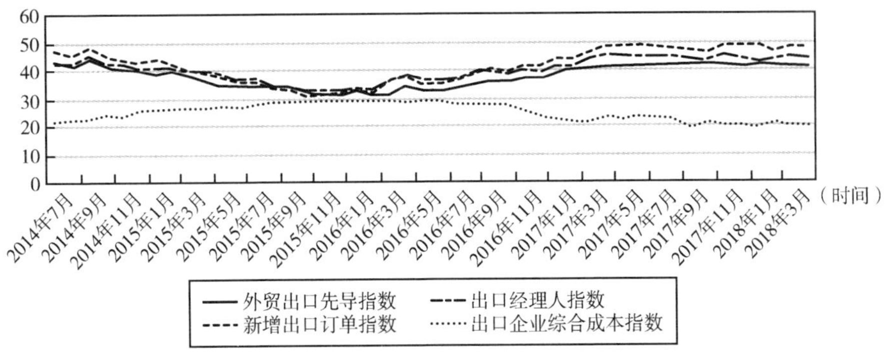

图 3－10　中国外贸出口先导指数

四、多元化融资体系不断完善

金融是现代经济建设中的重要组成部分，在“一带一路”建设中也具有举足轻重的地位。金融体系的支持对构建利益共同体具有十分重要的作用。

截至 2019 年 6 月底，中国出口信用保险公司对沿线国家实现保额总计约 7704 亿美元，赔款支出约 28.7 亿美元，丝路基金实际出资额近 100 亿美元。[①] 除此之外，中国也在与沿线国家积极开展双边本币互换安排、人民币清算安排等计划。

五、人文交流合作不断深入

国之交在于民相亲，民相亲在于心相通，民心相通是共建“一带一路”行稳致远的社情民意基础（刘芯瑜和许燕滨，2020），人文交流则是民心相通最可依赖的桥梁纽带。开展“一带一路”人文交流有助于促进和而不同、兼收并蓄的文明交流对话，对于推进国家总体对外交往、推动中华文化国际传播、维护世界和平发展、构建人类命运共同体有着十分重要的意义。“一带一路”人文交流作为中国特色人文交流工作的重要组成部分，在稳健前行中取得丰硕成果，不断推动共建“一带一路”走深走实。

① 资料来源：《图解：“一带一路”倡议六年成绩单》，https：//www. yidaiyilu. gov. cn/xwzx/gnxw/102792. htm。

六、活动机制日益广泛

截至2019年，我国与“一带一路”参与国家坚持元首外交引领、高访带动、高端机制示范、双边多边结合，积极搭建形式多样、覆盖广泛的人文交流合作机制。人文交流共识不断增多，渠道更加通畅，形式内容更为丰富，多边参与、多元开放、多主体共建共享型“一带一路”人文交流合作平台正在形成。每逢重大主场外交活动或国际会议举办配套人文交流活动逐步机制化、常态化，一系列高水准的大型对外文化活动成为展示中华文化精粹的成功范例，成为国家元首外交的有机组成部分。与相关国家先后建立起中俄、中美、中英、中法、中德、中南非、中印尼、中欧等八个副总理级的高级别人文交流机制，发挥其在区域人文交流中的辐射和带动作用。我国已与“一带一路”沿线国家全部签订政府间文化交流合作协定，在51个沿线国家设立了134所孔子学院和130个中小学孔子课堂，与53个沿线国家建立起734对友好城市关系，与24个沿线国家签订学历学位互认协议，与24个沿线国家实现公民免签或落地签，与包括“一带一路”沿线国家在内的50多个国家签订了相互翻译对方文学经典作品的协定，与43个沿线国家实现空中直航，每周约4500个航班。

七、领域活动日趋丰富

我国与“一带一路”参与国家通过政党、会议、社会组织、媒体等各方面主体在科教文卫、旅游、体育等领域，广泛开展了形式多样的人文交流合作（柴尚金，2019）。相关国家互办文化年、旅游年、艺术节、影视桥、研讨会、图书展、体育赛事、智库对话等多项活动，人才培养、作品创投、版权合作、联合出版、资本合作、项目评估等创新合作方式持续推动“一带一路”人文交流更为专业、细化、务实，更多惠及民生。随着“一带一路”人文交流合作扎实推进、亮点纷呈，在交流中拉近了民心距离，得到了越来越多国家的支持和积极参与，为“一带一路”建设夯实民意基础，筑牢社会根基，也为沿线各国民众友好交往和商贸往来带来了便利和机遇。

以旅游为例，“十三五”期间，我国为“一带一路”建设参与国输送1.5亿人次游客、带来2000亿美元的旅游消费。旅游已经成为“一带一路”跨文化交流的重要载体，不仅促进了文化旅游融合发展，而且助推中国文化走向世界，在文旅融合中塑造中国国际形象，提升国际影响力（申罡，2019）。再以留学生为例，据我国教育部数据，2017 年共有将近 49 万名外国留学生在中国高校学习，其中，来自“一带一路”沿线国家的留学生超过 30 万人，占比 64.85%。

事实表明，人文交流是推动共建“一带一路”精谨细腻“工笔画”不可或缺的重要支点（江凌，2021）。坚定文化自信，坚持平等、互鉴、对话、包容的文明观，“一带一路”人文交流在各方共同努力下将进一步凝聚合作共识，迎来精彩可期的发展愿景，为推动共建“一带一路”走深走实、推动构建人类命运共同体、共创人类社会美好未来注入更多正能量、暖力量。

第四节　建设的主要问题

一、投资回报具有不确定性

“一带一路”倡议通过互联互通项目推动沿线各个国家协同发展，其中，基础设施建设是该战略的重要组成部分。基础设施属于公共物品，必然存在投资回报低、回报周期长等特点，而“一带一路”的基础设施投资范围又主要集中在经济基础较为薄弱、设施建设较为落后的发展中国家。因此在投资回报方面可能面临较高风险（刘家国，2021）。

二、政治环境有待进一步优化

政治环境问题主要表现在两个方面，首先，不同国家基于不同诉求都会有各自的国家战略，甚至还涉及“一带一路”以外的一些国家的战略利益问题，在某种程度上各国的国家战略是不兼容、不匹配的，向内延伸就涉及各个国家的根本利益，因此，各国的战略不容忽视。其次，政治环境也处于不断变化中，在这样的内部环境下，未来政府倾向也存在一定的不确定性（周方银，2015）。

三、法治环境有待进一步完善

“一带一路”沿线国家的开放程度、法治环境和市场化水平差异较大，在建设过程中必将面临诸多法律风险（刘家国，2021）。例如，沿线国家隶属法系不同，主要分为大陆法系和英美法系，还有一些国家隶属伊斯兰法系，不同法系国家的法律表现形式、法律适用规则等不尽相同，导致各国在审判中必定存在不同见解，这可能会带来许多无法预测的风险。因此，不同国家不同的法治环境，在一定程度上会阻碍“一带一路”的进一步发展。

四、合作意识有待进一步加强

“一带一路”倡议提出以来，在“五通”方面取得明显进展，为沿线各国文明之间的交流、融合、发展与共存搭建了新的平台，让共商、共建、共享的“一带一路”合作理念得到国际社会的广泛认同。“一带一路”跨越了亚洲、非洲、欧洲、大洋洲等大洲，连接起 140 多个国家和 30 多个国际组织。然而由于各国之间存在着经济、政治、文化等各方面的差异，合作的深度有待更进一步。此外，一些大国，例如印度等对“一带一路”合作意识有待进一步加强，以共同促进各国经济的发展。

五、战略疑虑有待进一步消除

“一带一路”作为中国提出的一项重要倡议，由于参与国家国情、处境等不尽相同，对中国提出该倡议的态度各异，怀疑、误解、带有敌意等态度都在“一带一路”发展过程中显现出来，“中国威胁论”“中国独秀论”等观点层出不穷，关于该倡议排挤其他国家利益的观点也逐渐显现（南卡，2018），部分东南亚发展中国家则担忧“经济控制”或是中国有意图掠夺当地资源等。当前所存在的战略疑虑、文化差异阻碍了“一带一路”背景下各国合作的深化。

第五节　本章小结

本章主要通过一系列的数据描述，呈现了7年来共建“一带一路”倡议的现状、成效以及问题。本章指出，共建“一带一路”倡议已进入务实阶段，取得了巨大成效，尤其是超过170多个国家和国际组织与中国签署了205份共建“一带一路”合作文件。倡议已得到世界大部分国家或地区，尤其是发展中国家的认可，甚至是参与。但是要注意的是，虽然共建“一带一路”倡议正在积极推进，但其仍面临着一系列的问题，这是未来高质量建设“一带一路”所不能忽视的。

本书接下来的部分进入实证分析，分别包括区域篇和绩效篇。前者把“一带一路”视为区域概念，后者则采用拟自然实验框架，进行“一带一路”倡议的绩效检验。

附录
中国与各洲合作关系[①]

非洲

自2013年提出“新丝绸之路经济带”和“21世纪海上丝绸之路”后，2016年，埃及成为第一个位于非洲、与中国签订“一带一路”合作倡议的国家。早在2015年，中国就在中非合作的基础上提供了600亿美元的支持。在2016年，举办了第二届对非投资论坛，中非企业签署了包括航空、电力、轻工制造在内的一批投资合作协议，项目金额超过25亿美元，在对非投资论坛上，广东中科天元新能源科技有限公司与外资合作方正式签署了塞拉利昂乙醇与生物质发电厂项目投资协议。在举办约翰内斯堡峰会后，峰会上的成果成为推动中非产能合作的重要力量。

2017年，举办了第28届非洲联盟（简称非盟）首脑会议，非盟委员会

---

① 资料来源：中国一带一路网，https://www.yidaiyilu.gov.cn/search/newSearch.jsp?q=%E4%BA%9A%E6%B4%B2&t_id=290&pageSize=15&qIndex=1&siteId=CMSydylgw。

主席指出，非洲需要发展对外合作推进实现非盟《2063年议程》，在各领域加强与包括中国在内的发展伙伴的有效合作。在非洲，“一带一路”不仅助力非洲国家的基础设施建设，也提供了大量就业岗位，促进了非洲青年就业。同时，中国企业承办的各类职业技术培训学校也在非洲蓬勃发展。

2018年中非合作论坛顺利召开，会议指出，根据非洲基础设施建设财团（ICA）数据显示，2011～2016年，中国平均每年在非洲基础设施领域投资120亿美元，是非洲基础设施最大投资来源国，也是单一的最大贷款国。此次中非合作论坛，中国又承诺向非洲提供600亿美元支持，并免除部分非洲政府将于年内到期的无息贷款。同时，麦肯锡发布的一项最新研究报告称，目前在非洲的中国企业已超过1万家，约90%是民营和私营企业。

2020年中非签署了《中华人民共和国政府与非洲联盟关于共同推进“一带一路”建设的合作规划》（以下简称《合作规划》），《合作规划》的签署对于促进中非合作意义重大，一方面，从更加宏观和整体层面规划了中国与整个非洲大陆“一带一路”合作的路线图，将有效推动共建“一带一路”倡议同非盟《2063年议程》中关于基础设施建设等方面愿景的精准对接；另一方面，表明中国不仅与非洲个别国家进行双边合作，还致力于同非洲大陆开展多边的整体合作，更加印证“一带一路”倡议得到了越来越多国家和地区的积极响应。我国与非洲国家签订“一带一路”协议情况见附表1。

附表1　与非洲国家签订协议情况

国家	签订年份
埃及	2016
马达加斯加	2017
尼日尔	2017
摩洛哥	2018
苏丹	2019
南非	2019
塞内加尔	2019
塞拉利昂	2019
科特迪瓦	2019

续表

国家	签订年份
索马里	2019
喀麦隆	2019
南苏丹	2019
塞舌尔	2019
几内亚	2019
加纳	2019
赞比亚	2019
莫桑比克	2019
加蓬	2019
纳米比亚	2019
毛里塔尼亚	2019
安哥拉	2019
吉布提	2019
埃塞俄比亚	2019
肯尼亚	2019
尼日利亚	2019
乍得	2019
刚果（布）	2019
津巴布韦	2019
阿尔及利亚	2019
坦桑尼亚	2019
布隆迪	2019
佛得角	2019
乌干达	2019
冈比亚	2019
多哥	2019
卢旺达	2019
突尼斯	2019
利比亚	2019

续表

国家	签订年份
赤道几内亚	2019
利比里亚	2019
莱索托	2020
科摩罗	2020
贝宁	2020
马里	2020
刚果（金）	2021
博兹瓦纳	2021

欧洲

2018 年 3 月，博世力士乐与西安经济开发区签订合作协议。该项目选址西安经济开发区高铁新城，总占地面积 47 亩，将建设工业 4.0 线性导轨及装配输送系统项目，2020 年建成并使用，预计年营业收入达 9.5 亿元。2019 年 3 月 18 日，在西安经济开发区，总投资 5 亿元的博世力士乐西安工厂二期扩建项目破土动工，标志着西安中欧合作产业园建设迈出实质性一步。目前，产业园一期已聚集了多个欧洲企业投资的项目。

由丝路基金与欧洲投资基金联合发起成立的中欧共同投资基金于 2018 年 4 月正式设立，运作顺利，旗下子基金项目投资促进了欧洲中小企业与中国市场和企业对接，发挥了协同效应并形成了价值增值，合作共赢带来的价值正在逐步显现。我国与欧洲国家签订协议情况见附表 2。

附表 2　　与欧洲国家签订协议情况

国家	签订年份
北马其顿（原马其顿）	2015
白俄罗斯	2015
塞尔维亚	2016
捷克	2016
保加利亚	2016
斯洛伐克	2016
阿尔巴尼亚	2017

续表

国家	签订年份
克罗地亚	2017
波黑	2017
黑山	2017
罗马尼亚	2017
拉脱维亚	2017
俄罗斯	2018
奥地利	2018
爱沙尼亚	2018
立陶宛	2018
斯洛文尼亚	2018
乌克兰	2018
摩尔多瓦	2018
塞浦路斯	2019
希腊	2019
波兰	2019
匈牙利	2019
马耳他	2019
葡萄牙	2019
意大利	2019
卢森堡	2019

中欧班列（英文名称 CHINA RAILWAYExpress，缩写 CRexpress）也是中欧合作的重要环节。中欧班列穿梭于中国、欧洲以及“一带一路”国家，主要负责集装箱等运输，有特定的时刻表。附图 1 展示了近几年以来中欧班列的运营情况。截至 2020 年 11 月 5 日，2020 年中欧班列开行达 10180 列，已超过 2019 年全年开行量，运送货物 92.7 万标箱，同比增长 54%，往返综合重箱率达到 98.3%，再次创造新纪录。新冠肺炎疫情暴发以来，在国际客运航线停飞、公路受阻、水运停滞等情况下，中欧班列成为中外企业进出口的主要运输通道。

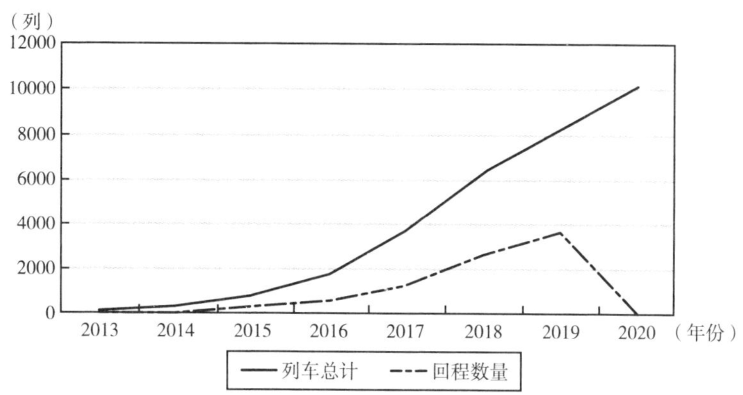

附图 1 中欧列车运营情况

注：未获得 2020 年中欧列车回程数量。

资料来源：中国一带一路网。

大洋洲

大洋洲是世界上最小的一个大州，陆地面积不到 900 万平方千米。除南极洲外，大洋洲也是世界上人口最少的一个大洲，总人口约 2900 万人。大洋洲目前共有 24 个国家和地区，其中 14 个独立国家，其余 10 个地区尚在美国、英国、法国等的管辖之下。

大洋洲各地区经济发展差距较大，例如我们熟知的澳大利亚与新西兰，是大洋洲经济发达的地区，而其他岛国主要依靠农业，因此经济水平较为落后。目前在 14 个独立国家中，有 9 个①已经同我国签署了共建“一带一路”合作协议，占比达到 64.3%。2017 年 3 月与新西兰签订合作协议，新西兰成为第一个签署相关协议的西方发达国家。我国与大洋洲国家签订协议情况见附表 3。

附表 3 与大洋洲国家签订协议情况

国家	签订年份
新西兰	2017
巴布亚新几内亚	2019
萨摩亚	2019

① 新西兰、巴布亚新几内亚、萨摩亚、纽埃、斐济、密克罗尼西亚、库克群岛、汤加和瓦努阿图。

续表

国家	签订年份
纽埃	2019
斐济	2019
密克罗尼西亚联邦	2019
库克群岛	2019
汤加	2019
瓦努阿图	2019
所罗门群岛	2019
基里巴斯	2020

北美洲

北美洲总面积2422.8万平方千米（涵盖周围岛屿），是世界第三大洲，总人口约为5.5亿人。北美洲的经济较为发达，位居世界第二，其中，美国经济居世界首位，在国际上的影响不容小觑。北美洲目前有23个独立国家，有11个国家已经同我国签署了共建“一带一路”合作协议，占比为47.8%。其中，哥斯达黎加、巴拿马和萨尔瓦多为中美洲国家，多米尼加、特立尼达和多巴哥、安提瓜和巴布达、多米尼克、格林纳达、巴巴多斯、古巴和牙买加为西印度群岛国家。北美洲地区的国家最早于2018年与我国签订“一带一路”合作协议，最早签订的国家为巴拿马。我国与北美洲国家签订协议情况附表4。

附表4　　与北美洲国家签订协议情况

国家	签订年份
巴拿马	2018
特立尼达和多巴哥	2018
哥斯达黎加	2019
萨尔瓦多	2019
多米尼加	2019
安提瓜和巴布达	2019

续表

国家	签订年份
多米尼克	2019
格林纳达	2019
巴巴多斯	2019
古巴	2019
牙买加	2019

南美洲

南美洲总人口约为3.9亿人，世界排名第五。南美洲各地经济发展水平相差悬殊[①]。南美洲共有12个独立国家和1个地区（法属圭亚那），其中12个国家中的8个[②]已经同我国签署了共建“一带一路”合作协议，占比为66.7%。相较于其他大洲，南美洲与我国开始签订合作协议的时间较晚，几乎所有国家都在2019年签订。我国与南美洲国家签订协议情况见附表5。

附表5　与南美洲国家签订协议情况

国家	签订年份
智利	2019
圭亚那	2019
玻利维亚	2019
乌拉圭	2019
委内瑞拉	2019
苏里南	2019
厄瓜多尔	2019
秘鲁	2019

亚洲

亚洲是七大洲中面积最大、人口最多的一个洲。位于亚洲的国家与中国

① 根据世界银行WDI数据，巴西和阿根廷为南美洲经济最为发达的国家，加上委内瑞拉、哥伦比亚、智利和秘鲁，六国国内生产总值占全洲的90%以上。

② 智利、圭亚那、玻利维亚、乌拉圭、委内瑞拉、苏里南、厄瓜多尔、秘鲁。

签订“一带一路”协议的共有37个，且从2015年开始，每年都有新增签订协议的国家，合作的广度和深度在不断加深。从与我国签订“一带一路”合作协议国家的数量来说，亚洲是仅次于非洲的大洲。我国与亚洲国家签订协议情况见附表6。

附表6　　与亚洲国家签订协议情况

国家	签订年份
斯里兰卡	2015
科威特	2015
卡塔尔	2015
格鲁吉亚	2015
哈萨克斯坦	2015
韩国	2016
土耳其	2016
阿塞拜疆	2016
塔吉克斯坦	2016
乌兹别克斯坦	2016
蒙古国	2017
新加坡	2017
东帝汶	2017
马来西亚	2017
缅甸	2017
柬埔寨	2017
老挝	2017
巴基斯坦	2017
孟加拉国	2017
尼泊尔	2017
沙特阿拉伯	2017
伊朗	2017
伊拉克	2017

续表

国家	签订年份
阿富汗	2017
亚美尼亚	2017
越南	2018
文莱	2018
马尔代夫	2018
阿曼	2018
黎巴嫩	2018
泰国	2018
阿联酋	2019
巴林	2019
吉尔吉斯斯坦	2019
印度尼西亚	2019
菲律宾	2019
也门	2019

第二部分

区域篇

第四章　中国经济发展与“一带一路”建设*

第一节　引　　言

《推动共建丝绸之路经济带和21世纪海上丝绸之路的愿景与行动》的正式发布标志着由中国倡议的共建“一带一路”已进入务实合作、操作实施阶段（周方银，2015）。“一带一路”建设是我国集政治经济、内政外交为一体的重大战略构想，对于深化区域合作、促进我国与周边国家经济关系、推动全球和平发展具有重大而深远的意义（谭秀杰和周茂荣，2015）。

“一带一路”建设的重要性无可比拟，引起了国内外媒体和学者的高度关注，但当前的文献多为定性分析，观点多缺乏严谨的数理分析与实证支撑。例如，部分学者从大战略的宏观角度为“一带一路”建设提供了前瞻性的观点，尤其提出建设思路、基本架构，探索具体策略和路径（胡鞍钢等，2014；陈万灵和何传添，2014；等等）。部分学者则从中国与沿线国家贸易、投资、金融、产业等方面阐述中国与沿线国家的合作空间与步骤（申现杰和肖金成，2014；郭宏宇和竺彩华2014；等等）。同时，以往也有文献采用数理和实证方法探讨中国与沿线国家的关系（于津平，2003；孙致陆和李先德，2013；等等），但由于共建“一带一路”倡议提出的时间较短，这些文献缺乏切合共建“一带一路”背景。本书从中国对世界的影响角度，分析中国经济发展对“一带一路”沿线国家发展的贡献。

现有的强调中国对世界贡献的研究，大多强调经济贡献。例如，丁一凡

---

* 本章的主干内容来自《中国经济发展照亮“一带一路”建设——基于夜间灯光亮度数据的实证分析》，该文发表在《经济学家》2016年第9期，期刊上作者及其单位为：黄亮雄（广东外语外贸大学广东国际战略研究院）、韩永辉（广东外语外贸大学广东国际战略研究院）、王佳琳（广东外语外贸大学商学院）、李忠杰（广东外语外贸大学会计学院）。

（2005）、中国发展对世界经济的影响课题组（2014）采用广泛的数据分析了中国经济增长对世界经济的积极贡献。据国际货币基金组织（IMF）的测算，2014年中国经济增长对世界经济增长的贡献率为27.8%，是对世界经济增长贡献最大的国家[①]。与简单的数据统计描述分析相比，本书的分析更进一步，构建了较为严谨的计量模型，聚焦于中国经济增长对“一带一路”沿线国家经济发展的推动作用，并阐明原因与机制，切合共建“一带一路”的发展背景。

本章是本书的区域篇分析，本章试图采用2002～2013年“一带一路”沿线64个国家[②]的非平衡面板数据，实证检验中国经济发展对沿线国家经济发展的影响，并试图从沿线国家对中国出口、沿线国家吸引中国直接投资的角度，探求其中的作用机制，继而，分析中国与沿线国家重要领导人的访问，以及经贸关系构建的调节作用。

由此，本章可能的创新之处与贡献在于：第一，与以往文献更多地强调世界对中国发展的影响不同，本章强调中国发展对世界的影响，验证了中国的发展有利于沿线国家的发展，中国倡议的共建“一带一路”是互惠共赢的。第二，本章并不满足于对中国经济发展推动沿线国家经济发展的检验，还进一步探索其中的作用机制，并把目标聚焦在全球化过程中对区域经济增长有重要作用的出口和吸收外资两个渠道上。第三，本章还进行了调节效应分析，即检验中国经济发展影响沿线国家经济发展的效应，是否随着调节变量的改变而变动。特别地，本章基于中国的积极外交，重点强调国家领导人访问和构建经贸关系两个表现。在笔者所掌握的文献来看，本章应是首篇直接检验中国经济发展对沿线国家经济发展作用的研究，也是同时分析国家领导人访问与构建经贸关系的调节作用的研究。

本章余下的部分如下：第二节是背景介绍；第三节是实证策略与数据说明；第四节是实证分析；第五节是机制探索；第六节是政策抓手检验；第七

① 朱光耀．中国对今年世界经济增长贡献最大［J］．中国农业会计，2014（10）．

② 这64个国家包括：蒙古国、俄罗斯、印度尼西亚、泰国、马来西亚、越南、新加坡、菲律宾、缅甸、柬埔寨、老挝、文莱、东帝汶、乌克兰、白俄罗斯、格鲁吉亚、阿塞拜疆、亚美尼亚、摩尔多瓦、印度、巴基斯坦、孟加拉国、斯里兰卡、阿富汗、尼泊尔、马尔代夫、不丹、沙特阿拉伯、阿联酋、阿曼、伊朗、土耳其、以色列、埃及、科威特、伊拉克、卡塔尔、约旦、黎巴嫩、巴林、也门、叙利亚、巴勒斯坦、波兰、罗马尼亚、捷克、斯洛伐克、保加利亚、匈牙利、拉脱维亚、立陶宛、斯洛文尼亚、爱沙尼亚、克罗地亚、阿尔巴尼亚、塞尔维亚、马其顿、波黑、黑山、哈萨克斯坦、乌兹别克斯坦、土库曼斯坦、吉尔吉斯斯坦、塔吉克斯坦。

节是本章小结。

第二节　背景介绍

2013 年 9 月和 10 月，习近平主席在出访中亚和东南亚国家期间，先后提出共建“丝绸之路经济带”和“21 世纪海上丝绸之路”（以下简称“一带一路”）的重大倡议，力图构建一种不同于传统区域合作体系的新经济发展模式，探索国际交流合作新机制。2015 年 3 月，中国政府发布《推动共建丝绸之路经济带和 21 世纪海上丝绸之路的愿景与行动》文件，从时代背景、共建原则、框架思路、合作重点、合作机制等方面阐述了“一带一路”的主张与内涵，提出了共建“一带一路”的方向和任务。党和国家高度重视“一带一路”建设，中央与各级政府也正不遗余力地落实“一带一路”建设：党的十八届三中和五中全会报告均强调推进“一带一路”建设；多位国家领导人在不同场合大力宣介并深入阐释“一带一路”的美好构想；各地级政府纷纷制订参与“一带一路”建设行动规划并开展一系列对接项目。

“一带一路”贯穿欧亚大陆，东边连接亚太经济圈，西边进入欧洲经济圈，传统认为“一带一路”国家除中国外，包括 64 个国家或地区（赵磊，2015）。“一带一路”倡议提出近 3 年来，得到众多国家的热烈呼应，已有 70 多个国家和组织表达了支持和参与，超出了传统的“一带一路”范围，同时，34 个国家和国际组织与中国签署了共建“一带一路”政府间合作协议①。中国提出筹建的亚洲基础设施投资银行，最终确定的创始成员国达 57 个之多，并于 2016 年初开业运营。丝路基金首批投资项目也正式启动，包括广东、福建的地方版丝路基金纷纷成立，现有 20 多个各类基金支持参与“一带一路”建设。与此同时，很多具有互利共赢性质的具体项目，如中俄能源、高铁合作、中巴能源等，正有条不紊地开展和推进，“一带一路”建设取得了良好的开局。

共建“一带一路”有助于推动中国与沿线国家经济持续较快增长，同时也为全球经济可持续增长提供新的解决思路和方案（卢锋等，2015）。共建

① “一带一路”提出近 3 年来有哪些重要早期收获？［N/OL］. 新华网，http：//news. xinhuanet. com/silkroad/2016 -06/28/c_129095697. htm.

“一带一路”着眼于为全球经济治理输出公共产品，为推动国际秩序和国际治理结构朝着公正合理方向发展提供新途径（毛艳华，2015）。本章正是采用历史数据，以沿线国家为分析对象，验证中国经济发展对沿线国家经济发展的推动作用，一方面为中国有能力承担大国责任，为世界发展贡献中国力量提供事实证明，另一方面为“一带一路”倡议是互惠共赢的模式提供理论依据。

第三节　实证策略与数据说明

一、实证策略

为了检验中国经济发展对“一带一路”沿线国家经济发展的影响，本章采用 2002 ~ 2013 年 64 个沿线国家的非平衡面板数据，构建以下回归模型：

$$lpgdp_{it} = \alpha + \beta_1 lcpgdp_t + X'\lambda + \varepsilon_{it} \quad (4-1)$$

其中，下标 i 表示国家，t 表示年份。$lpgdp_{it}$代表沿线国家 i 在 t 年的人均实际 GDP 对数；$lcpgdp_t$是中国在 t 年的人均实际 GDP 对数。在稳健性检验中，本书也采用沿线国家的实际 GDP 对数，以及人均灯光值对数（Henderson et al.，2012）衡量沿线国家的经济发展情况。同样地，这里也采用了中国实际 GDP 对数反映中国的经济发展情况。X 是控制变量，我们主要采用了以下变量：工业占 GDP 比重（*wg*2），工业增加值/GDP × 100；居民最终消费支出占 GDP 比重（*rcon*），居民最终消费等/GDP × 100；是否与中国接壤虚拟变量（*conti*），若某国与中国接壤就赋值为 1，否则赋值为 0；制度距离（*polid*），参考黄亮雄等（2018b）的做法采用世界银行“全球治理指标（WGI）”，包括政权稳定性、政府效率、监管质量、腐败控制、法律制度和话语问责权六个方面，某国六方面指数减去中国相应指数的绝对值之和除以 6。值得注意的是，工业占 GDP 比重（*wg*2）、居民最终消费支出占 GDP 比重（*rcon*）是反映沿线国家自身变量；而是否与中国接壤虚拟变量（*conti*）、制度距离（*polid*）则反映该国与中国的关系变量。除此之外，在本章的回归中，也添加了金融危机虚拟变量，2008 年、2009 年、2010 年与 2011 年赋值为 1，其余赋值为 0；以及大洲虚拟变量（亚洲、非洲、欧洲）。

于是，系数β_1衡量中国经济发展对沿线国家经济发展的影响，具体为，若β_1显著大于0，则中国的经济发展显著推动沿线国家的发展；若β_1显著小于0，则中国的经济发展阻碍了沿线国家的发展；若β_1不显著，说明中国的经济发展对沿线国家没有显著影响。

在基准回归式（4－1）后，本章进行机制探索，即检验中国经济发展为何影响沿线国家的经济发展，由以下回归方程进行：

$$Mec_{it} = \alpha + \theta lcpgdp_t + X'\lambda + \varepsilon_{it} \tag{4-2}$$

其中，*Mec* 是关注的机制，根据世界经济联系中，促进经济发展的两大手段而设定：一是，*i* 国对中国的出口（*lcex*）；二是，中国对 *i* 国的直接投资（*lcofdi*）。回归时，二者都取对数①。特别地，这里还检验了 *i* 国的总出口（*ltex*），以及该国的资金净流入量（*lnetin*），二者也都取对数。

于是，系数θ的符号及其显著性衡量对中国出口机制以及中国对外直接投资机制是否成立。如果系数θ显著为正，意味着中国经济发展通过促进 *i* 国对中国的出口以及中国对 *i* 国的直接投资，促进沿线国家的经济发展。

在进一步分析中，本章参考黄亮雄等（2021），采用分样本的方法，检验中国经济发展影响沿线国家经济发展的效应，在不同样本下出现的不同效应大小，以此寻找政策抓手。具体地，本章关注与我国的经贸关系以及领导人访问。根据是否与我国签有自由贸易协定或者双边投资协定，划分为与我国经贸关系一般样本，以及与我国经贸关系良好的样本。根据是否有重要领导人（中国为国家主席以及国务院总理，外国为元首）访问，划分为有重要领导人访问样本，以及没有重要领导人访问样本。通过比较不同分样本中，中国人均实际 GDP 对数对沿线国家人均实际 GDP 对数的影响系数，即式（4－1）的系数β_1的大小，判定出中国经济发展影响沿线国家经济发展的效应在哪个分样本中更大。

当然，针对领导人访问，本章也参考陈（Chen，2013）、李青和黄亮雄（2015），采用了调节效应模型，具体为：

$$lpgdp_{it} = \alpha + \beta_1 lcpgdp_t + \beta_2 lcpgdp_t \times Mod_{it} + \beta_3 Mod_{it} + X'\lambda + \varepsilon_{it} \tag{4-3}$$

其中，*Mod* 为领导人访问，主要包括：中国国家主席出访、中国国务院总理出访，以及外国元首来访。于是，在保证系数β_1显著为正的基础上，如果系

① $lcofdi = \ln(1 + ofdi)$。

数β_2显著为正，意味着领导人访问能提高中国经济发展促进沿线国家经济发展的效应。如果系数β_2不显著，说明，是否存在领导人访问并不影响中国经济发展促进沿线国家经济发展的效应。

为了行文的方便，下面给出计量分析时需要使用的变量、符号及其简单统计量，具体如表4－1所示。

表4－1　　变量符号及其简单统计

符号	变　量	样本量	均值	标准差	最小值	最大值
lpgdp	人均实际 GDP	729	8.095	1.325	5.447	11.017
lcpgdp	中国人均实际 GDP	768	7.713	0.330	7.181	8.194
wg2	工业占 GDP 比重	653	31.969	14.402	6.708	81.670
rcon	居民最终消费支出占 GDP 比重	595	63.654	17.177	11.541	117.945
conti	是否与中国接壤	732	0.213	0.410	0	1
polid	制度距离	752	0.783	0.370	0.228	2.133
lgdp	实际 GDP	729	24.163	1.704	19.946	28.030
lcrgdp	中国实际 GDP	768	28.714	0.348	28.150	29.222
lplight	人均灯光值	671	5.975	1.374	1.725	8.653
lcofdi	中国对外直接投资	328	7.096	2.633	0.693	12.697
lnetin	资本净流入	721	20.886	1.929	13.719	25.041
lcex	对中国的出口额	605	13.933	2.106	5.084	17.832
ltex	总出口额	629	23.366	1.902	17.504	26.821
ccy	中国主席出访	768	0.076	0.264	0	1
cpy	中国总理出访	768	0.085	0.279	0	1
ccpy	中国主席或总理出访	768	0.148	0.356	0	1
wpy	外国元首出访	768	0.285	0.452	0	1
vlea	双方重要领导人访问	768	0.362	0.481	0	1
ecre	伙伴关系	768	0.780	0.415	0	1

上述经济数据中，各国人均实际 GDP、实际 GDP、工业占 GDP 比重、居民最终消费支出占 GDP 比重、总出口额、资本净流入等，来源于世界银行 WDI 数据库，其中，GDP、人均 GDP 以 2005 年不变价美元计价。中国对该国进口额（某国对中国的出口额）来源于历年的《中国统计年鉴》。中国对该国的直接投资总额来源于历年的《中国对外直接投资统计公报》。制度距离来源于世界银行“全球治理指标（WGI）”的构建。夜间灯光数据采用亨

德森等（Henderson et al.，2012）的方法①。

二、重点数据描述

1. 自由贸易协定数据

自由贸易协定（Free Trade Agreement，FTA）是指两个及以上的国家或地区为了开展自由贸易活动，在一定期间内减少或者消除关税和非关税的贸易壁垒从而签订的具有法律约束力的国际契约。自由贸易协定下的各国家或地区之间的商品、服务以及劳动力、资本等生产要素可以自由流动，实现优势互补，推动区域合作。由此可见，签订自由贸易协定，在一定程度上展现了两地区建有良好的经贸关系。根据世界贸易组织 RTA 数据库信息显示，截至 2021 年 3 月，全球已经签订并生效的优惠贸易协定共有 341 个，其中自由贸易协定有 296 个（占 86.8%）。

于 2000 年 4 月签署的《亚太贸易协定》（APTA）是中国参与的第一个区域贸易协议。根据 WTO 数据显示，2002 年 1 月，中国正式加入 APTA，因此本章按照 WTO 数据库中记录的数据进行处理。截至 2020 年底，中国已经签署的自由贸易协定共 19 个，涉及 26 个国家和地区。表 4-2 展示了目前中国已经签订的自由贸易协定以及具体的生效时间。

表 4-2　　中国的自由贸易协定

签订并生效的 FTA	生效时间	签订并生效的 FTA	生效时间
亚太贸易协定	2002 年 1 月 1 日	中国—东盟	2005 年 1 月 1 日
中国—智利	2006 年 10 月 1 日	中国—巴基斯坦	2007 年 7 月 1 日
中国—新西兰	2008 年 10 月 1 日	中国—新加坡	2009 年 1 月 1 日
中国—秘鲁	2010 年 3 月 1 日	中国—哥斯达黎加	2011 年 8 月 1 日
中国—瑞士	2014 年 6 月 30 日	中国—冰岛	2014 年 7 月 1 日

① 夜间灯光数据来自美国国家海洋和大气管理局（NOAA）。自数据公开以后，采用夜间灯光亮度数据考察国家和地区层面经济活动变化的文献快速增加，特别是针对欠发达国家和地区的研究（Sutton et al.，2007；Storeygard，2013；Hodler and Raschky，2014）。NOAA 公布的夜间灯光数据来源于美国国防气象卫星（Defense Meteorological Satellite Program，DMSP）搭载的线性扫描业务系统（Operational Linescan System，OLS）传感器。DMSP/OLS 传感器在 20 世纪 70 年代已开始应用，其可在夜间工作，能探测到城市灯光甚至小规模居民地、车流等发出的低强度灯光。DMSP/OLS 夜间灯光影像能综合反映涵盖交通道路、居民地等与人口、城市等因子分布密切相关的信息。这一数据报告了地球上每个“30 秒×30 秒”的栅格单元上取值范围在 0～63 的灯光强度。

续表

签订并生效的 FTA	生效时间	签订并生效的 FTA	生效时间
中国—韩国	2015 年 12 月 20 日	中国—澳大利亚	2016 年 1 月 26 日
中国—马尔代夫	2017 年 12 月 7 日	中国—格鲁吉亚	2018 年 1 月 1 日
区域全面经济伙伴关系协定	2020 年 11 月 15 日	中国—毛里求斯	2021 年 1 月 1 日

注：（1）本章的研究不包含内地与港澳更紧密经贸关系安排。

（2）《区域全面经济伙伴关系协定》的成员国有中国、日本、韩国、印度、澳大利亚、新西兰和东盟十国。

资料来源：中国自由贸易区服务网；世界贸易组织 RTA 数据库。

若仅统计样本期 2002～2013 年的数据，可以统计与中国签有自由贸易协定的国家数的年度变化情况①。

由图 4－1 可知，除去《亚太贸易协定》，2005 年有东盟十国与我国的自由贸易协定生效。2007 年《中国—智利自由贸易协定》生效，故全球有 11 个国家，“一带一路”沿线有 10 个国家与我国的自由贸易协定生效。以此来推算，到 2013 年，全球有 15 个国家，“一带一路”沿线有 11 个国家，与我国的自由贸易协定生效。

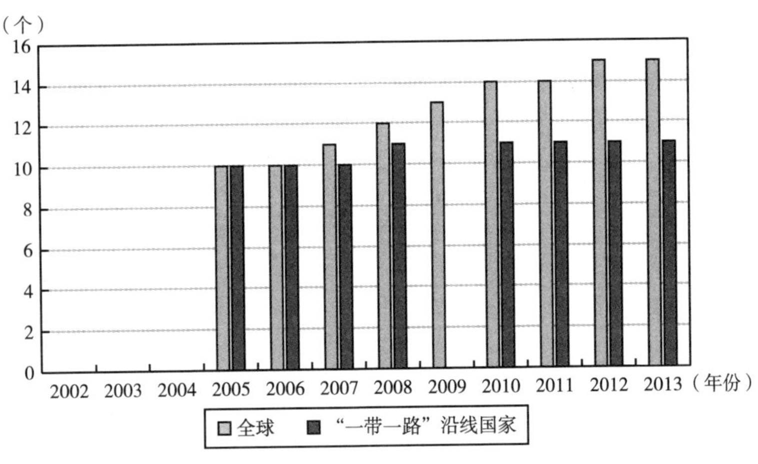

图 4－1 中国的自由贸易协定情况

① 《亚太贸易协定》前身为签订于 1975 年的《曼谷协定》，中国于 2000 年签署加入。截止到 2020 年，成员国包括中国、孟加拉国、印度、老挝、韩国、斯里兰卡和蒙古国。该协定属于优惠贸易安排，只涉及部分产品一定幅度的降税，与表 4－2 其他自由贸易协定存在一定差异。故这里的统计，并没有包括该协定国家。此外，值得注意的是，如果某协定在当年上半年（7 月 1 日前）前生效，看作当年生效，但在下半年（7 月 1 日后）生效，看作下一年生效。

2. 双边投资协定数据

双边投资协定（Bilateral Investment Treaty），是指资本输出国与资本输入国之间签订的，以促进、鼓励、保护或保证国际私人投资为目的，并约定双方权利与义务关系的书面协议。这是目前各国间保护私人外国投资普遍行之有效的重要手段。与自由贸易协定一致，两地区签订双边投资协定，也能反映出两地区的经贸关系较为良好（韩永辉等，2021）。

根据中国商务部数据[①]，我国最早签订的双边投资协定是1982年3月29日与瑞典签署的协定，该协定也于1982年3月29日生效。到2004年，中国与瑞典签订新的协定书，也于签字日生效。一般地，协定签署时间和生效时间不一定相同，例如，我国与法国于1984年5月30日签署双边投资协定，于1985年3月19日生效，2007年11月26日重新签订，2010年8月20日生效，新协定取代旧协定。又如，我国与以色列在1995年4月10日签订协议，该协议在2009年1月13日才生效。截至2020年，中国与104个国家签订了双边投资协定，其中，2015年7月29日，中国与土耳其签署了《中华人民共和国政府和土耳其共和国政府关于相互促进和保护投资协定》。该协定已于2020年11月11日生效。

在此基础上，这里统计样本期2002～2013年间，与中国签订双边投资协定的国家数年度变动情况[②]，如图4-2所示。2002年，与中国签订双边投资协定并已生效的国家有85个，其中，“一带一路”沿线国家48个。2008年，与中国签订双边投资协定并已生效的国家有95个，其中，“一带一路”沿线国家52个。2013年，与中国签订双边投资协定并已生效的国家有100个，其中，“一带一路”沿线国家53个。

3. 国家领导人访问数据

本章采用中国与“一带一路”沿线国家2002～2013年的数据，探讨中国经济发展对沿线经济发展的影响，即检验中国人均实际GDP是否显著增加了沿线国家的人均实际GDP。在调节效应中，主要采用了领导人访问数据。

---

① 详见《我国对外签订双边投资协定一览表 Bilateral Investment Treaty》，http：//tfs. mofcom. gov. cn/article/Nocategory/201111/20111107819474. shtml。

② 同样地，如果某协定在当年上半年（7月1日前）前生效，看作当年生效；如果在下半年（7月1日后）生效，看作下一年生效。

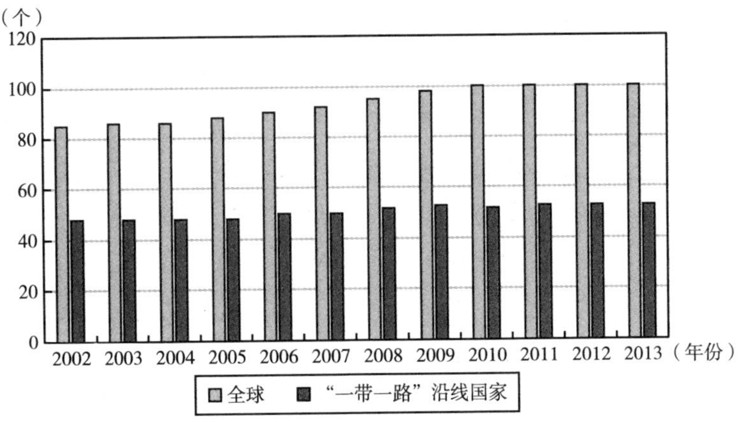

图4-2 中国的双边投资协定情况

与黄亮雄等（2018b）一致，本章的国家领导人访问数据包括两类：一是，中国国家领导人出访数据，主要分析国家主席与国务院总理；二是，外国元首访问中国数据[①]。中国与沿线国家领导人的访问情况见于由外交部政策规划司编撰的《中国外交》中的《中国外交重要活动》章节。根据国家与领导人划分，本章构建了以下虚拟变量。

（1）中国国家主席访问虚拟变量。按《中国外交》记载，如果某年中国国家主席访问某国，该国当年就赋值为1，其余赋值为0。

（2）中国国务院总理访问虚拟变量。按《中国外交》记载，如果某年中国国务院总理访问某国，该国当年就赋值为1，其余赋值为0。

（3）各国元首访问中国虚拟变量。按《中国外交》记载，如果某年某国元首访问中国，该国当年就赋值为1，其余赋值为0[②]。

图4-3和图4-4呈现了据《中国外交》记载中国国家主席、国务院总理出访以及外国元首来访的次数和国家数在全球和“一带一路”沿线国家的统计情况。例如，2002年，中国国家主席共出访14次，其中出访“一带一路”沿线国家7次；访问了14个国家，其中“一带一路”沿线国家7个。中国国务院总理共出访15次，其中“一带一路”沿线国家5次；访问了13

① 与区分中国主席与总理不同，由于外国政治制度有别，对国家元首称呼不尽相同，本章考察的外国领导人变量不做区分，统称“国家元首”，这里定义的国家元首包括主席、总统、国王、首相或总理。

② 根据《中国外交》记载，中国除国家主席与国务院总理访问外，还记载了其他高官访问的情况；外国除元首访问外，还记载了其他高官访问的情况，本章同样构建了中国其他高官访问以及外国其他高官访问虚拟变量，结果跟下文的分析一致。

个国家，其中“一带一路”沿线国家5个。外国元首来访中国共39次，其中“一带一路”沿线国家19次；来访了38个国家，其中“一带一路”沿线国家18个。2013年，中国国家主席共出访15次，其中“一带一路”沿线国家8次；访问了14个国家，其中“一带一路”沿线国家7个。中国国务院总理共出访9次，其中“一带一路”沿线国家7次；访问了9个国家，其中“一带一路”沿线国家7个。外国元首来访中国共80次，其中“一带一路”沿线国家35次；来访了67个国家，其中“一带一路”沿线国家28个。

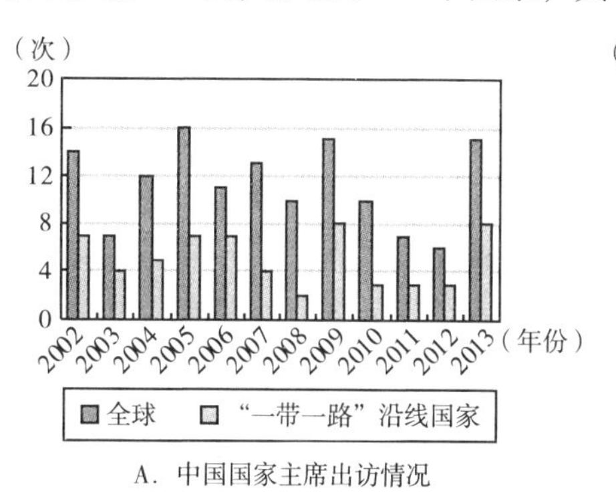

A．中国国家主席出访情况

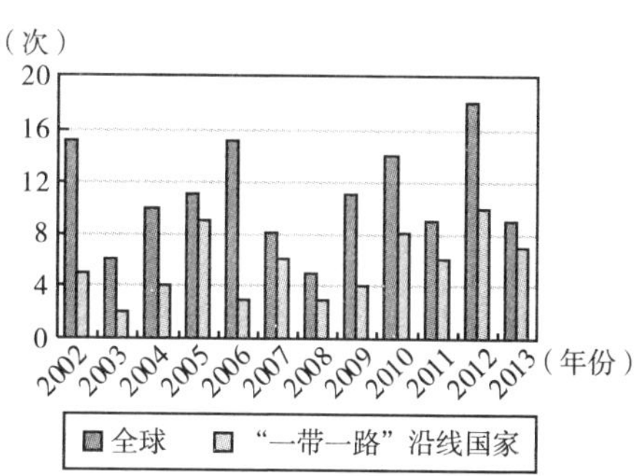

B．中国国务院总理出访情况

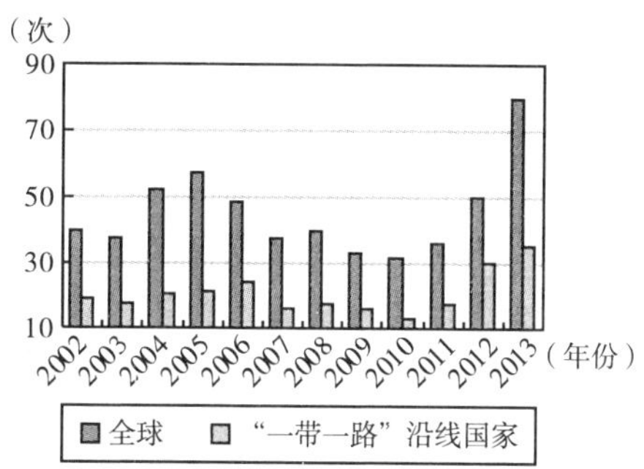

C．外国元首来访情况

图4－3　国家领导人访问情况：次数

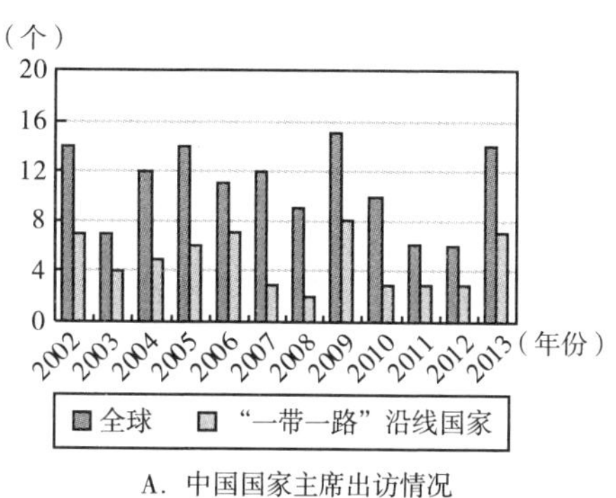

A．中国国家主席出访情况

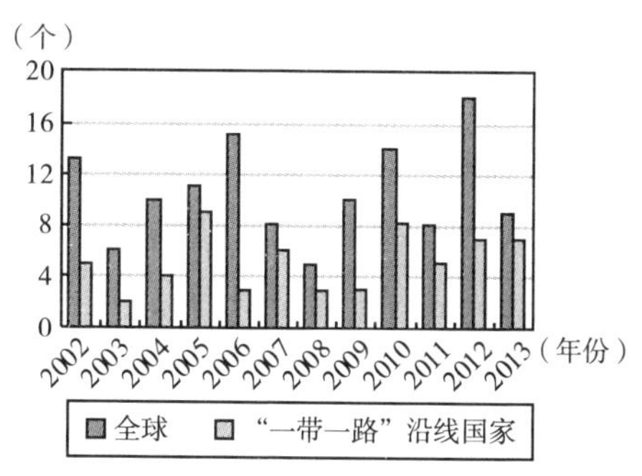

B．中国国务院总理出访情况

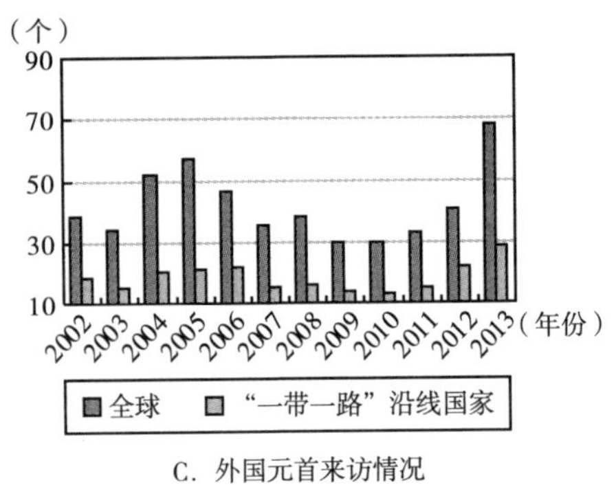

C. 外国元首来访情况

图 4－4 国家领导人访问情况：国家数

分析国家领导人访问次数情况发现，2002～2013 年，中国国家主席与国务院总理出访的次数较为稳定，中国国家主席出访最多的年份是 2005 年，共 16 次；最少的年份是 2012 年，共 6 次，12 年的变异系数为 0.30。中国国务院总理出访最多的年份是 2012 年，共 18 次；最少的年份是 2008 年，共 5 次，12 年的变异系数为 0.35。中国国家主席与国务院总理出访的次数相仿，前者年均出访 11.33 次，后者年均出访 10.91 次。2002～2013 年，外国元首来访中国的次数总体呈上升趋势，年均增长 6.75%，外国元首来访最多的年份是 2013 年，共 80 次；最少的年份是 2010 年，共 31 次。

在中国领导人出访“一带一路”沿线国家或“一带一路”沿线国家元首来访中国方面，2002～2013 年，中国国家主席与国务院总理出访“一带一路”沿线国家的次数较为稳定，其所占中国国家主席与国务院总理出访次数的比例也较为稳定，国家主席年均出访“一带一路”沿线国家 5.08 次，年均占比其总出访次数 44.85%；国务院总理年均出访“一带一路”沿线国家 5.58 次，年均占比其总出访次数 51.15%。中国国家主席出访“一带一路”沿线国家最多次数的年份是 2009 年和 2013 年，各 8 次；最少的年份是 2008 年，为 2 次，12 年的变异系数为 0.43。中国国家主席出访“一带一路”沿线国家次数所占中国国家主席出访次数比例最高的年份是 2006 年，占比 63.64%，最低的年份为 2008 年，占比 20.00%，12 年的变异系数为 0.28。中国国务院总理出访“一带一路”沿线国家的次数所占中国国务院总理出访次数比例最高的年份是 2013 年，占比 77.78%，最低的年份为 2006 年，占比 20.00%，12 年的变异系数为 0.38。2002～2013 年，“一带一路”沿线国家来访中国的次数呈上升态势，但其占世界各国元首来访次数的比例较为稳定。

2002~2013年，“一带一路”沿线国家来访中国次数的年均比例为45.68%，最高比例的年份为2012年，为60.00%；最低的年份是2005年，为36.84%，12年的变异系数为0.13。

图4-4显示国家领导人访问国家数的情况与访问次数相仿。2002~2013年，中国国家主席与国务院总理出访的国家数较为稳定，前者年均出访10.83个国家，其中年均出访“一带一路”沿线国家4.83个；后者年均出访10.58个国家，其中年均出访“一带一路”沿线国家5.41个。同时期内，外国元首访问中国的国家数不断增多，年均来访41.58个国家，年均增长5.29%；其中“一带一路”沿线国家的数目也不断增多，年均18.25个，年均增长4.10%。无论是出访“一带一路”沿线国家数占中国国家主席或国务院总理出访国家的比例，还是来访国家中“一带一路”沿线国家所占比例均较为稳定，年均比例分别为44.65%、52.63%和44.37%。

第四节 实证分析

一、基准回归

采用式（4-1）检验中国人均实际GDP对“一带一路”沿线国家人均实际GDP的影响效应。表4-3呈现了基准回归的结果。四列回归中的中国人均实际GDP（*lcpgdp*）的系数均为正，且均通过1%统计水平的显著性检验，也就说明，中国人均实际GDP的增长显著提高了沿线国家的人均实际GDP的增长，即中国经济发展推动了沿线国家的经济发展。

表4-3 基准回归结果

变量	(1)	(2)	(3)	(4)
lcpgdp	0.399*** (0.149)	0.445*** (0.124)	0.383*** (0.096)	0.383*** (0.098)
wg2		-0.011** (0.006)	0.002 (0.005)	0.015** (0.006)
rcon		-0.055*** (0.004)	-0.034*** (0.005)	-0.027*** (0.004)
conti			-1.050*** (0.071)	-0.768*** (0.094)

续表

变量	(1)	(2)	(3)	(4)
polid			1.153*** (0.116)	1.188*** (0.119)
Constant	5.014*** (1.153)	8.492*** (1.030)	6.526*** (0.834)	5.906*** (0.856)
金融危机虚拟变量	N	N	N	Y
大洲虚拟变量	N	N	N	Y
N	729	579	555	555
R^2	0.010	0.410	0.685	0.720

注：(1) ***、**、* 分别表示在1%、5%和10%的水平上显著；(2) 小括号中为稳健标准误；(3) N、R^2 分别为样本数和拟合优度。

具体地，第（1）列仅有中国人均实际 GDP 变量，此时，该变量系数为0.399，在1%统计水平上显著。第（2）列添加了反映沿线国家状况的变量，此时，中国人均实际 GDP（*lcpgdp*）系数为0.445，也通过了1%统计水平的显著性检验。第（3）列又进一步添加了反映中国与沿线国家关系的控制变量，此时，中国人均实际 GDP（*lcpgdp*）系数为0.383，仍在1%的统计水平上显著。第（4）列又添加了国际金融危机虚拟变量和大洲虚拟变量，此时，中国人均实际 GDP（*lcpgdp*）系数为0.383，依然通过了1%统计水平的显著性检验。其中，第（4）列表明，中国人均实际 GDP 增长1%，在其他因素不变的情况下，沿线国家的人均实际 GDP 提高0.38%。

综上所述，中国的经济发展能显著推动沿线国家的经济发展。这与“中国贡献论”中强调中国对世界经济增长的贡献的结论如出一辙。按表4-3的推动作用，2002~2013年，中国人均实际 GDP 年均增长9.65%，共增长175.48%，能推动沿线国家人均实际 GDP 年均增长3.70%，共推动增长67.21%，效果显著。

二、稳健性检验

上述回归验证了中国经济发展对沿线国家经济发展的推动作用。为了显示该结论的稳健性，这里进行三项稳健性检验。一是，更换被解释变量；二是，更换解释变量；三是，考虑内生性问题。

1. 更换被解释变量

表4－3采用了人均实际GDP衡量沿线国家的经济发展水平。表4－4则更换衡量沿线国家经济发展水平的变量。

表4－4　　稳健性检验Ⅰ：更换被解释变量

变量	(1)	(2)	(3)	(4)
	lgdp		*lplight*	
lcpgdp	0.536*** (0.191)	0.538** (0.234)	0.476*** (0.171)	0.489*** (0.180)
wg2		-0.003 (0.010)		0.021*** (0.007)
rcon		-0.044*** (0.008)		-0.014*** (0.005)
conti		-0.354 (0.227)		0.044 (0.143)
polid		-0.456** (0.216)		0.328** (0.155)
Constant	20.024*** (1.479)	23.634*** (1.997)	2.325* (1.316)	2.367* (1.391)
金融危机虚拟变量	N	Y	N	Y
大洲虚拟变量	N	Y	N	Y
N	729	555	671	499
R^2	0.011	0.176	0.011	0.454

注：(1) ***、**、*分别表示在1%、5%和10%的水平上显著；(2) 小括号中为稳健标准误；(3) N、R^2 分别为样本数和拟合优度。

首先，表4－4第（1）～（2）列采用实际GDP（取对数，*lgdp*）衡量经济发展水平。两列中无论添加控制变量与否，中国人均实际GDP（*lcpgdp*）的系数均至少在5%的统计水平上显著为正。其中，第（2）列表明，中国人均实际GDP增长1%，沿线国家实际GDP增长0.54%。

其次，第（3）～（4）列采用人均灯光值（取对数，*lplight*）衡量沿线国家经济发展水平。经济学文献一般采用地区生产总值（GDP）来反映地区的经济发展状况，这种分析是建立在统计数据可信的基础上，一旦数据失实，结论将是不可信的。亨德森等（Henderson et al.，2012）指出，在测度GDP时，有许多发展中国家缺乏数据、统计误差大，并有许多正规经济部门的数据没有被统计进去，因此这些国家的GDP数据并不能很好地反映该国的经济运行情况，使用这些数据将受到质疑。“一带一路”沿线国家大多是发展中国家，且不少区域是政治动荡、军事冲突和严重通胀的多发区，可能导致这些国家的 GDP 统计质量不高，甚至不能获取。例如，“宾大世界经济表”对各国的经济数据进行了质量评级，大部分“一带一路”沿线国家被评为 C 级以下，属于数据质量较差的级别。亨德森等（Henderson et al.，2012）认为，随着一些国家的经济发展，政府会投资修建新的公路，或者拓展居民区，这些活动都会增加地区的照明亮度。而从太空拍摄的这些地区的夜间照片中，就可以清晰地反映出这些地区照明亮度的变化。因此，在国家层面上夜间灯光亮度是代表 GDP 的一个较好的指标，灯光的密度变化率是 GDP 增长率较好的代理变量（proxy variable）。那么，对于那些宏观经济统计数据不完整和质量较低的国家和地区，夜间灯光数据提供了极有价值的信息，并且是对经济活动密度信息的良好估计。为此，我们也采用亨德森等（Henderson et al.，2012）的方法，从 NOAA 中提取沿线国家的夜间灯光数据，并以人均灯光值作为被解释变量。

同样地，第（3）~（4）列无论添加控制变量与否，中国人均实际 GDP（*lcpgdp*）的系数均在 1% 的统计水平上显著为正。其中，第（4）列表明，中国人均实际 GDP 增长 1%，沿线国家人均灯光值增长 0.49%。由此可见，更换沿线国家经济发展水平的衡量变量后，中国经济发展推动沿线国家经济发展的结论依然成立。

2. 更换解释变量

表 4－3 也采用了人均实际 GDP 衡量中国的经济发展水平。表 4－5 则更换衡量中国经济发展水平变量，即更换核心解释变量。

表 4－5　　稳健性检验 Ⅱ：更换解释变量

变量	(1)	(2)	(3)	(4)
lcgdp	0.379*** (0.141)	0.422*** (0.118)	0.363*** (0.091)	0.363*** (0.093)
wg2		−0.011** (0.006)	0.002 (0.005)	0.015** (0.006)
rcon		−0.055*** (0.004)	−0.034*** (0.005)	−0.027*** (0.004)
conti			−1.050*** (0.071)	−0.768*** (0.094)

续表

变量	(1)	(2)	(3)	(4)
polid			1.153 *** (0.116)	1.188 *** (0.119)
Constant	-2.780 (4.057)	-0.185 (3.390)	-0.948 (2.568)	-1.565 (2.643)
金融危机虚拟变量	N	N	N	Y
大洲虚拟变量	N	N	N	Y
N	729	579	555	555
R^2	0.010	0.410	0.685	0.720

注：(1) ***、**、* 分别表示在1%、5%和10%的水平上显著；(2) 小括号中为稳健标准误；(3) N、R^2 分别为样本数和拟合优度。

表4-5采用实际GDP（取对数，*lcgdp*）衡量中国的经济发展水平。四列回归的控制变量增减变化，并没有影响中国实际GDP（*lcgdp*）系数的符号和显著性的改变。四列中该系数均在1%的统计水平上显著为正。其中，第(4)列表明，中国实际GDP增长1%，沿线国家的人均实际GDP提高0.36%。由此可见，更换衡量中国经济发展状况的指标后，中国经济发展推动沿线国家经济发展的结论依然成立。

3. 考虑内生性问题

表4-3的回归中，存在着逆向因果的内生性问题，即是中国的经济发展影响“一带一路”沿线国家的经济发展，还是“一带一路”沿线国家的经济影响中国的经济发展。为此，我们采用宋凌云和王贤彬（2013）的方法进行修正，一是，采用解释变量滞后项。基于“未来不可能导致过去，但过去却有可能造成未来”的想法，以人均实际GDP的滞后项作为解释变量进行回归。二是，以上期人均实际GDP作为当期的工具变量，进行回归，结果如表4-6所示。

表4-6　　稳健性检验Ⅲ：考虑内生性问题

变量	(1)	(2)	(3)	(4)
	OLS 估计		IV 估计	
L. lcpgdp	0.369 ** (0.165)	0.357 *** (0.105)		
lcpgdp			0.380 ** (0.170)	0.368 *** (0.108)

续表

变量	(1)	(2)	(3)	(4)
	OLS 估计		IV 估计	
wg2		0.013 ** (0.006)		0.013 ** (0.006)
rcon		-0.028 *** (0.005)		-0.028 *** (0.005)
conti		-0.771 *** (0.096)		-0.771 *** (0.095)
polid		1.145 *** (0.123)		1.144 *** (0.122)
Constant	5.286 *** (1.272)	5.697 *** (0.927)	5.167 *** (1.323)	5.582 *** (0.945)
金融危机虚拟变量	N	Y	N	Y
大洲虚拟变量	N	Y	N	Y
N	669	511	669	511
R^2	0.007	0.721	0.008	0.721

注：(1) ***、**、*分别表示在1%、5%和10%的水平上显著；(2) 小括号中为稳健标准误；(3) N、R^2 分别为样本数和拟合优度。

表4-6的第（1）~（2）列使用中国人均实际GDP滞后期（*L. lcpgdp*）代替当期作为解释变量，无论添加控制变量与否，其系数均至少在5%的统计水平上显著为正。

第（3）~（4）列采用工具变量法，以中国人均实际GDP滞后期（*L. lcpgdp*）作为当期（*lcpgdp*）的工具变量。无论添加控制变量与否，中国人均实际GDP（*lcpgdp*）的系数均至少在5%的统计水平上显著为正。其中，第（4）列表明，中国人均实际GDP增长1%，沿线国家人均实际GDP提高0.37%。由此可见，考虑内生性问题后，结论依然与表4-3一致，中国经济发展显著推动沿线国家的经济发展。

第五节　机制探索

前文采用2002~2013年“一带一路”沿线64个国家的面板数据，检验了中国经济发展对沿线国家经济发展的推动作用。本节进行机制检验，试图回答，中国的经济发展为何能显著推动沿线国家的经济发展。在全球化过程中，对外贸易，尤其是出口，以及吸引外资，是促进经济发展的两大重要途径。由此，本节的考察主要通过检验中国经济发展是否能显著提高沿线国家对中国的出口，以及是否能显著提高沿线国家吸引中国的直接投资。

一、提高沿线国家对中国的出口机制

采用式（4－2）进行回归，结果如表4－7所示。表4－7的第（1）～（4）列采用沿线国家对中国的出口，或者说中国从沿线国家的进口（取对数，*lcex*）作为被解释变量。可以发现，无论是否添加控制变量，四列中的中国人均实际GDP（*lcpgdp*）的系数均在1%的统计水平上显著为正。也就是，中国经济发展能显著提高沿线国家对中国的出口额。具体地，第（4）列表明，中国人均实际GDP增长1%，沿线国家对中国的出口额提高2.47%。中国经济发展水平越高，从沿线国家进口商品越多，沿线国家对中国的出口增多，其经济发展水平也会提高。也就是，中国经济发展通过提高沿线国家对中国的出口，促进沿线国家的经济发展。

表4－7　　机制检验Ⅰ：出口机制

变量	(1)	(2)	(3)	(4)
	lcex			
lcpgdp	2.417*** (0.245)	2.422*** (0.299)	2.529*** (0.303)	2.470*** (0.327)
wg2		−0.008 (0.011)	−0.008 (0.012)	−0.013 (0.014)
rcon		−0.024*** (0.009)	−0.020* (0.010)	−0.023** (0.011)
conti			−0.168 (0.317)	−0.285 (0.347)
polid			−0.049 (0.304)	−0.083 (0.296)
Constant	−4.731** (1.903)	−2.892 (2.474)	−3.817 (2.603)	−3.141 (2.789)
金融危机虚拟变量	N	N	N	Y

续表

变量	(1)	(2)	(3)	(4)
	lcex			
大洲虚拟变量	N	N	N	Y
N	605	460	444	444
R^2	0.142	0.145	0.150	0.152

变量	(5)	(6)	(7)	(8)
	ltex			
lcpgdp	0.724*** (0.229)	0.754*** (0.215)	0.745*** (0.219)	0.754*** (0.244)
wg2		0.006 (0.008)	0.000 (0.010)	0.006 (0.012)
rcon		−0.054*** (0.006)	−0.055*** (0.008)	−0.051*** (0.009)
conti			−0.766*** (0.202)	−0.540** (0.239)
polid			−0.101 (0.225)	0.013 (0.227)
Constant	17.785*** (1.766)	20.857*** (1.771)	21.401*** (1.912)	20.939*** (2.062)
金融危机虚拟变量	N	N	N	Y
大洲虚拟变量	N	N	N	Y
N	629	579	555	555
R^2	0.016	0.259	0.268	0.280

注：(1) ***、**、* 分别表示在1%、5%和10%的水平上显著；(2) 小括号中为稳健标准误；(3) N、R^2 分别为样本数和拟合优度。

事实上，中国的经济发展不仅提高了沿线国家对中国的出口，而且提高了沿线国家的总出口额。表4-7的第(5)~(8)列以沿线国家的总出口额（取对数，*ltex*）为被解释变量。同样地，无论是否添加控制变量，四列中的中国人均实际GDP（*lcpgdp*）的系数也均在1%的统计水平上显著为正。由此可见，中国的经济发展也显著提高了沿线国家的总出口额。具体地，第(8)列表明，中国人均实际GDP增长1%，沿线国家的总出口额就提高0.75%。

二、提高沿线国家吸引中国的投资机制

表4－8的第（1）～（4）列采用沿线国家吸引中国的直接投资，或者说中国向沿线国家的直接投资流量（取对数，*lcofdi*）作为被解释变量，进行式（4－2）的回归。可以发现，无论是否添加控制变量，四列中的中国人均实际GDP（*lcpgdp*）的系数均在1%的统计水平上显著为正。也就是说，中国经济发展能显著促进沿线国家吸引中国的直接投资。具体地，第（4）列表明，中国人均实际GDP增长1%，沿线国家吸引中国的直接投资提高4.03%。中国经济发展水平越高，越有能力向沿线国家进行直接投资，从而可以带动沿线国家的资本活力、就业等，从而提高沿线国家的经济发展水平。也就是，中国经济发展通过提高中国向沿线国家的直接投资，促进沿线国家的经济发展。

表4－8　　机制检验Ⅱ：投资机制

变量	(1)	(2)	(3)	(4)
	lcofdi			
lcpgdp	3.781*** (0.413)	3.836*** (0.479)	3.924*** (0.466)	4.032*** (0.460)
wg2		0.028 (0.024)	0.071*** (0.026)	0.033 (0.026)
rcon		-0.015 (0.017)	0.012 (0.018)	-0.007 (0.016)
conti			1.944*** (0.316)	0.772* (0.417)
polid			1.230** (0.524)	0.868* (0.448)
Constant	-22.382*** (3.193)	-22.602*** (4.050)	-27.813*** (3.914)	-26.925*** (3.873)
金融危机虚拟变量	N	N	N	Y
大洲虚拟变量	N	N	N	Y
N	328	241	237	237
R^2	0.182	0.222	0.324	0.416

续表

变量	(5)	(6)	(7)	(8)
	lnetin			
lcpgdp	1.485 *** (0.208)	1.326 *** (0.232)	1.393 *** (0.235)	1.340 *** (0.264)
wg2		-0.002 (0.009)	-0.016 (0.011)	-0.007 (0.012)
rcon		-0.037 *** (0.007)	-0.051 *** (0.009)	-0.046 *** (0.010)
conti			-0.856 *** (0.241)	-0.568 ** (0.262)
polid			-0.626 ** (0.258)	-0.517 ** (0.263)
Constant	9.428 *** (1.612)	13.312 *** (1.900)	14.765 *** (2.071)	14.624 *** (2.254)
金融危机虚拟变量	N	N	N	Y
大洲虚拟变量	N	N	N	Y
N	721	558	539	539
R^2	0.063	0.135	0.170	0.185

注：(1) ***、**、* 分别表示在1%、5%和10%的水平上显著；(2) 小括号中为稳健标准误；(3) N、R^2 分别为样本数和拟合优度。

事实上，中国的经济发展不仅促进了沿线国家吸引中国的直接投资，而且能提高沿线国家的总体资本净流入量。表4－8的第（5）~（8）列以沿线国家的资本净流入量（取对数，*lnetin*）为被解释变量。同样地，无论是否添加控制变量，四列中的中国人均实际GDP（*lcpgdp*）的系数也均在1%的统计水平上显著为正。由此可见，中国的经济发展也显著提高了沿线国家的资本净流入量。具体地，第（8）列表明，中国人均实际GDP增长1%，沿线国家的资本净流入量就提高1.34%。

第六节　政策抓手检验

至此，本章的实证指出中国经济发展能显著推动“一带一路”沿线国家的经济发展，从而中国的经济发展有利于“一带一路”建设。上述推动效应，是源于中国的经济发展能显著促进沿线国家对中国的出口，以及促进中国向沿线国家的直接投资。

中国倡议的“一带一路”建设顺应了时代要求和各国加快发展的愿望，提供了一个包容性巨大的发展平台，能快速地拉紧中国与沿线国家利益的纽带。在中国的对外交往中，建立良好的经贸关系与领导人访问是典型的两种方法。在经济上，与各国签订自由贸易协定、双边投资协定，建立良好的经贸关系；在政治上，领导人访问，加深彼此的认识与往来。那么，这两种方法能否影响中国经济发展对沿线国家经济发展的推动作用呢？本部分将主要采用分样本回归（黄亮雄等，2021），以良好的经贸关系构建以及领导人访问作为划分样本的标准，进行检验。

一、构建良好的经贸关系

签订自由贸易协定和双边投资协定，是区域间良好经贸关系的表现。为此，本节区分样本，构建良好经贸关系虚拟变量（*ecre*），当某国某年与中国签订自由贸易协定或双边投资协定，则某国某年及以后年份赋值为1，其他赋值为0。值得注意的是，这里以自由贸易协定和双边投资协定实施的年份进行赋值的判断。于是，分别检验与中国经贸关系有待深化的样本，即 *ecre* 等于0 的样本，以及与中国建有良好经贸关系样本，即 *ecre* 等于 1 的样本，结果如表 4 -9 所示。

表 4 -9　　政策抓手检验 I：构建良好经贸关系

变量	(1) 经贸关系有待深化	(2) 经贸关系良好
lcpgdp	0.390 ** (0.191)	0.423 *** (0.103)
wg2	0.048 *** (0.010)	0.006 (0.007)
rcon	-0.005 (0.007)	-0.029 *** (0.006)
conti	-0.743 *** (0.121)	-0.893 *** (0.114)

续表

变量	(1) 经贸关系有待深化	(2) 经贸关系良好
polid	-0.290 (0.296)	1.259*** (0.133)
cri	-0.033 (0.137)	0.005 (0.065)
Constant	5.512*** (1.541)	5.448*** (0.939)
金融危机虚拟变量	Y	Y
大洲虚拟变量	Y	Y
N	94	461
R^2	0.809	0.743

注：(1) ***、**、*分别表示在1%、5%和10%的水平上显著；(2) 小括号中为稳健标准误；(3) N、R^2 分别为样本数和拟合优度。

表4-9的第（1）列是 *ecre* 等于0，即经贸关系有待深化的样本；第（2）列是 *ecre* 等于1，即经贸关系良好的样本。两列的中国人均实际GDP（*lcpgdp*）的系数均至少在5%的统计水平上显著为正，中国经济发展推动沿线国家经济发展，有助于“一带一路”倡议建设的效应，无论在与中国经贸关系一般还是良好的地区样本中均成立。再对比两列中国人均实际GDP（*lcpgdp*）的系数大小，第（1）列为0.390，第（2）列为0.423，也就是说，在有待深化经贸关系的地区样本中，中国人均实际GDP增长1%，能促进沿线国家人均实际GDP增长0.390%；在经贸关系良好的地区样本中，中国人均实际GDP增长1%，能促进沿线国家人均实际GDP增长0.423%，第（2）列比第（1）列的值大，意味着，中国经济发展推动沿线国家经济发展的效应，在与中国建有良好经贸关系的地区中更大。从而，中国主动与沿线各国构建良好经贸关系，能强化中国经济发展推动沿线国家经济发展的作用。

二、领导人访问

领导人访问是当今世界的重要外交事务，其不但加深了各国高层领导的交往，而且能外溢到民间领域（郭烨和许陈生，2016；黄亮雄等，2018b）。这里区分样本，构建双方重要领导人访问虚拟变量（*vlea*），当中国国家主席或国务院总理在某年访问某国，或者某国的元首在某年来访中国，*vlea* 在该国该年赋值为1，否则赋值为0。于是，分别进行没有重要领导人访问样本，即 *vlea* 等于0的样本，以及有重要领导人访问样本，即 *vlea* 等于1的样本，结果如表4－10所示。

表4－10　　政策抓手检验Ⅱ：领导人访问

变量	(1) 没有重要领导人访问	(2) 有重要领导人访问
lcpgdp	0.253 * (0.137)	0.489 *** (0.122)
wg2	0.020 *** (0.007)	0.019 * (0.011)
rcon	－0.015 ** (0.006)	－0.035 *** (0.007)
conti	－1.276 *** (0.120)	－0.470 *** (0.142)
polid	1.523 *** (0.163)	1.026 *** (0.176)
cri	－0.015 (0.087)	0.078 (0.096)
Constant	5.154 *** (1.170)	4.937 *** (1.257)
金融危机虚拟变量	Y	Y
大洲虚拟变量	Y	Y
N	336	219
R^2	0.695	0.814

注：(1) ***、**、* 分别表示在1%、5%和10%的水平上显著；(2) 小括号中为稳健标准误；(3) N、R^2 分别为样本数和拟合优度。

表4－10的第（1）列是 *vlea* 等于0，即没有重要领导人访问的样本；第（2）列是 *vlea* 等于1，即有重要领导人访问的样本。两列的中国人均实际GDP（*lcpgdp*）的系数均至少在10%的统计水平上显著为正，中国经济发展推动沿线国家经济发展，有助于“一带一路”建设的效应，在无论是否有重要领导人访问样本中均成立。再对比两列中国人均实际GDP（*lcpgdp*）的系

数大小，第（1）列为0.253，第（2）列为0.489，也就是说，在没有重要领导人访问的地区样本中，中国人均实际GDP增长1%，能促进沿线国家人均实际GDP增长0.253%；在有重要领导人访问的地区样本中，中国人均实际GDP增长1%，能促进沿线国家人均实际GDP增长0.489%，第（2）列效应比第（1）列大，意味着，中国经济发展推动沿线国家经济发展的效应，在有重要领导人访问的地区中更大。由此可见，中国主动进行高层领导人互访，能强化中国经济发展推动沿线国家经济发展的作用。

特别地，郭烨和许陈生（2016）、黄亮雄等（2018b）指出，可采用带有交乘项的调节效应模型，检验领导人访问的调节作用。于是，本节也参考陈（Chen，2013）、李青和黄亮雄（2015）的调节效应模型，即对式（4-3）进行回归。

表4-11构建了中国国家主席出访、中国国务院总理出访、中国国家主席或国务院总理出访以及各国元首访问中国四大虚拟变量。中国国家主席出访虚拟变量（*ccy*）的构造为，当中国国家主席在某年出访了i国，就赋值为1，否则赋值为0；中国国务院总理出访虚拟变量（*cpy*）的构造为，当国务院总理在某年出访了i国，就赋值为1，否则赋值为0；中国国家主席或国务院总理出访虚拟变量（*ccpy*）的构造为，当中国国家主席或国务院总理在某年出访了i国，就赋值为1，否则赋值为0；各国元首来访虚拟变量（*wpy*）的构造为，当i国元首在t年访问中国，就赋值为1，否则赋值为0。

表4-11　　　　政策抓手检验Ⅱ：领导人访问再分析

变量	(1)	(2)	(3)	(4)
lcpgdp	0.348*** (0.100)	0.321*** (0.107)	0.297*** (0.110)	0.271** (0.124)
lcpgdp×*ccy*	0.431** (0.168)			
lcpgdp×*cpy*		0.500** (0.249)		
lcpgdp×*ccpy*			0.365* (0.214)	
lcpgdp×*wpy*				0.290*** (0.086)

续表

变量	(1)	(2)	(3)	(4)
ccy	-2.850 (2.445)			
cpy		-3.872** (1.946)		
ccpy			-2.619 (1.658)	
wpy				-2.152 (1.445)
wg2	0.016*** (0.006)	0.014** (0.006)	0.015** (0.006)	0.015** (0.006)
rcon	-0.024*** (0.004)	-0.027*** (0.004)	-0.026*** (0.004)	-0.027*** (0.004)
conti	-0.852*** (0.091)	-0.775*** (0.093)	-0.822*** (0.090)	-0.797*** (0.092)
polid	1.252*** (0.118)	1.187*** (0.120)	1.213*** (0.119)	1.188*** (0.118)
Constant	5.911*** (0.873)	6.391*** (0.910)	6.457*** (0.936)	6.745*** (1.020)
金融危机虚拟变量	Y	Y	Y	Y
大洲虚拟变量	Y	Y	Y	Y
N	555	555	555	555
R^2	0.729	0.721	0.724	0.722

注：(1) ***、**、*分别表示在1%、5%和10%的水平上显著；(2) 小括号中为稳健标准误；(3) N、R^2 分别为样本数和拟合优度。

表4-11四列中的中国人均实际GDP（*lcpgdp*）的系数均至少在5%的统计水平上显著为正，中国经济发展推动沿线国家经济发展，有助于“一带一路”建设的结论依然成立。再观察中国人均实际GDP与领导人访问四大虚拟变量交乘项的系数。一是，中国人均实际GDP与中国国家出席出访虚拟变量的交乘项（$lcpgdp \times ccy$）系数为0.431，通过了5%统计水平的显著性检验。二是，中国人均实际GDP与中国国务院总理出访虚拟变量的交乘项（*lcpgdp*

×*cpy*）系数为0.500，同样通过了5%统计水平的显著性检验。三是，中国人均实际GDP与中国国家主席或国务院总理出访虚拟变量的交乘项（*lcpgdp* ×*ccpy*）系数为0.365，在10%的统计水平上显著。四是，中国人均实际GDP与外国元首来访虚拟变量的交乘项（*lcpgdp*×*wpy*）系数为0.290，通过了1%统计水平的显著性检验。其中，第（1）列表明，平均而言，中国的人均实际GDP提高1%，能推动沿线国家的人均实际GDP提高0.35%，若该国当年受到中国国家主席访问，沿线国家人均实际GDP再提高0.43%。可见，领导人的互访，能强化中国经济发展对沿线国家经济发展的推动作用。中国与世界的深入互动，更能发挥中国对世界的贡献效应，加强中国推动世界经济发展的作用。可预期未来中国与沿线国家的互联互通，将进一步加强中国发展促进推动“一带一路”建设的效应。

综合经贸关系构建和领导人访问的政策抓手检验，中国经济发展推动沿线国家经济发展的作用，在与中国建有良好经贸关系和有重要领导人访问的样本中都更大。换言之，在经济上，深化经贸关系；在政治上，进行领导人访问，均能强化中国经济发展对沿线国家经济发展的推动作用。在未来，加大中国的国家影响力，促进“一带一路”倡议的高质量建设，可从深化经贸关系、进行领导人访问上着眼。

第七节　本章小结

承担大国责任，对世界发展做出更多的贡献，是中国积极参与全球经济治理的必然要求。共建“一带一路”能更好地让中国的发展成果惠及沿线国家，甚至全球。本章强调中国对世界的贡献，采用2002～2013年64个沿线国家非平衡面板数据，构建计量模型，分析中国的经济发展对沿线国家经济发展的影响。本章的研究结果如下所述。

中国经济发展能显著促进沿线国家的经济发展。2002～2013年，中国的人均实际GDP增长1%，使得沿线国家的人均实际GDP提高0.38%，累计提高67.21%。中国经济发展对沿线国家经济发展的推动作用，是通过提高沿线国家对中国的出口，以及促进中国对沿线国家的直接投资实现的。中国人均实际GDP提高1%，沿线国家对中国出口额约增长2.47%，总出口额增长0.75%，中国对沿线国家直接投资额约提高4.03%，沿线国家的资本净流入约提高 1.34%。进一步分析发现，无论是中国领导人访问沿线国家还是沿线国家领导人访问中国，均能显著强化中国经济发展推动沿线国家经济发展效应。同时，与中国建有良好的经贸关系，也能强化中国经济发展推动沿线国家经济发展的作用。

由此可见，通过综合国力不断壮大，以及中国与世界的深入互动，与沿线国家的深度合作，都将强化中国发展推动“一带一路”建设效应。

第五章　中国 OFDI 与沿线国家基础设施水平*

第一节　引　言

目前，由中国倡议的共建“丝绸之路经济带”和“21 世纪海上丝绸之路”（以下简称“一带一路”）已进入实质性的务实阶段。中央与各级政府也正不遗余力地落实“一带一路”倡议，例如，积极推动企业“走出去”进行对外直接投资，与沿线国家进行产能合作，与世界各国互惠共赢。共建“一带一路”充分体现了经济合作的包容性和开放性，已得到沿线众多国家的热烈呼应。

共建“一带一路”是中国主动承担大国责任，积极参与全球经济治理，推动国际秩序和国际体系朝着公正合理的方向发展的重要模式（陈伟光，2015），更应强调中国对世界的影响与贡献，让各国搭乘中国发展的列车①，让中国的发展成果惠及全球。然而，当前共建“一带一路”理论和实践的众多分析，更多地站在中国利益诉求的角度，强调世界对中国的影响，也正是分析中国如何通过共建“一带一路”来发展获利（倪中新等，2016；黄亮雄等，2016）。事实上，作为发展中国家，强调自身的发展固然重要，但同时中国同样需要有大国担当，为世界做出贡献（丁一凡，2005；庞中英，2006；中国发展对世界经济的影响课题组，2014）。由此，本章聚焦于中国主动影响世界的

---

* 本章的主干内容来自《中国对外直接投资改善了“一带一路”沿线国家的基础设施水平吗?》，该文发表在《管理评论》2018 年第 3 期，期刊上作者及其单位为：黄亮雄（广东外语外贸大学广东国际战略研究院）、钱馨蓓（暨南大学经济学院）、隋广军（广东外语外贸大学广东国际战略研究院）。

① 参见习近平：守望相助，共创中蒙关系发展新时代——在蒙古国国家大呼拉尔的演讲，http：//news. xinhuanet. com/world/2014 - 08/22/c_1112195359. htm。

最直接方式——对外直接投资，构建较为严谨的计量模型，紧扣共建“一带一路”背景，分析中国的对外直接投资对沿线国家基础设施水平的改善作用。

中国对“一带一路”沿线国家直接投资的规模快速增大，根据历年《中国对外直接投资统计公报》，中国对沿线国家的直接投资规模从 2003 年的 2 亿美元迅速上升到 2014 年的 137 亿美元，年均增长率达到 56.2%，占中国对外直接投资总额的比例也从 7.1% 提高到 11.1%，“一带一路”沿线国家愈发成为中国对外直接投资的重要区域。关于中国的对外直接投资为“一带一路”建设带来怎样的影响的分析日渐增多（陈虹和杨成玉，2015；黄亮雄等，2016），但他们关注的影响领域更多地集中在东道国的经济增长、人均收入和产业结构。努尔扎德等（Nourzad et al.，2014）认为，加大东道国基础设施规模有助于提高对外直接投资在东道国的边际收入。但是针对中国对外直接投资对东道国基础设施水平的影响分析是相对缺乏的。虽然，已有学者注意到中国投资对于沿线国家基础设施水平提升的重要性，例如，王诚志（2013）以东盟国家为例，认为通过加大基础设施建设，促使东盟国家与中国的互联互通，极大地提升了双边经贸往来，使双方都获得了更大的经济效益。龚新蜀和马骏（2014）认为，基础设施建设不仅能够促进“一带一路”的贸易繁荣，而且随着时间变化作用逐渐增加，中国加大对“一带一路”的基础设施投资有利于双方长期经济增长。同时，改善公共交通基础设施能够带来巨大的外部效应，通过经济集群，加大外部经济规模密度及企业的多样性能够提高生产率（Chatman and Noland，2011）。然而，这些分析大多为定性分析，缺乏严谨的数理分析与实证支撑。

有别于上述定性分析，本章从中国影响世界的视角，定量分析中国对外直接投资对沿线国家基础设施水平的促进效应。本章首先采用多指标评价方法，构建了五维度的基础设施水平指数，研判沿线国家基础设施水平及其发展趋势。更进一步地，构建较为严谨的计量模型，检验前者对后者的影响效应，并通过构建调节效应，分析东道国和母国的经济与政治情况对中国对外直接投资对沿线国家基础设施水平的促进效应的影响。在此基础上，本章将给出在“一带一路”建设未来的推行过程中，中国向沿线国家直接投资，尤其是投资于基础设施领域中的政策建议。

本章余下的部分如下：第二节是基础设施水平指数构建；第三节是中国对外直接投资在基础设施领域的表现；第四节是实证检验；第五节是进一步检验；第六节是本章小结。

第二节　基础设施水平指数构建

一、指数构建

基础设施（infrastructure）是为区域社会生产和居民生活提供公共服务的物质工程设施，是用于保证区域社会经济活动正常进行的公共服务系统。区域的基础设施是否完善，是其经济是否可以长期持续稳定发展的重要基础。在实证分析中，一般采用反映交通运输情况的人均铁路里程数或公路里程数度量区域的基础设施水平。例如，王小鲁等（2009）采用标准道路里程与人口的比值表征中国区域基础设施条件。然而，基础设施除交通运输之外，还包括通信、能源等方面。张军等（2007）展开了多维度的考察，他们参考世界银行（1995）和普鲁德霍姆（Prud'homme，2004）的定义并结合数据的可得性，选取交通基础设施、能源基础设施、通信基础设施和城市基础设施四个维度指标度量中国基础设施的水平和发展状况。在此基础上，本章认为农村基础设施同样重要，于是把四维度拓展到五维度，即交通基础设施、能源基础设施、通信基础设施、城市基础设施以及农村基础设施。又基于“一带一路”沿线国家的数据可得性，每个维度指标各细分为两个二级指标。具体为，每万人铁路总公里数对数（*lprail*）和每万人航空运输量对数（*lpflight*）表征交通基础设施；人均千克石油当量（*ener*）和人均千瓦时（*elc*）反映能源基础设施；每百人互联网用户（*net*）和每百人移动蜂窝式无线通信系统的电话租用（*cell*）捕捉通信基础设施；城市获得改善水源的城市人口所占百分比（*cwater*）和城市获得经改善卫生设施的城市人口所占百分比（*chea*）反映城市基础设施；农村获得改善水源的农村人口所占百分比（*rwater*）和农村获得经改善卫生设施的农村人口所占百分比（*rhea*）表征农村基础设施。表5-1综合了本章构建的基础设施水平指数的各项指标。

表5-1　基础设施水平指数的构成指标

维度	二级指标	权重
交通基础设施（总权重：0.20）	每万人铁路总公里数对数（*lprail*）	0.10
	每万人航空运输量对数（*lpflight*）	0.10
能源基础设施（总权重：0.20）	能源使用量，人均千克石油当量（*ener*）	0.10
	耗电量，人均千瓦时（*elc*）	0.10

续表

维度	二级指标	权重
通信基础设施（总权重：0.20）	每百人互联网用户（*net*） 每百人移动蜂窝式无线通信系统的电话租用（*cell*）	0.10 0.10
城市基础设施（总权重：0.20）	城市获得改善水源的城市人口所占百分比（*cwater*） 城市获得经改善卫生设施的城市人口所占百分比（*chea*）	0.10 0.10
农村基础设施（总权重：0.20）	农村获得改善水源的农村人口所占百分比（*rwater*） 农村获得经改善卫生设施的农村人口所占百分比（*rhea*）	0.10 0.10

李忠民等（2014）基于数据包络分析（DEA）法构建 Malmquist 指数来评估新丝绸之路基础设施效率，然而，他们选取的指标（公路里程数、高速公路里程数、铁路里程数、民航运输路线长度）全是交通基础设施维度的指标。本章参考李青和黄亮雄（2015）的做法，采用加权法把多维变量整合成一维的基础设施水平指数，一是，相比于单指标，多指标构建更能捕捉区域基础设施的真实情况；二是，基础设施的各变量，存在较为严重的多重共线性问题，导致不能在方程中加进较多的基础设施变量，而采用单指标，又不能很好地反映基础设施情况。指数构建方程如下：

$$Tinf_{it} = \sum_{j} score_{jit} \times w_j \quad (5-1)$$

其中，$Tinf_{it}$为 i 国在 t 年的基础设施水平指数；$score_{jit}$表示 i 国在 t 年的指标 j 的得分，w_j为其相对应的权重。$score_{jit}$的取值采用极差化法，公式如下：

$$score_{jit} = (Z_{jit} - \min Z)/(\max Z - \min Z) \times 100 \quad (5-2)$$

其中，Z_{jit}为 i 国在 t 年的指标 j 的原始数值，min$Z$ 是指标 j 的原始数值的最小值，max$Z$ 为指标 j 的原始数值的最大值。于是，指标 j 的得分标准化为 0 ~ 100。

在权重（w_j）方面，由于总的基础设施水平指数包括五个权重相等的维度，而且每个维度均包含两个二级指标，本章每个二级指标的权重都设定为 0.1。特别地，在稳健性检验中，由于每万人铁路总公里数的缺失数据较多，本章删去该项指标，把每万人航空运输量对数（*lpflight*）的权重调整为 0.2，其他指标的权重仍然为 0.1 的基础设施水平指数（*Tinfb*）。

由上述构建的基础设施水平指数的大小在 0 ~ 100，数值越大，表明某地在某年的基础设施水平越好；数值越少，表明某地在某年的基础设施水平越差。指数上升，表明基础设施水平在改善；指数下降，表明基础设施水平在恶化。

二、指数分析

本节采用上述加权法，构建了“一带一路”沿线64个国家2003～2013年的基础设施水平指数。图5－1呈现了“一带一路”沿线国家总体及其各区域的基础设施水平指数的时间趋势。图5－1－A展示了“一带一路”沿线国家总体与中国在基础设施水平指数上的差异。从总体上看，“一带一路”沿线国家和中国的基础设施水平均愈发向好，“一带一路”沿线国家的指数从2003年的48.29，上升到2013年的59.60，共增长了23.42%，年均增长2.13%；中国的指数从2003年的37.47，上升到2013年的52.50，共增长40.12%，年均增长3.43%。虽然中国的基础设施水平落后于“一带一路”沿线国家平均水平，但由于中国基础设施水平的改善速度高于“一带一路”沿线国家，二者的差距在逐年缩小，二者愈发接近。2003年，“一带一路”沿线国家总体指数是中国的1.29倍，2013年该倍数下降到1.14。中国基础设施水平的快速增长能为“一带一路”沿线国家提供经验参考。

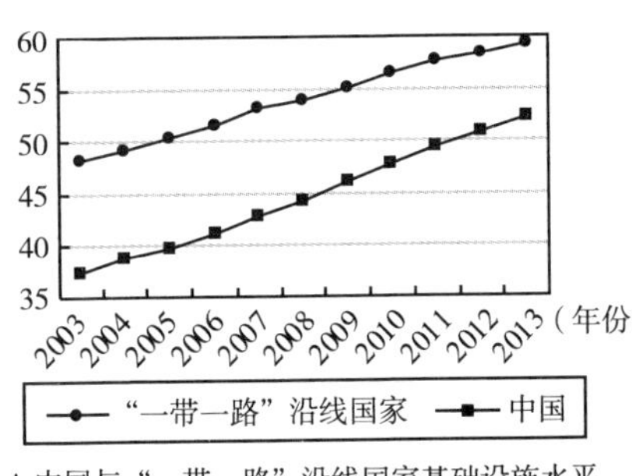

A.中国与“一带一路”沿线国家基础设施水平

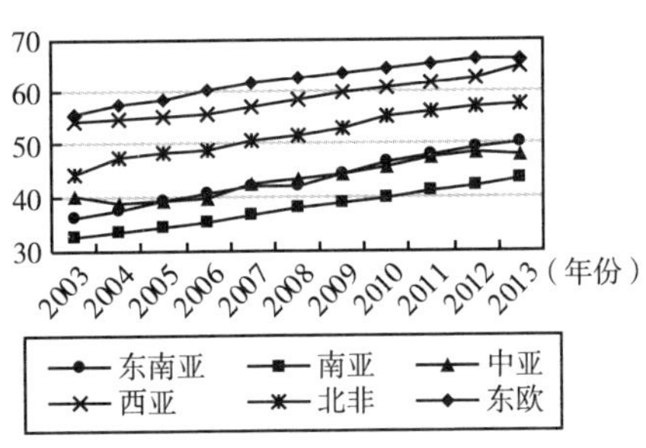

B.“一带一路”沿线国家分地区基础设施水平

图5－1 基础设施水平指数的时间趋势

分地域看，图5－1－B显示，东欧的基础设施水平最好，而南亚地区最差，前者指数从2003年的56.09，上升到2013年的66.56，增长了18.68%，年均增长1.73%；后者从2003年的32.62，上升到2013年的43.46，增长了33.21%，年均增长2.91%。其他地区的增长情况：东南亚从2003年的36.32，上升到2013年的50.46，增长了38.92%，年均增长3.34%；西亚从2003年的54.35，上升到2013年的65.03，增长了19.66%，年均增长1.81%；北非从2003年的44.69，上升到2013年的

57.71，增长了29.13%，年均增长2.59%；中亚从2003年的40.40，上升到2013年的48.12，增长了19.09%，年均增长1.76%。可见，基础设施水平较差的地区，指数的年均增长率较高，而基础设施水平较好的地区，指数的年均增长率则较低，“一带一路”沿线国家基础设施水平指数的区域差异在缩小，指数走向趋同。

图5-2采用了基尼系数和变异系数来反映“一带一路”沿线国家在基础设施水平的区域差异。基尼系数和变异系数总体上呈下降趋势，前者从2003年的0.128，下降到2013年的0.110；后者从2003年的0.238，下降到2013年的0.201，均表明沿线国家基础设施水平的区域差异在缩小。这与图5-1指出的基础设施水平较差的地区，指数的年均增长率较高，而基础设施水平较好的地区，指数的年均增长率则较低的观点一致。

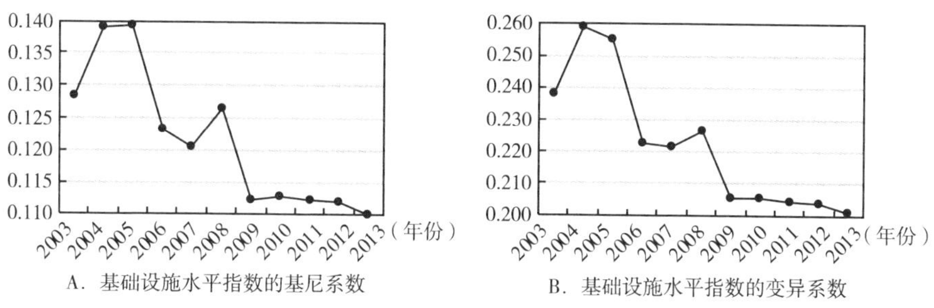

图5-2　基础设施水平指数的区域差异

第三节　中国对外直接投资在基础设施领域的表现

本部分主要分析中国对外直接投资在基础设施领域的表现，采用了三种数据：一是，《中国对外直接投资统计公报》中的行业分布数据；二是，《中国统计年鉴》的对外承包工程总额数据；三是，商务部的对外直接投资企业名录①。

① 官方对外公布的对外直接投资数据，并没有细分到每个国家的分行业情况。本章从上述三种数据加以分析，在一定程度上反映中国对外直接投资在基础设施领域上的历年表现。感谢审稿人的意见。

图5－3呈现了中国对世界各国直接投资的主要行业分布情况①。基础设施、制造业、租赁和商务服务业是中国对外直接投资的最主要领域②。图5－3－A显示，中国对外直接投资于基础设施领域，2003年是16.10亿美元，2013年上升到437.03亿美元，年均增长39.11%。图5－3－B显示，中国对外直接投资在基础设施领域的比重，2003年是56.00%，到2013年是37.14%。与此相对，制造业的比重，从2003年的21.57%，变动到2013年的16.46%；租赁和商务服务业的比重，由2003年的9.91%，上升到2013年的29.86%。可见，从投资流量上看，基础设施是中国对外直接投资的重要领域，并且保持着较快速度的增长。

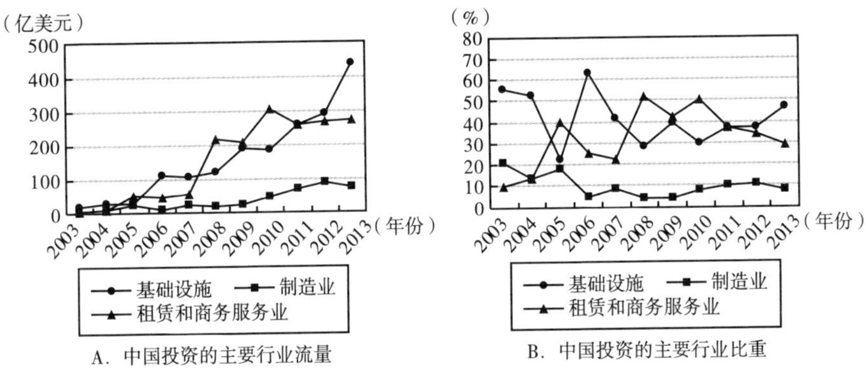

图5－3 中国对外直接投资的行业分布

资料来源：《中国对外直接投资统计公报》。

对外承包工程是中国投资于东道国基础设施领域上的重要表现。图5－4呈现了中国在“一带一路”沿线国家的承包工程总额及其年度增长率。从总额来看，中国向沿线国家承包工程总额从2003年的21.84亿美元，上升到2008年的59.29亿美元，再上升到2013年的147.65亿美元。从年度增长率来看，增长率最高的年份为2009年，为93.59%，增长率最低的年份为2011年，为－15.87%。2003～2013年，年均增长21.06%。可见，中国投资于沿

① 由于缺乏细分的每个国家的分行业情况，这里仅呈现了中国对世界各国直接投资的总体情况，并没有细分到“一带一路”沿线国家层面。

② 《中国对外直接投资统计公报》并没有定义基础设施领域，本章把房地产业、信息传输/软件和信息技术服务业、采矿业、建筑业、科学研究和技术服务业、交通运输/仓储和邮政业、农/林/牧/渔业、电力/热力/燃气及水的生产和供应业、文化/体育和娱乐业、居民服务/修理和其他服务业、水利/环境和公共设施管理业等12个行业归为基础设施。

线国家的基础设施领域的规模保持着较高的增长速度。

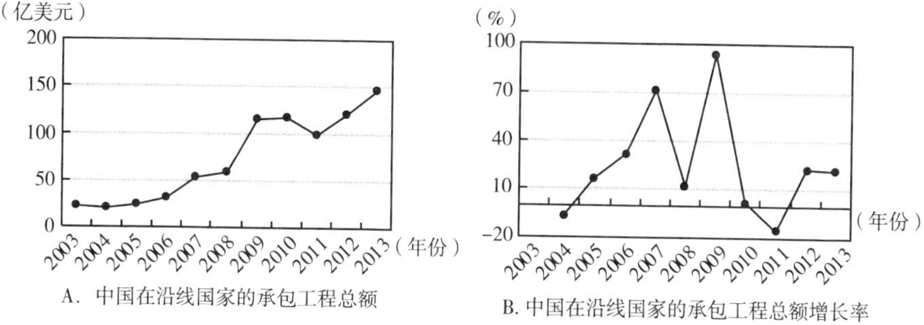

A. 中国在沿线国家的承包工程总额

B. 中国在沿线国家的承包工程总额增长率

图 5-4 中国向沿线国家的承包工程总额的时间趋势

资料来源：《中国统计年鉴》。

图 5-5 从商务部对外直接投资企业名录中挑选了投资于“一带一路”沿线国家的情况。图 5-5-A 显示，中国到沿线国家投资的企业总数，2003 年为 25 家，上升到 2013 年的 1135 家，年均增长 49.76%。其中，投资到基础设施领域的企业数[①]，2003 年为 5 家，上升到 2013 年的 203 家，年均增长 44.83%，略少于企业总数。图 5-5-B 呈现了中国向沿线国家投资基础设施企业比重情况，2003~2013 年，比重最高的年份是 2012 年，为 26.86%；最低的年份是 2004 年，为 9.00%。总体上，比重从 2003 年的 25.00%，变动到 2013 年的 16.09%。可见，从投资企业数量上看，基础设施是中国对外直接投资的重要领域，并且保持着较快速度的增长。

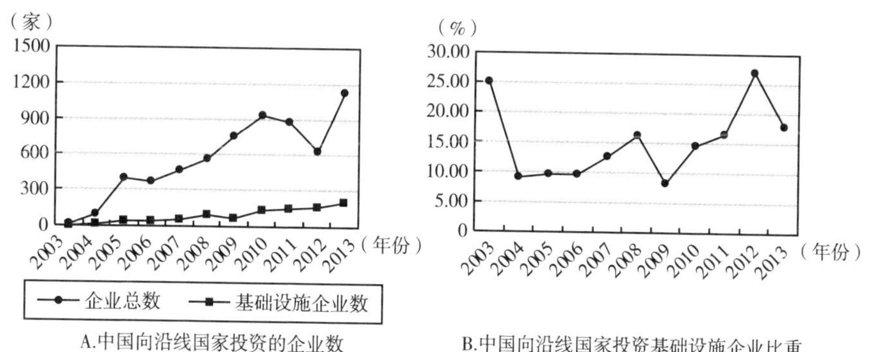

A.中国向沿线国家投资的企业数

B.中国向沿线国家投资基础设施企业比重

图 5-5 中国向沿线国家投资的企业情况

资料来源：根据商务部对外直接投资企业名录整理。

① 采用与图 5-3 相同的基础设施领域定义。

第四节　实证检验

一、模型构建与数据说明

本章以中国影响世界的视角，重点验证中国的对外直接投资能否显著改善“一带一路”沿线国家的基础设施水平，即是否显著提高沿线国家的基础设施水平指数，为此，本节构建以下模型：

$$Tinf_{it} = \beta_o + \beta_l lcofdi_{it} + \gamma control_{it} + \mu_{it} \tag{5-3}$$

其中，i 为沿线国家编号，t 为年份。*Tinf* 为前文构建的基础设施水平指数；*lcofdi* 为中国向沿线国家的直接投资额对数。*control* 为其他控制变量，主要参考郭烨和许陈生（2016）、黄亮雄和钱馨蓓（2016）、李青和韩永辉（2016）的设定，包括，反映区域产业结构状况的工业增加值占 GDP 比重（*rgdp2*）；反映区域投资情况的人均固定资产总额对数（*lpcap*）；反映区域消费情况的人均最终消费支出对数（*lpconsu*）；反映区域开放程度的人均进出口总额对数（*lpexim*）；反映国际经济大环境的国际经济危机虚拟变量（*cri*）①。系数 β_1 衡量中国对外直接投资对沿线国家基础设施水平的影响，具体为，若 β_1 显著大于 0，则中国向沿线国家的直接投资显著改善沿线国家的基础设施水平；若 β_1 显著小于 0，则中国的对外直接投资有碍于沿线国家基础设施水平的提高；若 β_1 不显著，说明中国的对外直接投资对沿线国家的基础设施建设没有显著影响。

上述变量中，各国人均实际 GDP、人口、工业增加值、固定资产总额、最终消费支出、进出口总额来源于世界银行数据库，以 2005 年不变价美元计价；中国向沿线国家的直接投资总额来源于历年的《中国对外直接投资统计公报》。另外，计算基础设施指数的铁路总公里数、航空运输量、人均千克石油当量、人均千瓦时、互联网用户、移动蜂窝式无线通信系统的电话租用、城市获得改善水源的城市人口所占百分比、城市获得经改善卫生设施的城市人口所占百分比、农村获得改善水源的农村人口所占百分比和农村获得经改

---

① 设定 2008 年、2009 年、2010 年和 2011 年为国际经济危机年份。

善卫生设施的农村人口所占百分比也是来源于世界银行数据库。值得注意的是，《中国对外直接投资统计公报》只公布了 2003 年以后的分国别对外直接投资情况，且针对“一带一路”沿线国家的对外直接投资有部分国家在部分年份是缺失的，同时，世界银行数据库中部分变量在部分国家的数据有所缺失，故本章实证分析所采用的数据是 2003 ~ 2013 年 64 个国家的非平衡面板数据。为行文方便，表 5 - 2 给出计量分析时需要使用的变量、符号及其简单统计量。

表 5 - 2 变量符号及其简单统计

符号	变量	样本数	均值	标准差	最小值	最大值
Tinf	基础设施水平指数（十因素）	400	56.013	12.556	15.601	77.521
Tinfb	基础设施水平指数（九因素）	539	52.997	14.941	12.732	91.694
lcofdi	中国向沿线国家直接投资额对数	451	7.155	2.660	0.000	12.697
lpgdp	人均实际 GDP 对数	652	8.063	1.307	5.460	11.017
rgdp2	工业增加值占 GDP 比重	589	32.943	12.784	6.900	74.110
lpconsu	人均最终消费支出对数	532	7.859	1.154	5.603	9.832
lpcap	进出口额占 GDP 比重	548	6.615	1.257	3.684	9.831
lpexim	人均进出口总额对数	565	7.997	1.502	4.192	11.941
cri	国际经济危机虚拟变量	704	0.364	0.481	0.000	1.000

二、基本结果

检验中国对外直接投资能否显著改善“一带一路”沿线国家的基础设施水平，我们首先描绘中国对外直接投资对数（*lcofdi*）分别与十因素的基础设施水平指数（*Tinf*）、九因素基础设施水平指数（*Tinfb*）的散点图（见图 5 - 6），考察中国对外直接投资与沿线国家基础设施水平之间可能存在的联系。显然，图 5 - 6 中拟合线均具有正的斜率：中国向沿线国家的直接投资额越高，沿线国家的基础设施水平就越好，即二者存在正向影响。当然，这只是一个初步观察，后面我们将用更严格的计量方法加以验证。

根据回归方程式（5 - 3），表 5 - 3 呈现了中国对外直接投资对沿线各国基础设施水平的影响结果。表 5 - 3 中第（1）~（3）列采用了国家层面的固定效应回归；第（4）~（5）列采用了随机效应回归。

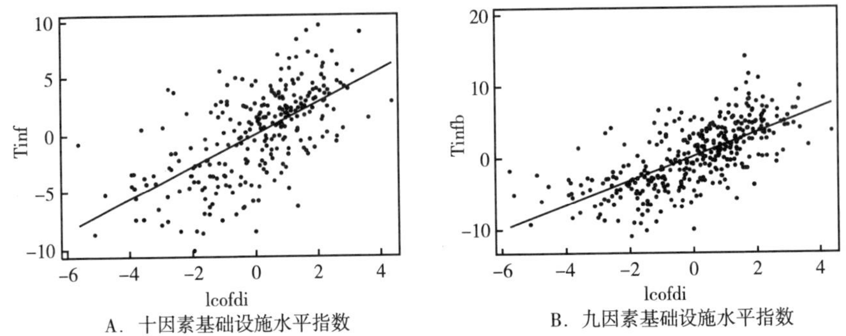

A．十因素基础设施水平指数　　B．九因素基础设施水平指数

图 5－6　中国对外直接投资与基础设施水平指数散点图

表 5－3　中国对外直接投资与沿线各国的基础设施水平

变量	(1)	(2)	(3)	(4)	(5)
	固定效应			随机效应	
lcofdi	1.532*** (0.109)	0.315*** (0.085)	0.314*** (0.084)	0.612*** (0.086)	0.606*** (0.085)
lpgdp		21.782*** (3.436)	21.210*** (3.417)	4.813 (3.161)	3.933 (3.102)
rgdp2		0.039 (0.056)	0.044 (0.055)	0.006 (0.059)	0.012 (0.058)
lpconsu		9.802*** (2.028)	9.764*** (2.011)	14.229*** (2.208)	14.188*** (2.192)
lpcap		−3.796*** (0.974)	−3.761*** (0.965)	−2.542** (1.076)	−2.486** (1.068)
lpexim		−0.798 (1.018)	−0.739 (1.010)	1.809* (1.064)	1.913* (1.051)
cri			0.461** (0.218)		0.720*** (0.247)
Constant	42.856*** (0.815)	−167.127*** (11.187)	−163.347*** (11.233)	−97.218*** (8.692)	−91.499*** (8.421)
Hausman	—	—	—	93.130***	88.690***
R^2	0.456	0.852	0.856	—	—
N	273	237	237	237	237

注：（1）***、**、*分别表示在1%、5%和10%水平上显著；（2）小括号中为标准误；（3）Hausman、R^2、N 分别是 Hausman 检验值、拟合优度和样本数。

表 5-3 的 5 个回归中的中国向沿线国家的直接投资额对数（*lcofdi*）系数均显著为正，即中国向沿线国家的直接投资显著提高沿线国家的基础设施水平。从数值上说，以第（3）列为例[①]，中国向沿线国家的直接投资对数每提高 1 个单位，沿线国家的基础设施水平指数提高 0.314，或者说，中国向沿线国家的直接投资提高 1%，沿线国家的基础设施水平指数提高 0.003，约能提高基础设施水平的 0.006%（0.003/56.013 = 0.006%）。从这个角度分析，样本期 2003～2013 年，中国向沿线国家的直接投资对数共提高了 4.20 个单位，总共提高沿线国家基础设施指数 1.32，与此同时，沿线国家的基础设施水平指数共提高 11.31。那么，在控制其他因素不变的情况下，中国向沿线国家的直接投资对改善沿线国家基础设施水平的贡献率为 11.65%（1.32/11.31 = 11.65%）。中国是世界基础设施水平提高最快的国家之一，基础设施建设的经验日渐丰富。基础设施是中国向沿线国家直接投资的重要领域，促进互联互通的基础设施建设又是“一带一路”建设的重心。随着中国综合国力的不断提高，中国的对外投资不断加大。中国要承担大国责任，必须夯实与加强对外直接投资改善沿线国家基础设施水平的效应。当前，中国正加快了“走出去”步伐，而“一带一路”沿线国家正是中国对外投资的重要区域。可以预期，随着“一带一路”建设的不断深入，中国投资促进沿线国家的基础设施水平的效应愈发明显，从而推动全球的基础设施水平提高，实现中国的发展成果惠及全球。

三、稳健性检验

表 5-4～表 5-6 是针对表 5-3 结果的稳健性检验。表 5-4 和表 5-5 采用更换被解释变量与解释变量的方法，一方面，显示中国对外直接投资改善沿线国家的基础设施水平的结果是真实存在的，并不只是本章构建的指标引起的；另一方面，更换被解释变量与解释变量可缓解数据缺失问题[②]。表

---

① Hausman 检验显示使用固定效应回归。

② 表 5-3 存在数据缺失的问题。这种缺失主要表现在三个方面，一是，中国对部分沿线国家的投资数据缺失；二是，部分沿线国家在部分基础设施水平指数的各因素上数据缺失；三是，部分国家的控制变量数据有所缺失。造成这些缺失，一是因为沿线国家大多是欠发达国家，统计部门发展不力，统计数据做得有所欠缺；二是因为中国对部分经济总量比较少、发展程度不高的国家投资较少，甚至没有投资，或者，难以统计到这些投资。表 5-4 和表 5-5，尽可能地采用数据缺失较少的变量进行回归，增加样本量。感谢审稿人的意见。

5－6 试图解决双向因果关系的内生性问题，即是中国对外直接投资导致沿线国家的基础设施水平变动，还是沿线国家的基础设施水平吸引中国的对外直接投资。表 5－5 采用宋凌云和王贤彬（2013）的方法：一是，采用解释变量滞后项。基于“未来不可能导致过去，但过去却有可能造成未来”的想法，以中国对外直接投资额的滞后项作为解释变量进行回归。二是，控制上期的基础设施水平情况。即加入被解释变量的滞后项作为控制变量，主要是担心因遗漏重要变量而导致的内生性问题。三是，采用工具变量法。较为简便的方法是，使用中国对外直接投资额的滞后项作为中国对外直接投资额当期的工具变量。

表 5－4　　稳健性检验：更换被解释变量与解释变量 I

变量	(1)	(2)	(3)	(4)	(5)	(6)
	被解释变量：*Tinfb*		被解释变量：*Tinf*			
lcofdi	1.725 *** (0.098)	0.412 *** (0.097)	0.411 *** (0.097)			
lproject				1.155 *** (0.211)	0.252 ** (0.119)	0.255 ** (0.119)
lpgdp		20.680 *** (3.759)	20.093 *** (3.769)		14.046 *** (3.364)	13.722 *** (3.373)
rgdp2		0.045 (0.066)	0.053 (0.066)		−0.014 (0.062)	−0.011 (0.062)
lpconsu		11.258 *** (2.288)	11.299 *** (2.282)		10.852 *** (2.269)	10.811 *** (2.268)
lpcap		−2.891 ** (1.128)	−2.893 ** (1.125)		−1.127 (0.954)	−1.110 (0.954)
lpexim		0.314 (1.206)	0.391 (1.204)		0.165 (1.160)	0.182 (1.159)
cri			0.392 (0.259)			0.282 (0.245)
Constant	38.168 *** (0.732)	−184.231 *** (12.730)	−180.968 *** (12.878)	47.323 *** (1.262)	−136.844 *** (9.937)	−134.416 *** (10.151)
R^2	0.490	0.831	0.832	0.101	0.784	0.786
N	366	287	287	311	255	255

注：（1）***、**、*分别表示在1%、5%和10%水平上显著；（2）小括号中为标准误；（3）R^2、N 分别是拟合优度和样本数。

表 5-5　　　　稳健性检验：更换被解释变量与解释变量Ⅱ

变量	(1)	(2)	(3)	(4)	(5)	(6)
	被解释变量：*Tinfb*		被解释变量：*lelc*			
lcofdi			0.047*** (0.004)	0.011* (0.006)		
lproject	1.624*** (0.196)	0.386** (0.151)			0.048*** (0.007)	0.007* (0.004)
lpgdp		6.390* (3.796)		-0.430 (0.179)		-0.570*** (0.151)
rgdp2		0.123* (0.070)		-0.005 (0.003)		-0.004 (0.003)
lpconsu		17.040*** (2.504)		0.415 (0.126)		0.445*** (0.110)
lpcap		1.081 (1.188)		0.191 (0.055)		0.244*** (0.047)
lpexim		1.959 (1.377)		0.325 (0.070)		0.374*** (0.062)
cri		0.334 (0.299)		-0.012 (0.015)		-0.013 (0.014)
Constant	41.163*** (1.268)	-158.711*** (12.397)	7.176 (0.030)	4.015 (0.579)	7.287*** (0.042)	4.146*** (0.460)
R^2	0.155	0.753	0.269	0.517	0.108	0.534
N	426	313	415	313	490	345

注：(1) ***、**、* 分别表示在 1%、5% 和 10% 水平上显著；(2) 小括号中为标准误；(3) R^2、N 分别是拟合优度和样本数。

表 5-6　　　　稳健性检验：内生性问题处理

变量	(1)	(2)	(3)	(4)	(5)	(6)
	被解释变量：*Tinf*		被解释变量：*Tinfb*			
	固定效应	固定效应	Ⅳ估计	固定效应	固定效应	Ⅳ估计
L. Tinf		0.824*** (0.027)				
L. Tinfb					0.841*** (0.033)	

续表

变量	(1)	(2)	(3)	(4)	(5)	(6)
	被解释变量：*Tinf*		被解释变量：*Tinfb*			
	固定效应	固定效应	Ⅳ估计	固定效应	固定效应	Ⅳ估计
L. lcofdi	0.372 *** (0.093)			0.426 *** (0.101)		
lcofdi		0.058 (0.037)	2.085 * (1.203)		0.102 ** (0.052)	2.321 ** (0.996)
lpgdp	15.973 *** (3.464)	6.033 *** (1.609)	2.328 (17.361)	15.780 *** (4.009)	3.723 * (2.087)	1.047 (14.252)
rgdp2	0.038 (0.060)	0.005 (0.024)	0.213 (0.160)	-0.046 (0.071)	-0.004 (0.035)	0.194 (0.146)
lpconsu	11.325 *** (2.141)	0.231 (1.004)	15.643 *** (5.665)	12.215 *** (2.562)	0.890 (1.352)	16.873 *** (4.843)
lpcap	-2.231 ** (0.930)	-0.006 (0.412)	-3.433 (2.263)	-1.439 (1.099)	0.802 (0.596)	-3.422 (2.119)
lpexim	-0.902 (1.296)	-1.475 *** (0.525)	-3.969 (2.786)	1.115 (1.523)	-0.910 (0.751)	-2.208 (2.646)
cri	0.296 (0.229)	0.156 * (0.090)	0.099 (0.473)	0.271 (0.267)	0.274 ** (0.129)	0.083 (0.448)
Constant	-142.100 *** (11.208)	-28.512 *** (6.514)	-54.305 (88.760)	-165.571 *** (12.919)	-25.505 *** (9.254)	-70.644 (73.565)
R^2	0.832	0.974	—	0.808	0.953	—
N	213	210	200	257	266	241

注：(1) ***、**、*分别表示在1%、5%和10%水平上显著；(2) 小括号中为标准误；(3) R^2、N分别是拟合优度和样本数。

表5-4的第（1）~（3）列采用九因素基础设施水平指数作为被解释变量，由于十因素指标中的每万人铁路总公里数变量的缺失数据较多，改用九因素指数后，回归的样本量明显比表5-3多。三个回归的中国向沿线国家的直接投资额对数（*lcofdi*）系数均显著为正。从数值上说，第（3）列显示，中国向沿线国家的直接投资对数每提高1个单位，沿线国家的基础设施水平指数提高0.411，或者说，中国向沿线国家的直接投资提高1%，沿线国家的基础设施水平指数提高0.004，即提高0.008%（0.004/

52.997 =0.008%）。从这个角度分析，2003 ~2013 年，中国向沿线国家的直接投资总共提高沿线国家九因素基础设施指数 1.72，与此同时，沿线国家的九因素基础设施水平指数共提高 11.70。那么，在控制其他因素不变的情况下，中国向沿线国家的直接投资对改善沿线国家基础设施水平的贡献率为 14.74%（1.72/11.70 =14.74%）。第（4）~（6）列采用中国对外承包工程总额对数作为解释变量，相比于表 5 -3 中国对外直接投资额对数的回归，这三个回归的样本量也显著增多。三个回归的中国向沿线国家的承包工程总额对数（*lproject*）系数均显著为正。以第（6）列为例，中国向沿线国家的承包工程对数每提高 1 个单位，沿线国家的基础设施水平指数提高 0.255，或者说，中国向沿线国家的直接投资提高 1%，沿线国家的基础设施水平指数提高 0.003。从这个角度分析，2003 ~2013 年，中国向沿线国家的承包工程对数共提高 1.91 个单位，总共提高沿线国家基础设施水平指数 0.49，那么，在控制其他因素不变的情况下，中国向沿线国家的直接投资对改善沿线国家基础设施水平的贡献率为 4.18%（0.49/11.31 = 4.18%）。这些结果与表 5 -3 结果一致。

表 5 -5 进一步更换被解释变量和解释变量。第（1）~（2）列的被解释变量是九因素指数（*Tinfb*），解释变量为中国向沿线国家的承包工程总额对数（*lproject*），样本量进一步增加。*lproject* 的系数显著为正。第（3）~（6）列的被解释变量为基础设施水平指数中的人均耗电量对数（*lelc*），解释变量分别是中国向沿线国家的直接投资额对数（*lcofdi*）以及中国向沿线国家的承包工程对数（*lproject*），样本量也显著比表 5 -3 多。*lcofdi* 与 *lproject* 两个变量的系数均显著为正。表 5 -5 的结果显示，中国向沿线国家的直接投资显著改善了沿线国家基础设施水平，结果与表 5 -3 结果一致。

表 5 -6 前三列采用十因素基础设施水平指数作为被解释变量；后三列采用九因素基础设施水平指数作为被解释变量。第（1）列与第（4）列以对外直接投资的滞后期（*L. lcofdi*）代替当期作为解释变量回归，其系数显著为正；第（2）列与第（5）列加进了被解释变量的滞后期（*L. Tinf*、*Tinfb*）作为解释变量，对外直接投资（*lcofdi*）的系数显著为正；第（3）列与第（6）列以对外直接投资的滞后期作为当期的工具变量，采用二阶段最小二乘法进行回归，对外直接投资（*lcofdi*）的系数同样显著为正。六个回归的结果均表明，中国向沿线国家的直接投资显著改善了沿线国家的基础设施水平，与表 5 -3 的结果一致。

第五节 进一步检验

一、经济发展“顺梯度”的调节作用

隋月红（2010）、刘海云和聂飞（2015）按照母国和东道国的经济状况对比把对外直接投资划分为“顺梯度”投资和“逆梯度”投资。前者主要指母国对欠发达国家的投资，即投资于经济状况不如母国的东道国；后者主要指对发达国家的投资，即投资于经济状况高于母国的东道国。本章的分析更进一步，把隋月红（2010）、刘海云和聂飞（2015）的分类定义为是否经济发展“顺梯度”，除此之外，本章比较母国和东道国的政府治理质量，把对外直接投资划分为是否政府治理“顺梯度”，当母国的政府治理质量高于东道国的投资，是政府治理“顺梯度”的，相反，当母国的政府治理质量低于东道国的投资，是政府治理“逆梯度”的。

本节围绕东道国经济状况和政治制度因素进行分析，构造中国在这两方面是否优于东道国的虚拟变量，即经济发展“顺梯度”虚拟变量和政府治理“顺梯度”虚拟变量，并采用添加交乘项的办法，检验经济发展“顺梯度”和政府治理“顺梯度”与否对中国对外直接投资改善沿线国家基础设施水平效应的影响。

表5-7构造了经济发展“顺梯度”的虚拟变量（*ED*），若中国实际人均GDP高于东道国（$lcpgdp > lpgdp$），则赋值为1，否则，赋值为0。然后，将其作为调节变量，在回归方程中加进经济发展“顺梯度”虚拟变量与中国对外直接投资对数的交乘项。

表5-7　　经济发展“顺梯度”的调节作用

变量	(1)	(2)	(3)	(4)
lcofdi	1.651*** (0.136)	0.496*** (0.096)	0.457*** (0.094)	0.450*** (0.094)
lcofdi × *ED*	-0.372* (0.197)	-0.615*** (0.118)	-0.376*** (0.121)	-0.359*** (0.120)
ED	6.896*** (1.874)	6.030*** (1.094)	3.304*** (1.159)	3.279*** (1.150)

续表

变量	(1)	(2)	(3)	(4)
lpgdp		27.164 *** (1.230)	24.582 *** (3.489)	24.003 *** (3.475)
rgdp2		-0.076 (0.048)	0.036 (0.055)	0.041 (0.054)
lpconsu			7.398 *** (2.186)	7.360 *** (2.169)
lpcap			-3.547 *** (0.965)	-3.503 *** (0.958)
lpexim			-0.969 (1.002)	-0.920 (0.995)
cri				0.429 ** (0.215)
Constant	40.272 *** (1.071)	-163.699 *** (9.397)	-172.270 *** (11.132)	-168.415 *** (11.216)
R^2	0.492	0.841	0.860	0.863
N	273	256	237	237

注：(1) ***、**、* 分别表示在 1%、5% 和 10% 水平上显著；(2) 小括号中为标准误；(3) R^2、N 分别是拟合优度和样本数。

表 5-7 中，中国对外直接投资对数（*lcofdi*）系数仍然显著为正，说明中国对外直接投资改善沿线国家基础设施水平。这与表 5-3～表 5-5 的结论一致。进一步地，经济“顺梯度”的虚拟变量与中国对外直接投资对数的交乘项（*lcofdi* × *ED*）系数均显著为负，也就是说，中国开展实际人均 GDP 高于东道国的经济发展“顺梯度”投资，其改善沿线国家基础设施水平的效应比经济“逆梯度”投资的效应显著较小。从数值上说，中国在人均实际 GDP 高于中国的“一带一路”沿线国家投资，中国直接投资对数提高 1 个单位，沿线国家基础设施水平指数提高 0.450；然而，中国对经济发展“顺梯度”的沿线国家投资，中国对外直接投资改善基础设施水平的效应则降低 0.359，为 0.091，效应减弱 79.78%。是否经济“顺梯度”投资产生的效应差别主要源于两个方面：一是，相比于经济发展“顺梯度”投资，投资于经济状况（人均实际 GDP）高于中国的沿线国家，中国基础设施建设的比较优势凸显，特别是成本优势，但在经济发展“顺梯度”投资中，东道国的成

本，特别是劳动力成本跟中国相当，甚至低于中国，中国的比较优势难以呈现；二是，在经济发展“逆梯度”投资中，由于东道国的市场容量比较大，更有市场潜力，更有利于中国对外直接投资改善基础设施水平的效应显现。

二、政府治理“顺梯度”的调节作用

表5－8考察政府治理“顺梯度”的调节效应。政府治理质量（*poli*），参考黄新飞等（2013）的做法，采用世界银行“全球治理指标（WGI）”，包括政权稳定性、政府效率、监管质量、腐败控制、法律制度和话语问责权六个方面，用这六方面的平均值衡量一国的政府治理质量。该指标的取值范围为［－2.5，2.5］，数值越高代表治理质量越高。表5－8构造政府治理“顺梯度”的虚拟变量（*PD*），若中国的政府治理质量高于东道国（$cpoli > poli$），则赋值为1，否则，赋值为0。然后，将其作为调节变量，在回归方程中加进政府治理“顺梯度”虚拟变量与中国对外直接投资对数的交乘项。

表5－8　政府治理“顺梯度”的调节作用

变量	(1)	(2)	(3)	(4)
lcofdi	1.584*** (0.137)	0.347*** (0.100)	0.336*** (0.096)	0.332*** (0.095)
lcofdi×PD	－0.125 (0.204)	－0.119 (0.120)	－0.057 (0.120)	－0.048 (0.119)
PD	1.132 (1.778)	2.033* (1.043)	1.210 (1.032)	1.189 (1.022)
lpgdp		26.591*** (1.259)	22.508*** (3.457)	21.961*** (3.433)
rgdp2			0.049 (0.056)	0.055 (0.055)
lpconsu			9.483*** (2.036)	9.417*** (2.017)
lpcap			－3.631*** (0.991)	－3.605*** (0.982)
lpexim			－1.078 (1.045)	－1.011 (1.035)

续表

变量	(1)	(2)	(3)	(4)
cri				0.476** (0.218)
Constant	42.414*** (1.082)	-161.963*** (9.696)	-170.143*** (11.307)	-166.373*** (11.333)
R^2	0.457	0.814	0.854	0.858
N	273	273	237	237

注：(1) ***、**、*分别表示在1%、5%和10%水平上显著；(2) 小括号中为标准误；(3) R^2、N 分别是拟合优度和样本数。

表5-8的结果支持了表5-3~表5-6的结论，中国对外直接投资对数（*lcofdi*）系数显著为正，表明中国向沿线国家的直接投资显著改善了沿线国家的基础设施水平。从效果上看，第（4）列显示，样本期内，中国对外直接投资共提高沿线国家基础设施水平指数1.39。那么，在控制其他因素不变的情况下，中国向沿线国家的直接投资对改善沿线国家基础设施水平的贡献率为12.32%（1.39/11.31=12.32%）。

然而，与表5-7经济发展“顺梯度”的分析不同，政府治理“顺梯度”的虚拟变量与中国对外直接投资对数的交乘项（$lcofdi \times PD$）系数不显著，也就是说，是否政府治理“顺梯度”投资并不影响对外直接投资改善沿线国家基础设施水平的效应。结合表5-7中经济发展“顺梯度”虚拟变量与对外直接投资交乘项系数显著，而政府治理“顺梯度”虚拟变量的交乘项系数不显著，说明东道国经济状况显著影响着中国对外直接投资改善沿线国家基础设施水平的效应，但治理质量、政治制度因素没有显著的调节作用，换言之，相比于政府治理因素，中国对外直接投资更多地考虑东道国的经济状况。

第六节　本章小结

“走出去”进行对外直接投资是中国影响世界，让中国的发展成果惠及全球的重要途径。“一带一路”沿线国家是中国对外直接投资的重要区域，基础设施建设是中国对外直接投资的重要领域，且基础设施的互联互通是“一带一路”建设的重要内容。本章以中国投资影响世界的视角，以“一带一路”沿线国家为研究对象，构建计量模型，重点分析中国在沿线国家对外直接投资对沿线国家基础设施水平的影响效应。

本章首先采用多指标评价方法，构建了五维度（交通、能源、通信、城市以及农村）基础设施水平指数，衡量沿线国家的基础设施水平。总体上，沿线国家的基础设施水平不断完善，且区域差异在缩小。其次，本章建立面板数据模型，发现中国向沿线国家的直接投资显著改善了沿线国家的基础设施水平，具体为中国向沿线国家直接投资增长1%，能显著促进沿线国家基础设施水平提高约0.006%。在控制其他因素不变的情况下，在样本期2003～2013年，中国投资对沿线国家基础设施水平改善的贡献率约为12%。

在检验经济发展“顺梯度”和政府治理“顺梯度”与否对中国对外直接投资改善沿线国家基础设施水平效应的调节作用中，相比于经济发展“逆梯度”的投资，中国对外直接投资于人均实际GDP低于中国的“一带一路”沿线国家，其改善基础设施水平的效应减弱79.78%。同时，政府治理因素没有显著的调节作用，是否政府治理“顺梯度”并不影响该促进效应。

第六章　中国 OFDI 与沿线国家经济增长*

第一节　引　　言

目前，由中国倡议的“一带一路”已进入实质性的务实阶段。党和国家高度重视“一带一路”建设，党的十八届三中和五中全会报告均强调推进“一带一路”建设。“一带一路”贯穿欧亚大陆，东边连接亚太经济圈，西边进入欧洲经济圈，共建“一带一路”是我国全面深化改革，构建全方位开放新格局的重大倡议。同时，共建“一带一路”也是中国积极参与全球经济治理，深化区域合作，推动国际秩序和国际体系朝着公正合理的方向发展的重要模式。

共建“一带一路”在理论和实践上均具有不可比拟的重要性，由此，引起了国内外媒体和学者的高度关注，但目前的文献大多为定性分析。例如，从大战略的宏观角度为“一带一路”建设提供建设思路、基本架构，探索具体策略和路径（陈万灵和何传添，2014；等等）；从贸易、投资、金融、产业等方面阐述中国与沿线国家的合作情况与路径（韩永辉和邹建华，2014；等等）。另外，以往文献探讨也有采用数理和实证方法分析中国与沿线国家的关系（孙致陆和李先德，2013；等等），但由于共建“一带一路”提出的时间较短，这些分析大多没有切合共建“一带一路”背景。上述两类文献，无论是对共建“一带一路”建设的政策分析，还是探讨中国与沿线国家的合作，都更多地站在中国利益诉求的角度，强调世界对中国的影响。而事实上，共建“一带一路”是互惠共赢的，更进一步，中国积极参与全球经济治理，

---

* 本章的主干内容来自《中国投资推动“一带一路”沿线国家发展——基于面板 VAR 模型的分析》，该文发表在《国际经贸探索》2016 年第 8 期，期刊上作者及其单位为：黄亮雄（广东外语外贸大学广东国际战略研究院）、钱馨蓓（广东外语外贸大学商学院）。

需有大国担当，更好地让中国的发展成果惠及全球，让各国搭乘中国发展的列车，此时，则更应强调中国对世界的影响与贡献。

强调中国对世界的贡献，可概括为“中国贡献论”，以往更多强调中国对世界经济的积极贡献（中国发展对世界经济的影响课题组，2014；等等）。这些文献甚少涉及中国影响世界的渠道，或中国怎样影响世界的讨论。本章聚焦于中国通过对外直接投资影响世界各国经济这一最直接的方式，构建较为严谨的计量模型，紧扣共建“一带一路”背景，分析中国的对外直接投资对沿线国家经济增长的推动作用。

对外直接投资对东道国经济增长，即吸引外商直接投资对东道国经济增长的作用在以往文献中得到了广泛的研究。坎波斯和木下（Campos and Kinoshita，2002）利用发达国家对25个转型中的前苏东国家的数据进行实证分析，显示外商直接投资有效地促进了东道国的经济增长。加塔克（Ghatak，2007）、莫塔莱布（Mottaleb，2007）等也支持该观点。从具体的作用机制上说，外商直接投资至少从三个方面促进东道国的经济增长：一是增加东道国的资本积累、提高资本的形成率；二是引进新技术，或者通过技术外溢效应，提高东道国的技术水平；三是外商直接投资本身所具有的所有权优势会诱导和敦促东道国对经济制度进行改进，以提高资源配置的效率（Xu，2000；Kneller and Pisu，2007）。然而，也有很多学者的研究指出外商直接投资与经济增长之间的关系并不一定是正向的。川井（Kawai，1994）认为，在大部分的亚洲和拉美国家中，外商直接投资的增加不利于经济的增长。詹科夫和霍克曼（Djankov and Hoekman，1999）也指出，在东欧和中欧国家中，外商直接投资对经济增长的作用是负向的。该观点一般认为，外商直接投资对国内投资产生挤出效应（Easterly，1993；李艳丽，2010），或是很多外商投资者并非技术的真正拥有者（Young and Lan，1997；刘辉煌等，2009）。同时有些学者认为，只有在一定的条件下外商直接投资才能促进东道国的经济增长。巴拉素巴曼林等（Balasubramanyam et al.，1996）认为，贸易的开放程度是外商直接投资对经济增长影响的决定因素。伯恩斯坦等（Borensztein et al.，1998）发现，只有在东道国具有足够吸收能力的条件下，外商直接投资才能够促进经济增长。阿尔法罗等（Alfaro et al.，2004）研究发现，金融市场的开放度才是外商直接投资与经济增长关系的重要前提条件。另外，针对中国的研究，学者们的研究结果基本上都支持外商直接投资有利于中国经济增长（姚树洁等，2006；郭熙保和罗知，2009；等等）。上述文献虽然深刻地揭示了外商直接投资与东道国经济增长的关系，但在两个方面仍有待拓展，这也是本章尝试的方向。一是，以往文献大多论述发达国家的投资对发展中国家的影响，而本章分析中国投资对“一带一路”沿线国家经济增长的作用，展现的正是发展中国家对发展中国家的影响，是不断崛起的发展中大国对世界的影响。二是，以往文献更多站在中国利益诉求的角度，分析中国如何在吸引外商直接投资中得到发展，本章更强调中国承担大国责任，通过对外直接投资促进沿线国家的经济增长，对世界做出贡献。

就中国的对外直接投资而言，目前的文献较多分析中国对外直接投资的区域选择问题，即什么因素吸引中国企业“走出去”（李磊和郑昭阳，2012；王永钦等，2014；等等）。这类文献大多认为，东道国的经济增长、产业结构等是吸引中国对外直接投资的重要因素。本章有效融合该视角，分析更进一步，认为中国向沿线国家的直接投资与沿线国家的经济增长、产业结构等情况相互影响，存在互动关系。此外，中国正同时以东道国和投资国双重身份在国际分工中扮演越发重要的角色，越来越多的学者在同一框架下探讨中国双向直接投资的问题（贾妮莎等，2014；姜巍和傅玉玢，2014；等等）。本章的分析也遵循这一机理，除设定中国向沿线国家的直接投资与吸收沿线国家的直接投资相互影响外，还认为二者与沿线国家的人均 GDP 和产业结构也是相互影响的。为此，本章以“一带一路”沿线国家为研究样本，构建面板自回归模型（面板 VAR），分析上述四大变量的互动关系，重点谈论中国投资对沿线国家发展的影响。

本章余下的部分如下：第二节是模型、方法和数据；第三节是实证分析：初步结果；第四节是进一步检验；第五节是本章小结。

第二节　模型、方法和数据

一、实证模型

本章以中国影响世界的视角，重点验证中国的对外直接投资能否显著推动“一带一路”沿线国家的经济增长，是否显著提高沿线国家的人均实际 GDP 水平。正如前文所论述的，中国向沿线国家的直接投资总额往往与沿线国家的经济增长情况存在互动关系，即相互影响，而二者又往往与沿线国家向中国的投资以及沿线国家的产业结构相互关联，导致进行实证检验时，不能仅通过构建单方程回归模型进行分析。向量自回归模型（VAR 模型）通过建立系统的多方程回归模型，不再需要区分内生变量和外生变量，而是把所有变量均视作内生，可以真实反映出各变量之间的相互影响关系，从而克服了上述单方程模型的缺点。VAR 模型在时间序列分析中已经得到了非常广泛的应用，但该模型在应用过程中往往要求时间序列资料具有较长的时间跨度[①]。霍尔兹－埃金等（Holtz-Eakin et al.，1994）最先将该方法扩展到面板数据模型中，随后经阿雷利亚诺和邦德（Arellano and Bond，1991）、阿雷利亚诺和博弗（Arellano and Bover，1995）、布伦德尔和邦德（Blundell and Bond，1998）等的发展，目前已在宏观经济学、国际经济学等诸多领域中得到了应用，也就是面板 VAR 模型（以下简称 PVAR）。为此，本章采用沿线国家人均实际 GDP 对数（*lpgdp*）、中国向沿线国家的直接投资对数（*lcofdi*）、沿线国家向中国的直接投资对数（*lcfdi*）以及沿线国家工业比重与服务业比重之比（*rr*）四大变量构建 PVAR 模型，具体方程如下[②]：

$$
\begin{cases}
lpgdp_{it} = \alpha_0 + \sum_{j=1}^{n} \alpha_{1j} lpgdp_{it-j} + \sum_{j=1}^{n} \alpha_{2j} lcofdi_{it-j} + \sum_{j=1}^{n} \alpha_{3j} lcfdi_{it-j} + \sum_{j=1}^{n} \alpha_{4j} rr_{it-j} + \varepsilon_{1it} \\
lcofdi_{it} = \beta_0 + \sum_{j=1}^{n} \beta_{1j} lpgdp_{it-j} + \sum_{j=1}^{n} \beta_{2j} lcofdi_{it-j} + \sum_{j=1}^{n} \beta_{3j} lcfdi_{it-j} + \sum_{j=1}^{n} \beta_{4j} rr_{it-j} + \varepsilon_{2it} \\
lcfdi_{it} = \gamma_0 + \sum_{j=1}^{n} \gamma_{1j} lpgdp_{it-j} + \sum_{j=1}^{n} \gamma_{2j} lcofdi_{it-j} + \sum_{j=1}^{n} \gamma_{3j} lcfdi_{it-j} + \sum_{j=1}^{n} \gamma_{4j} rr_{it-j} + \varepsilon_{3it} \\
rr_{it} = \lambda_0 + \sum_{j=1}^{n} \lambda_{1j} lpgdp_{it-j} + \sum_{j=1}^{n} \lambda_{2j} lcofdi_{it-j} + \sum_{j=1}^{n} \lambda_{3j} lcfdi_{it-j} + \sum_{j=1}^{n} \lambda_{4j} rr_{it-j} + \varepsilon_{4it}
\end{cases}
\tag{6-1}
$$

其中，i 表示沿线国家；t 表示时间，具体为年份；j 为时间滞后阶数。系数 α_{2j} 反映的是中国向沿线国家的直接投资对沿线国家的人均实际 GDP 的影响，

① 时间序列的 VAR 模型的应用可谓汗牛充栋，例如，林江等（2011）利用 1998 年第一季度到 2008 年第四季度数据，验证了经济增长率、吸引 FDI 量和外贸依存度三者的相互影响关系。

② 事实上，不少文献（傅元海等，2010；刘宏和李述晟，2013）均验证了外国对中国的直接投资，即中国吸收的外国直接投资与中国的经济状况因素存在相互促进的影响，但本章 PVAR 的模型设定并没有加入有关中国国内经济状况的变量（例如，中国的人均实际 GDP、中国的产业结构）。这是因为，中国国内经济状况的变量对于沿线国家而言，只随时间变化，不随国家变化，在 PVAR 模型中通过剔除个体固定效应，中国经济增长的变量就会被去除。

若 α_{2j} 显著大于零，说明中国向沿线国家的投资显著促进该国的经济增长；若 α_{2j} 显著小于零，说明中国向沿线国家的投资阻碍了沿线国家的经济增长；若 α_{2j} 等于零，说明中国向沿线国家的投资对沿线国家的经济增长没有影响。系数 β_{1j} 反映的是沿线国家人均实际 GDP 对中国向沿线国家的直接投资的影响，若 β_{1j} 显著大于零，说明沿线国家的经济增长显著吸引中国对该国的投资；若 β_{1j} 显著小于零，说明沿线国家的经济增长反而降低了中国对该国的投资；若 β_{1j} 等于零，说明沿线国家的经济增长对中国向该国的投资没有影响。

二、实证方法

在构建 PVAR 模型的过程中，鉴于多数面板都具有“大截面、短时序”（即大 N，小 T）的特征，对以下两个问题的处理就显得至关重要：首先，面板的时间跨度往往都比较短（通常只有十几年甚至几年的数据），使得用于估计 VAR 模型的方法通常无法直接应用到 PVAR 模型中；其次，面板数据模型中往往包含了许多个体，因此，个体间的异质性就成为一个必须考虑的问题，而这在采用 VAR 模型的时间序列分析中往往是被忽略的[①]。得益于计量经济学在动态面板数据模型方面的发展，以上两个问题都在很大程度上得到了解决。

针对式（6－1），令 $y_{it}=[lpgdp_{it}, lcofdi_{it}, lcfdi_{it}, rr_{it}]'$ 为 4×1 维向量，模型中包含了 4 个内生变量，i 和 t 分别表示国家和观察年份。PVAR(p)模型的第 m 个方程可以表示为：

$$y_{it}^{m}=x_{it}'b^{m}+\eta_{i}^{m}+\xi_{t}^{m}+\varepsilon_{it}^{m} \tag{6-2}$$

其中，$x_{it}=[y_{it-1}', y_{it-2}', \cdots, y_{it-p}']'$ 是一个 M·p×1 维向量，包含了所有内生变量时滞项，b^{m} 是一个 M·p×1 维的系数向量，η_{i}^{m} 和 ξ_{t}^{m} 分别表示个体效应和时间效应，ε_{it}^{m} 为干扰项。可见，模型中存在不随时间改变的个体固定效应 η_{i}^{m}、不随个体变化的时间固定效应 ξ_{t}^{m}，而解释变量 x_{it} 中又包含了被解释变量 y_{it}^{m} 的滞后项，所以是一个包含固定效应的动态面板数据模型。

采用洛夫和夏奇诺（Love and Zicchino，2006）、连玉君（2009）提出的

---

① 由于时间序列分析多以个体加总后的宏观资料为基础，因此其背后隐含了一个很强的条件，即所有个体具有同质性，这也是 PVAR 模型区别于单纯的 VAR 模型的主要特征所在。

方法，我们首先采用“组内均值差分法”去除时间效应，继而采用阿雷利亚诺和博弗（Arellano and Bover，1995）所建议的“前向均值差分法”去除个体效应，随后采用广义据估计方法（GMM）获得 b^m 的一致估计量①。

三、数据说明

本章采用的是2003~2013年“一带一路”沿线55个国家②的面板数据。在实证分析中，以沿线国家人均实际GDP对数（*lpgdp*）表征沿线国家的经济发展状况；以中国向沿线国家的直接投资对数（*lcofdi*）反映中国向沿线国家的投资状况；以沿线国家向中国的直接投资对数（*lcfdi*）反映中国吸收沿线国家投资的状况；以沿线国家工业比重与服务业比重之比（*rr*）表征沿线各国的产业结构状况③。

其中，*lpgdp* 来源于世界银行数据库各国实际人均GDP，以2005年不变价美元计价；中国向沿线国家的直接投资对数（*lcofdi*）来源于历年的《中国对外直接投资统计公报》；沿线国家向中国的直接投资对数（*lcfdi*）来源于历年《中国统计年鉴》的中国吸收该国外商直接投资总额；沿线国家工业比重与服务业比重之比（*rr*）的数据来源于世界银行数据库的工业占GDP比重与服务业占GDP比重④。

为了行文方便，表6-1给出计量分析时需要使用的变量、符号及其简单统计量。

---

① 具体的方法与步骤，请参看 Love and Zicchino（2006）和连玉君（2009）。

② 这55个国家包括：蒙古国、俄罗斯、印度尼西亚、泰国、马来西亚、越南、新加坡、菲律宾、缅甸、柬埔寨、老挝、文莱、乌克兰、白俄罗斯、格鲁吉亚、阿塞拜疆、印度、巴基斯坦、孟加拉国、斯里兰卡、阿富汗、尼泊尔、沙特阿拉伯、阿联酋、阿曼、伊朗、土耳其、以色列、埃及、科威特、伊拉克、卡塔尔、约旦、黎巴嫩、巴林、也门、叙利亚、巴勒斯坦、波兰、罗马尼亚、捷克、斯洛伐克、保加利亚、匈牙利、拉脱维亚、立陶宛、克罗地亚、阿尔巴尼亚、塞尔维亚、马其顿、哈萨克斯坦、乌兹别克斯坦、土库曼斯坦、吉尔吉斯斯坦、塔吉克斯坦。

③ 事实上，可以在本章构建的PVAR模型上加进更多的变量，即认为更多的变量间存在相互影响，然而，这样做会损失大量的自由度，并不能很好地突出本章关注的中国对外直接投资与沿线国家经济增长的关系。另外，本章的PVAR模型同时控制了个体和时间固定效应，即同时捕捉了只随个体变化，不随时间变化的因素，以及只随时间变化，不随个体变化的因素，也在一定程度上控制住了其他因素的影响。

④ 由于部分国家在部分年份的上述四个变量中数据有缺失，故本章采用的数据是55个国家在2003~2013年的非平衡面板数据。

表 6-1　　变量符号及其简单统计

符号	变量	样本数	均值	标准差	最小值	最大值
lpgdp	沿线国家人均实际 GDP 对数	652	8.063	1.307	5.460	11.017
lcofdi	中国向沿线国家的直接投资对数	451	7.155	2.660	0.000	12.697
lcfdi	沿线国家向中国的直接投资对数	486	6.306	2.406	0.000	13.491
rr	沿线国家工业比重与服务业比重之比	589	0.197	0.884	0.002	7.409

第三节　实证分析：初步结果

一、基本结论

围绕沿线国家人均实际 GDP 对数（*lpgdp*）、中国向沿线国家的直接投资对数（*lcofdi*）、沿线国家向中国的直接投资对数（*lcfdi*）以及沿线国家工业比重与服务业比重之比（*rr*）四大变量构建 PVAR 模型，本节将采用上节的估计方法分析四者的相互影响，重点考察中国向沿线国家的直接投资与沿线国家人均实际 GDP 的互动关系。

在正式估计 PVAR 模型之前，必须确定 PVAR(p)模型的滞后阶数 p。文献中广泛使用赤池信息准则（AIC）、贝叶斯信息准则（BIC），以及汉南—奎因信息准则（HQIC）三种，一般是依据信息量取值最小的准则确定模型的阶数。表 6-2 显示了 3 种信息准则的选取结果，3 种准则的结果一致表明滞后阶数应选取为 1。

表 6-2　　PVAR 滞后阶数检验结果

准则	PVAR(1)	PVAR(2)	PVAR(3)	PVAR(4)	PVAR(5)
AIC	1.001*	1.038	1.948	5.890	7.083
BIC	3.715*	4.479	6.338	11.450	14.059
HQIC	2.098*	2.434	3.732	8.143	9.882

注：*表示选择的最优滞后阶数。

表6-3呈现了滞后阶数为1的PVAR模型估计结果。关注第（1）列沿线国家人均实际GDP对数（*lpgdp*）方程，中国向沿线国家直接投资总额对数的滞后项（*L. lcofdi*）系数在统计上显著为正，表明中国向沿线国家投资促进了东道国的经济增长，具体为中国向沿线国家直接投资增长1%，平均能促进沿线国家人均实际GDP增长0.004%。从这个角度分析，自2003年以来，中国向沿线国家的直接投资共增长了419.61%，合计促进沿线国家人均实际GDP增长1.68%，与此同时，沿线国家的人均实际GDP共增长32.41%。那么，在控制其他因素不变的情况下，中国向沿线国家的直接投资对促进沿线国家的经济增长贡献率为5.18%（1.68/32.41 = 5.18%）。过去30多年，在不断融入全球化进程中，得益于外国投资，中国获得高速经济增长（傅元海等，2010；刘宏和李述晟，2013）。随着中国综合国力的不断提高，中国的对外投资不断加大，中国的对外直接投资虽能推动沿线国家的经济增长，但中国要承担大国责任，提高参与全球经济治理的制度性话语权，该效果有待加强。当前，中国正在不断探索中，正在加快“走出去”步伐，而“一带一路”沿线国家正是中国对外投资的重要区域。可以预期，随着“一带一路”建设的不断深入，中国的投资将愈发拉动沿线国家的经济增长，从而推动全球的经济增长，实现中国的发展成果惠及全球。此外，沿线国家人均实际GDP对数滞后项（*L. lpgdp*）系数为0.747，统计上显著为正，表明沿线国家人均实际GDP存在显著的时间效应，以往经济运行情况正向影响当前的经济状况，具体为，上一年度人均实际GDP增长1%，当年人均实际GDP增长0.75%，远大于中国向沿线国家直接投资对沿线国家经济增长的促进作用。由此，相比于中国对外直接投资的外部因素，自身经济发展状况的内部因素更能影响沿线国家经济增长状况。

表6-3　　　　PVAR模型估计结果

变量	(1) *lpgdp* 方程	(2) *lcofdi* 方程	(3) *lcfdi* 方程	(4) *rr* 方程
L. lpgdp	0.747 *** (0.030)	3.649 *** (0.950)	-0.799 (0.792)	-0.027 (0.037)
L. lcofdi	0.004 * (0.002)	0.493 *** (0.103)	-0.018 (0.071)	0.001 (0.005)

续表

变量	(1) *lpgdp* 方程	(2) *lcofdi* 方程	(3) *lcfdi* 方程	(4) *rr* 方程
L. lcfdi	0.000 (0.004)	0.055 (0.201)	0.165 (0.159)	-0.003 (0.003)
L. rr	-0.005 (0.026)	-0.066 (0.515)	0.550*** (0.200)	0.816*** (0.172)

注：L 代表一阶滞后；***、**、* 分别表示在 1%、5% 和 10% 水平上显著；小括号中为标准误。

在第（2）列中国向沿线国家直接投资（*lcofdi*）方程中，沿线国家人均实际 GDP 对数的滞后项（*L. lpgdp*）系数在统计上显著为正，说明沿线国家的经济发展情况是中国向沿线国家投资的重要考量因素，沿线国家经济运行情况越好，越会吸引中国来投资，具体为，沿线国家的人均实际 GDP 增长 1%，中国向沿线国家的直接投资将提高 3.65%。这与李磊和郑昭阳（2012）、王永钦等（2014）等的发现一致。此外，中国向沿线国家直接投资总额对数的滞后项（*L. lcofdi*）系数也显著为正，中国向沿线国家的直接投资也存在显著的时间效应，上一年的直接投资增长 1%，当年的直接投资增长 0.49%。

最后关注沿线国家向中国直接投资（*lcfdi*）方程及沿线国家产业结构（*rr*）方程，即第（3）~（4）列，两大方程中的沿线国家人均实际 GDP 对数的滞后项系数（*L. lpgdp*）、中国向沿线国家直接投资总额对数的滞后项（*L. lcofdi*）系数及沿线国家向中国直接投资滞后项（*L. lcfdi*）系数均不显著，三大因素对沿线国家向中国直接投资及沿线国家产业结构没有显著影响。但产业结构滞后项（*L. rr*）系数均显著为正，说明沿线国家的产业结构在统计上显著影响其对中国的投资，且产业结构具有显著的时间效应。同时结合第（1）列 *lpgdp* 方程和第（2）列 *lcofdi* 方程中，*L. lcfdi* 及 *L. rr* 系数均不显著，反映出 *lpgdp* 与 *lcfdi*、*lpgdp* 与 *rr*、*lcofdi* 与 *lcfdi*、*lcofdi* 与 *rr* 并不存在显著的互动关系。

二、稳健性检验

表 6-3 主要验证了中国向沿线国家的直接投资与沿线国家人均实际 GDP

的互动关系，具体为中国向沿线国家的直接投资显著提高了沿线国家的人均实际 GDP，而沿线国家的人均实际 GDP 的提高也能显著提高中国向沿线国家的直接投资。为了呈现该结论的稳健性，本部分进行了两种稳健性检验。表 6 -4 与表 6 -5 同样进行 PVAR 模型回归，只是减少或增加了变量个数；表 6 -6 与表 6 -7 则采用单方程的固定效应回归方法。

表 6 -4　　　　稳健性检验 I：减少变量的 PVAR 模型分析

变量	(1) *lpgdp* 方程	(2) *lcofdi* 方程	(3) *lpgdp* 方程	(4) *lcofdi* 方程	(5) *lcfdi* 方程
L. lpgdp	0.726 *** (0.030)	3.883 *** (0.971)	0.720 *** (0.035)	3.917 *** (1.060)	-0.766 (0.813)
L. lcofdi	0.005 ** (0.003)	0.470 *** (0.092)	0.006 ** (0.003)	0.492 *** (0.099)	0.001 (0.067)
L. lcfdi			0.002 (0.004)	0.105 (0.188)	0.196 (0.156)

注：L 代表一阶滞后；***、**、* 分别表示在 1%、5% 和 10% 水平上显著；小括号中为标准误。

在表 6 -3 的分析中，沿线国家向中国直接投资（*lcfdi*）及沿线国家产业结构（*rr*）与沿线国家人均实际 GDP 对数（*lpgdp*）、中国向沿线国家直接投资总额对数（*lcofdi*）的关系在统计上不显著，表 6 -4 剔除沿线国家向中国直接投资及产业结构变量，再进行 PVAR 模型回归。第（1）~（2）列是剔除了 *lcfdi* 和 *rr* 两大变量的结果；而第（3）~（4）列是仅剔除了 *rr* 变量的结果。两个 PVAR 分析中，在 *lpgdp* 方程，即第（1）列和第（3）列，中国向沿线国家直接投资总额对数的滞后项（*L. lcofdi*）系数均显著为正，大小为 0.005 ~0.006，表明中国向沿线国家的直接投资在统计上显著促进沿线国家的经济增长，中国向沿线国家的直接投资提高 1%，在控制其他因素不变的情况下，能促进沿线国家人均实际 GDP 增长 0.005% ~0.006%，在样本期 2003 ~2013 年，总共促进沿线国家人均实际 GDP 增长 2.10% ~2.52%，对促进沿线国家的经济增长贡献率为 6.47% ~7.77%。在 *lcofdi* 方程，即第（2）列和第（4）列，沿线国家人均实际 GDP 对数的滞后项（*L. lpgdp*）系数显著为正，反映沿线国家的经济增长也能显著促进中国对该国的直接投资，具体为，在其他因素不变的情况下，沿线国家的人均实际 GDP 增长 1%，中国向沿线国家的直接投资将提高 3.88% ~3.92%。表 6 -4 的结论与表 6 -3 一致。

特别地，考虑到除双向直接投资外中国与沿线国家的进出口贸易也有可能作用于沿线国家的经济增长，表 6 – 5 在表 6 – 3 的基础上，加进中国与沿线国家的进口总额对数（*lcim*）和出口总额对数（*lcex*）两个变量，重新构建 PVAR 模型。表 6 – 5 关注于中国直接投资影响沿线国家经济增长方程，三个 PVAR 模型结果一致，尤其是中国向沿线国家直接投资总额对数的滞后项（*L. lcofdi*）系数均显著为正，大小均为 0. 005，再次表明中国向沿线国家的直接投资在统计上显著促进沿线国家的经济增长，中国向沿线国家的直接投资提高 1%，在控制其他因素不变的情况下，能促进沿线国家人均实际 GDP 增长约 0. 005%，在样本期 2003 ~ 2013 年，总共促进沿线国家人均实际 GDP 增长 2. 10%，贡献率为 6. 47%，这跟表 6 – 3 与表 6 – 4 的结果一致。

表 6 – 5　　　　稳健性检验Ⅱ：增加变量的 PVAR 模型分析

变量	(1) *lpgdp* 方程	(2) *lpgdp* 方程	(3) *lpgdp* 方程
L. lpgdp	0. 769 *** (0. 056)	0. 777 *** (0. 057)	0. 782 *** (0. 063)
L. lcofdi	0. 005 ** (0. 002)	0. 005 ** (0. 003)	0. 005 ** (0. 003)
L. lcfdi	0. 001 (0. 003)	0. 000 (0. 004)	0. 001 (0. 004)
L. rr	−0. 008 (0. 027)	−0. 006 (0. 026)	−0. 008 (0. 027)
L. lcim	−0. 005 (0. 009)		−0. 003 (0. 010)
L. lcex		−0. 007 (0. 012)	−0. 004 (0. 011)

注：L 代表一阶滞后；*** 、** 、* 分别表示在 1% 、5% 和 10% 水平上显著；小括号中为标准误。

PVAR 模型采用联立方程回归模式，不区分内生变量与外生变量，认为变量间存在相互影响关系。表 6 – 6 则基于单方程回归，采用面板数据的固定效应进行分析。同样地，在 *lpgdp* 方程中，中国向沿线国家直接投资总额对数的滞后项（*L. lcofdi*）系数在统计上显著为正，中国向沿线国家直接投资总额提高 1%，在控制其他条件不变的情况下能促进沿线国家人均实际 GDP 增长0.003%，2003～2013年，总共促进沿线国家人均实际GDP增长1.26%，对促进沿线国家的经济增长贡献率为3.88%。在*lcofdi*方程中的沿线国家人均实际GDP对数的滞后项（*L. lpgdp*）系数在统计上显著为正，具体为，在其他因素不变的情况下，沿线国家的人均实际GDP增长1%，中国向沿线国家的直接投资将提高7.51%，结果仍与表6－3一致。

表6－6　　　　稳健性检验Ⅲ：固定效应模型分析

变量	(1) *lpgdp* 方程	(2) *lcofdi* 方程	(3) *lcfdi* 方程	(4) *rr* 方程
L. lpgdp	0.888 *** (0.022)	7.512 *** (0.996)	－0.048 (0.697)	－0.017 (0.051)
L. lcofdi	0.003 ** (0.001)	0.209 *** (0.066)	0.026 (0.046)	0.002 (0.003)
L. lcfdi	0.003 (0.002)	0.014 (0.096)	0.177 *** (0.068)	0.001 (0.005)
L. rr	－0.008 (0.017)	0.333 (0.736)	0.493 (0.513)	0.798 *** (0.039)
Constant	0.887 *** (0.170)	－53.036 *** (7.510)	5.873 (5.290)	0.184 (0.389)
Ⅱ	610.45	－418.70	－330.78	369.53
R^2	0.941	0.499	0.043	0.656
N	280	261	264	278

注：L代表一阶滞后；***、**、*分别表示在1%、5%和10%水平上显著；小括号中为标准误；Ⅱ表示最大似然值；R^2 表示拟合优度；N代表样本容量。

一般地，一国的经济增长会受到其消费、投资、进出口的影响，控制住这些因素，才能分解出中国对外直接投资对沿线国家经济增长的净影响。由此，表6－7的单方程固定效应模型中，加进了沿线国家的人均资本形成总额对数（*lpcap*）、人均最终消费支出对数（*lpconsu*）、人均出口总额对数（*lpex*）以及人均进口总额对数（*lpim*）作为控制变量。表6－7的四个回归方程的中国向沿线国家直接投资总额对数的滞后项（*L. lcofdi*）系数在统计上显著为正，具体为，中国向沿线国家直接投资总额提高1%，在控制其他条件不变的情况下能促进沿线国家人均实际GDP增长0.002%，2003～2013年，总共促进沿线国家人均实际GDP增长0.84%，对促进沿线国家的经济增长贡献率达到 2.59%。由此，中国对外直接投资促进沿线国家经济增长的结论较为稳健。

表 6-7 稳健性检验Ⅳ：更多控制变量的固定效应模型分析

变量	(1) lpgdp 方程	(2) lpgdp 方程	(3) lpgdp 方程	(4) lpgdp 方程
L. lpgdp	0.951*** (0.007)	0.914*** (0.016)	0.902*** (0.017)	0.797*** (0.022)
L. lcofdi	0.002* (0.001)	0.002** (0.001)	0.002** (0.001)	0.002** (0.001)
L. lcfdi	0.002 (0.001)	0.003** (0.001)	0.002** (0.001)	0.002* (0.001)
L. rr	-0.001 (0.002)	0.000 (0.002)	-0.001 (0.002)	0.010*** (0.002)
lpcap	0.043*** (0.007)	0.046*** (0.007)	0.043*** (0.007)	0.063*** (0.007)
lpconsu		0.037** (0.015)	0.042*** (0.015)	0.132*** (0.019)
lpex			0.009** (0.004)	0.075*** (0.010)
lpim				-0.074*** (0.011)
Constant	0.069*** (0.021)	0.047** (0.022)	0.069*** (0.024)	0.172*** (0.027)
ll	535.35	514.15	515.41	519.74
R^2	0.999	0.999	0.999	0.999
N	257	246	246	246

注：L 代表一阶滞后；***、**、* 分别表示在 1%、5% 和 10% 水平上显著；小括号中为标准误；ll 表示最大似然值；R^2 表示拟合优度；N 代表样本容量。

第四节 进一步检验

第三节采用 PVAR 模型验证了中国向沿线国家的直接投资与沿线国家人均实际 GDP 互动关系，尤其指出中国对外直接投资在统计上显著促进沿线国家经济增长。本节做进一步检验，分别进行方差分析以及脉冲响应分析。方差分析重在分析中国向沿线国家的直接投资变动对沿线国家人均实际 GDP 变动，以及沿线国家人均实际 GDP 变动对中国向沿线国家的直接投资变动的影响程度；脉冲响应分析重要描绘中国向沿线国家的直接投资与沿线国家人均实际 GDP 相互影响的时间路径。

一、方差分析

采用方差分解分析各种冲击对各变量的影响。表 6－8 的结果显示：（1）在 *lpgdp* 分析中，本国内部自身经济状况的变动是其经济发展变动的最重要因素。例如，在第 1 期，*lpgdp* 的变动能解释 100% 沿线国家人均实际 GDP 对数的变动；在第 10 期，其解释力也达到 93.1%。（2）在 *lpgdp* 分析中，来自沿线国家外部因素 *lcofdi* 的变动对 *lpgdp* 变动也产生显著的影响，也是 *lpgdp* 变动的重要因素。虽然 *lcofdi* 的变动对 *lpgdp* 变动的解释力度为 0，到第 5 期为 5.50%，第 10 期为 6.80%。该解释力度与前文表 6－2 与表 6－3 所指出的中国向沿线国家的直接投资对促进沿线国家的经济增长贡献率为 5%～8% 的结论接近。（3）在 *lcofdi* 分析中，中国对沿线国家的直接投资变动是其自身变动的最重要因素。例如，在第 1 期，*lcofdi* 的变动能解释 96.6% 中国向沿线国家直接投资总额对数的变动；在第 10 期，其解释力也达到 90.3%。（4）在 *lcofdi* 分析中，*lpgdp* 的变动也是 *lcofdi* 变动的重要解释因素。在第 1 期，*lpgdp* 的变动能解释 *lcofdi* 变动的 3.4%，在第 5 期该解释力度为 8.5%，第 10 期为 9.5%。

表 6－8　各变量预测误差的方差分解

lpgdp 的方差分解（%）				
期	*lpgdp*	*lcofdi*	*lcfdi*	*rr*
1	100.000	0.000	0.000	0.000
5	94.400	5.500	0.000	0.100
10	93.100	6.800	0.100	0.100
lcofdi 的方差分解（%）				
期	*lpgdp*	*lcofdi*	*lcfdi*	*rr*
1	3.400	96.600	0.000	0.000
5	8.500	91.400	0.200	0.000
10	9.500	90.300	0.200	0.000

续表

lfdi 的方差分解（%）				
期	*lpgdp*	*lcofdi*	*lcfdi*	*rr*
1	1.900	0.000	98.100	0.000
5	2.000	0.100	97.400	0.500
10	2.000	0.100	97.200	0.600

二、脉冲响应

为了具体分析各因素冲击对其他因素的影响，尤其是获得在其他因素保持不变的情况，研究一个因素冲击对其中一个因素的动态影响，我们需要分析 PVAR 模型的脉冲响应函数。

图 6－1 反映了 *lpgdp* 对各因素冲击的累积响应。沿线国家人均实际 GDP 对数（*lpgdp*）仅对自身（*lpgdp*，如图 6－1－A 所示）及中国向沿线国家直接投资总额对数（*lcofdi*，如图 6－1－B 所示）的冲击作出显著反应，而对沿线国家向中国直接投资（*lcfdi*）及沿线国家产业结构（*rr*）的反应不显著。进一步地，*lpgdp* 冲击对自身总体来看存在正向影响，这种累积影响是逐年递减的。具体来说，面对 *lpgdp* 一个单位变动的冲击，在第 0 期的反应为 0.0317，到第 5 期的反应为 0.0096，到第 10 期的反应为 0.0030，因为 *lpgdp* 的标准差为 1.3286，换算成标准差的变动则分别为 0.0239、0.0072、0.0023 个标准差。另外，*lcofdi* 冲击对 *lpgdp* 总体上存在正向影响，这种影响呈现“倒 U 型”。针对 *lcofdi* 一单位的变动，*lcofdi* 对 *lpgdp* 在第 0 期的影响为 0，到第 3 期的影响增大为 0.0062，相当于 0.0047 个标准差，达至峰值，其后不断下降，到第 7 期以后随之减弱为不显著。也就是说，*lcofdi* 冲击对 *lpgdp* 的影响具有一定的持续性，能持续 7 年左右的时间。从这个角度分析，中国向沿线国家的直接投资对推动沿线国家经济增长效应具有持续性，能显著影响未来 7 年该国的经济增长。

图 6－2 呈现了 *lcofdi* 对各因素冲击的累积响应。中国向沿线国家直接投资总额对数（*lcofdi*）对沿线国家人均实际 GDP 对数（*lpgdp*，如图 6－2－A 所示）及其自身（*lcofdi*，如图 6－2－B 所示）的冲击作出显著反应，而对沿线国家向中国直接投资（*lcfdi*）及沿线国家产业结构（*rr*）的反应并不显著。*lpgdp* 冲击对 *lcofdi* 存在正向影响，这种累积影响也具有一定的持续性，且逐

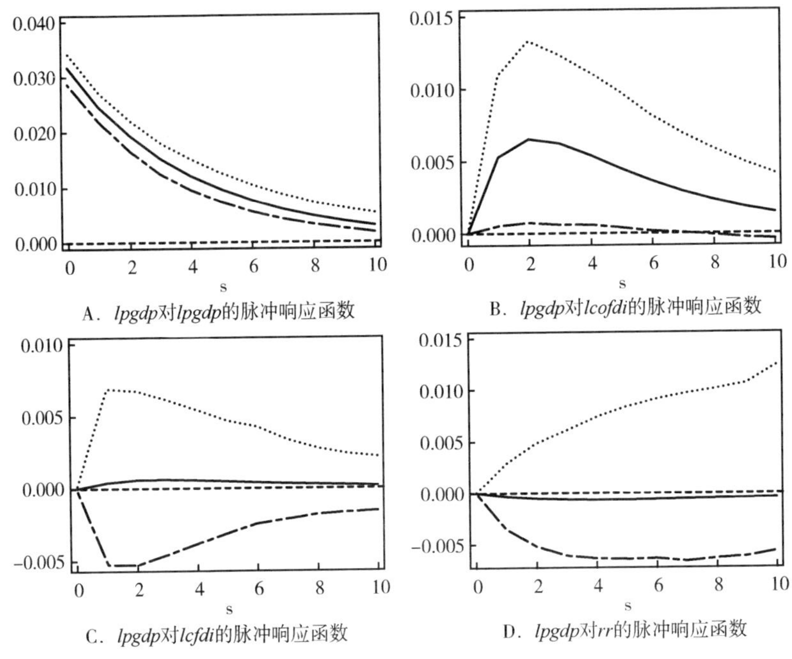

A. *lpgdp*对*lpgdp*的脉冲响应函数　　B. *lpgdp*对*lcofdi*的脉冲响应函数

C. *lpgdp*对*lcfdi*的脉冲响应函数　　D. *lpgdp*对*rr*的脉冲响应函数

图 6－1　*lpgdp* 对各种冲击的累积响应

注：横轴表示冲击的滞后期数（年），中间曲线为脉冲响应函数曲线，两侧为95%置信区间。

年递减。具体来说，面对 *lpgdp* 一个单位变动的冲击，在 10 年内仍对 *lcofdi* 变动产生显著的影响，*lcofdi* 在第 0 期的反应为 0.2421，到第 5 期的反应为 0.1115，到第 10 期的反应为 0.0354，由于 *lcofdi* 的标准差为 2.6596，换算成标准差的变动则分别为 0.0910、0.0419、0.0133 个标准差。从这个角度分析，对外直接投资以企业为主体，在考虑是否在沿线国家投资时，中国企业会以东道国十多年的经济发展情况作为重要的参考因素。另外，*lcofdi* 冲击对 *lcofdi* 总体上也存在正向影响，这种影响也逐年递减。针对 *lcofdi* 一单位变动的冲击，*lcofdi* 冲击在第 0 期的影响为 1.2998，到第 5 期的影响为 0.0752，到第 10 期的影响为 0.0178，相当于 0.4887、0.0283 和 0.0067 个标准差。相比于 *lpgdp* 冲击的影响，*lcofdi* 冲击的影响递减速度更快。

最后分析 *lcfdi* 对各因素冲击的累积响应。如图 6－3 所示，*lcfdi* 仅对沿线国家产业结构（*rr*）的冲击存在持续的显著反应，而对沿线国家人均实际 GDP 对数的冲击，*lcfdi* 仅在第 0 期作出显著的正向反应（如图 6－3－A 所示）；对自身的冲击，*lcfdi* 仅在第 0 期和第 1 期作出显著的正向反应（如图 6－3－C 所示）。

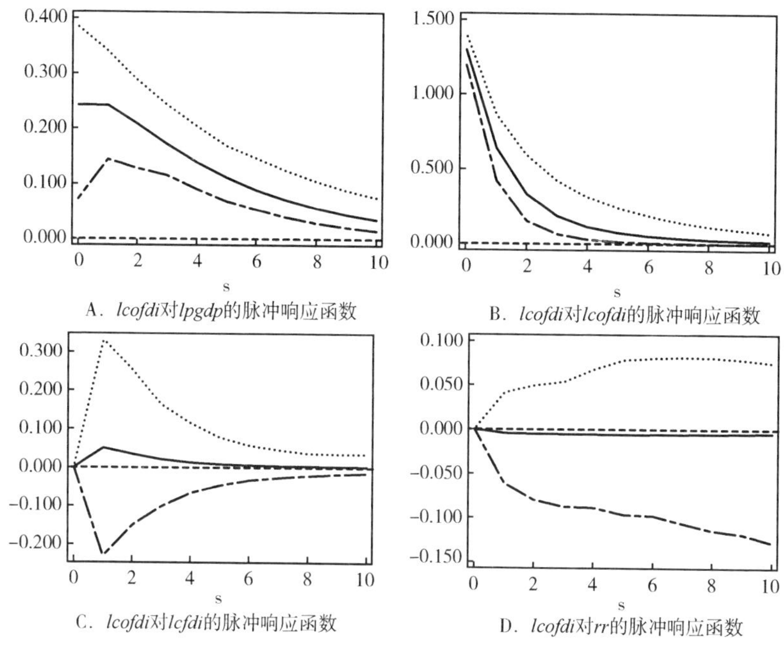

图 6－2　*lcofdi* 对各种冲击的累积响应

注：横轴表示冲击的滞后期数（年），中间曲线为脉冲响应函数曲线，两侧为 95% 置信区间。

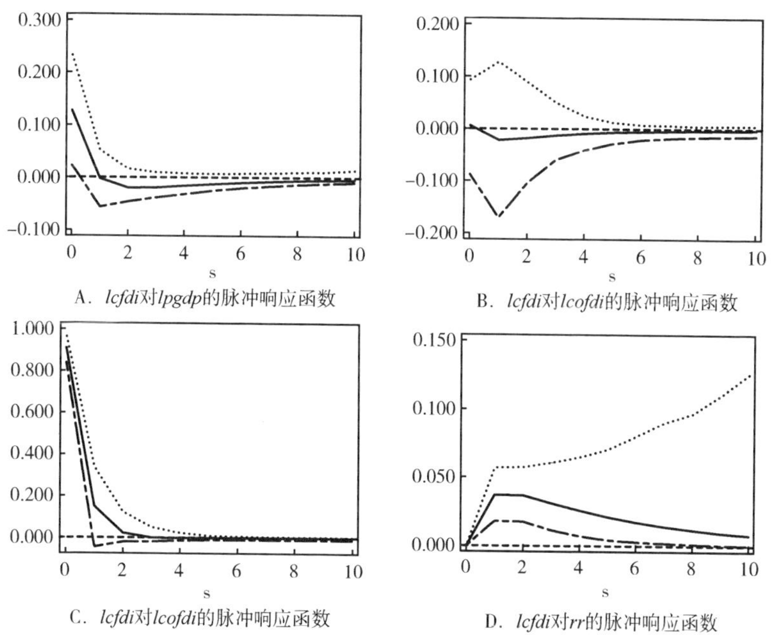

图 6－3　*lcfdi* 对各种冲击的累积响应

注：横轴表示冲击的滞后期数（年），中间曲线为脉冲响应函数曲线，两侧为 95% 置信区间。

第五节　本章小结

“走出去”进行对外直接投资是中国积极参与全球经济治理，让中国的发展成果惠及全球的重要途径。“一带一路”沿线国家是中国对外直接投资的重要区域，同时，共建“一带一路”是中国主动引领全球经济合作和参与全球经济治理的重要平台与试验模式。以“一带一路”沿线国家为研究对象，本章构建 PVAR 模型，重点分析中国向沿线国家对外直接投资与沿线国家人均实际 GDP 的互动关系，研究结果如下。

中国向沿线国家的直接投资在统计上显著促进了沿线国家的经济增长，具体为中国向沿线国家直接投资增长 1%，平均能促进沿线国家人均实际 GDP 增长 0.002% ~0.005%。自 2003 年以来，在控制其他因素不变的情况下，中国向沿线国家的直接投资总共促进沿线国家人均实际 GDP 增长约为 2%，对沿线国家的经济增长贡献率也不足 8%。沿线国家自身的经济状况是其经济增长的重要源泉，中国对外直接投资推动沿线国家经济发展的效应有待加强。中国向沿线国家的直接投资对沿线国家经济增长的推动作用具有一定的持续效应，一旦中国向沿线国家进行直接投资，能影响到该国未来 7 年左右的经济增长，该影响在 2 ~3 年后达到峰值。沿线国家的经济发展情况是中国向沿线国家进行直接投资的重要考虑因素，沿线国家经济运行情况越好，越吸引中国的投资，具体为，沿线国家的人均实际 GDP 增长 1%，中国向沿线国家的直接投资将提高 3.65%。这种影响效应同样具有持续性，能存在 10 年左右，即中国企业决定是否向沿线国家投资及投资额的大小，一般会考虑沿线国家最近 10 年左右的经济发展情况。

第三部分

绩效篇

第七章　共建"一带一路"倡议与基础设施水平

第一节　引　　言

从本章开始，本书进入绩效篇，将使用三章（第七章至第九章）探讨共建"一带一路"倡议的绩效。第七章分析的是对参与国基础设施水平的影响；第八章讨论的是对中外科技合作的效应；第九章则检验对参与国经济增长的效应。不同于地域篇的分析，绩效篇将采用拟自然实验的框架，即把共建"一带一路"倡议看成政策冲击。同时，与地域篇一致，绩效篇也同样强调中国对世界的贡献。

"一带一路"倡议本着共商、共建、共享的原则，意在加强沿线国家之间的联系，焕发区域经济的活力，以实现互利共赢的目的。倡议强调"五通"，即"政策沟通、设施联通、贸易畅通、资金融通、民心相通"，其中，设施联通，意指提高参与国的基础设施水平，改善参与国和中国的联通性。由此，科学严谨地检验倡议对参与国基础设施水平的影响，也正回应了"一带一路"倡议的推行，以及"五通"的"设施联通"的建设情况如何。同时，关注基础设施这一对发展中国家来说非常重要的领域，也正体现了中国对世界的贡献。

众所周知，全面检验"一带一路"倡议的绩效，是进一步推进"一带一路"倡议的重要前提。随着倡议的不断深入，逐渐有学者建立计量方程，尤其是基于拟自然实验框架的双重差分法进行不同方面的绩效分析。例如，孙楚仁等（2017）采用双重差分法，考察"一带一路"倡议的实施是否会促进我国对"一带一路"沿线国家之间的出口贸易增长。王桂军和卢潇潇（2019）指出，"一带一路"倡议可以显著推动中国以全要素生产率提高为表征的企业升级，而且影响幅度呈逐年上升趋势。吕越等（2019）指出，"一带一路”倡议的实施显著促进了中国企业对外绿地投资的增长，对沿线国家的投资项目数增长幅度达32%左右。郭吉涛和张边秀（2020）认为，“一带一路”倡议实施后，受支持企业的财务绩效得到显著提高。韩晶和孙雅雯（2020）利用双重差分和倾向得分匹配双重差分模型指出，“一带一路”倡议显著提升了对外直接投资企业的经营绩效。但这些分析，更多地站在中国的利益诉求角度，即更重视中国从“一带一路”倡议中的获益。然而，共建“一带一路”是互惠共赢的，也同样需要重视其他参与国的情况，尤其是，在中国强起来的过程中，也更应强调中国承担大国责任和对世界的贡献。与此同时，虽然绩效的分析领域较多，但仍然没有进行基础设施水平方面的验证。特别地，本书的第五章进行了基于地域视角的基础设施分析，而本章也正好跟第五章相对应，是基于绩效视角的基础设施分析。

基于数据的可得性，本章主要构建2009～2018年90个国家的面板数据模型，采用双重差分法，检验“一带一路”倡议对参与国基础设施水平的影响效应。与以往的研究相比，本章可能存在的边际贡献与创新点在于：第一，拓展“一带一路”倡议绩效分析的研究领域。正如前文所说，尽管对于倡议的绩效已展开多方面的分析，但尚未对参与国基础设施水平进行严谨验证。本章则是直接针对基础设施的分析。第二，以往关于“一带一路”的分析，尤其是对绩效的分析，基本强调中国从倡议中的获益。而事实上，中国社会主义现代化强国的建设，既要强调自身的获益，也要重视中国对世界的影响与贡献（黄亮雄和钱馨蓓，2016；黄亮雄等，2018b）。在基础设施建设方面的强大力量，也正是中国影响世界的重要支撑。第三，本章不但检验了“一带一路”倡议对参与国基础设施水平的影响，还识别了该影响效应的作用机制，以及分析影响效应的异质性条件。由此，与以往的检验“一带一路”倡议绩效的文献相比，本章无疑更具完备性。这种完备性，也能为新时代推动“一带一路”高质量发展提供理论参考与政策指引。

本章余下部分的结构如下：第二节是理论假说；第三节是实证策略与数据说明；第四节是实证分析；第五节是机制探索；第六节是异质性检验；第七节是本章小结。

第二节　理论假说

区域的基础设施是否完善，是其经济是否可以长期持续稳定发展的重要基础，也是人民美好生活的重要保障。基础设施的建设主要依赖于技术与资金，“一带一路”倡议能通过作用于中国向参与国的直接投资，以及参与国向中国的出口，来影响基础设施建设的技术和资金，从而影响参与国的基础设施水平。

首先，中国是全球最大的对外直接投资国之一，且进入 21 世纪后，中国对外直接投资的增速举世瞩目。根据《中国对外直接投资统计公报》数据，2002～2018 年，中国 OFDI 流量年均增长速度高达 28.2%，2018 年达到 1430.4 亿美元，是世界第二大对外投资国。2018 年末，中国 OFDI 存量为 19822.7 亿美元，是 2002 年末存量的 66.3 倍，全球居第三位。截至 2018 年底，中国超 2.7 万家境内投资者在全球 188 个国家（地区）设立对外直接投资企业 4.3 万家，全球 80% 以上国家（地区）都有中国的投资。共建“一带一路”倡议提出后，“一带一路”沿线国家愈发成为中国 OFDI 的重要目的地。2014～2018 年，中国向沿线国家直接投资流量占总流量的比重均在 10% 以上，并有所上升。2014 年，中国向沿线国家的直接投资流量为 136.6 亿美元，占中国总流量的 11.1%；2018 年，中国向沿线国家的直接投资流量为 178.9 亿美元，占比 12.5%。截至 2018 年末，中国在沿线国家设立境外企业超过 1 万家，年末存量为 1727.7 亿美元。“一带一路”倡议促进了中国向参与国的直接投资，这一点得到了学者验证。孙焱林和覃飞（2018）采用中国上市公司数据，发现“一带一路”倡议能显著降低企业对外投资风险。吕越等（2019）则指出，“一带一路”倡议的实施显著促进了中国企业对外绿地投资的增长，对沿线国家的投资项目数增长幅度达 32% 左右。中国向参与国的直接投资增多，为参与国建设基础设施提供了更为充足的资金。本书的第五章指出，中国对外直接投资在基础设施领域的比重约为 40%。与此同时，中国在基础设施建设的能力有目共睹，一旦有发生在参与国基础设施领域的直接投资项目，中国也有能力把项目建设好。也就是，“一带一路”倡议对中国向参与国直接投资的影响，不但保障了参与国基础设施建设的资金，也保障了基础设施建设的技术。

其次，“一带一路”倡议也能有效提高参与国向中国的出口，从而提高参与国的经济实力，其经济实力的上升，有助于参与国建设更好的基础设施。孔庆峰和董虹蔚（2015）构建了一套完整的贸易便利化指标体系，测算了“一带一路”主要沿线国家的贸易便利化水平，并通过拓展的引力模型，表明贸易便利化水平提升能扩大沿线国家的贸易潜力。张晓静和李梁（2015）

的实证指出，沿线国家的贸易便利化水平和中国出口贸易呈现显著正相关关系。陈虹和杨成玉（2015）通过一般均衡模型，发现“一带一路”倡议是通过促进沿线国家和地区自由贸易区的建设，促进中国进出口的增加，改善中国的贸易条件。“一带一路”倡议正是提高了中国与沿线国家的贸易便利度。从绩效角度看，孙楚仁等（2017）采用双重差分法，考察“一带一路”倡议的实施是否会促进我国对“一带一路”沿线国家之间的出口贸易增长。同样地，“一带一路”倡议也将显著提高参与国向中国的出口。

综上所述，整理出“一带一路”倡议影响参与国基础设施水平的作用机制，如图7-1所示。

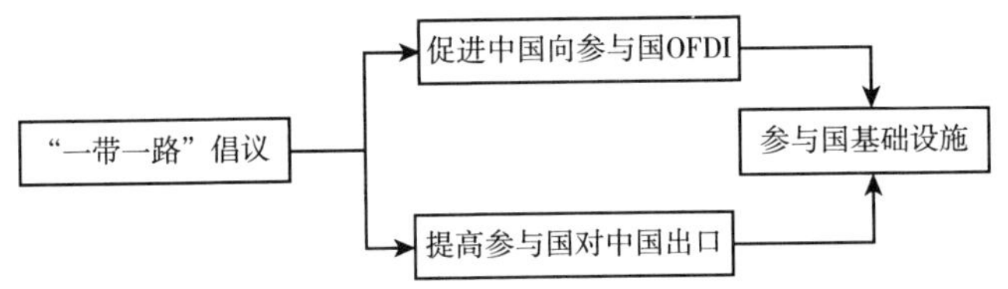

图7-1 “一带一路”倡议对参与国基础设施的作用机制

由此，结合理论以及“一带一路”倡议的实践，我们提出本章有待检验的理论假说。

理论假说：“一带一路”倡议显著促进了参与国的基础设施水平。

共建“一带一路”是中国承担大国责任，深化区域合作，影响世界的重要平台。接下来，我们首先基于拟自然实验框架，采用双重差分法，站在中国对世界的贡献的视角，检验“一带一路”倡议对参与国基础设施水平的影响；其次，识别促进中国向参与国OFDI以及提高参与国对中国出口两大作用渠道；最后，我们还进行异质性分析，考察“一带一路”倡议对参与国基础设施的影响在不同条件下的差异。

第三节 实证策略与数据说明

一、实证策略

本章主要检验“一带一路”倡议能否提高参与国的基础设施水平，参考吕越等（2019）、孙楚仁等（2017），采用双重差分法（difference in difference，DID），具体方程如下：

$$Infra_{it} = \alpha + \beta treat_i \times post_t + X'\lambda + \gamma_i + \nu_t + \varepsilon_{it} \tag{7-1}$$

其中，下标 i 为国家，t 为年份。*Infra* 为各国基础设施状况。*treat* 为是否是“一带一路”参与国，如果是，赋值为 1，如果不是，则为 0。这里采用刘红铎（2015）、孙楚仁等（2017）、黄亮雄等（2018a）、孙焱林和覃飞（2018）的做法，以沿线 64 个国家为“一带一路”倡议参与国①。*post* 为“一带一路”倡议实施前后，因在 2013 年末提出倡议，故 2014 年及之后年份设定为 1，2014 年前设为 0。$treat \times post$ 为 *treat* 和 *post* 的交乘项。X 为其他控制变量，γ_i为国家固定效应，ν_t为年份固定效应，ε_{it}为随机误差项。在双向固定效应下，式（7－1）构成经典的双重差分法模型（Beck et al.，2010；黄亮雄等，2020）。

可见，系数 β 的符号与大小衡量共建“一带一路”倡议对基础设施水平的影响，若 β 显著大于 0，表明“一带一路”倡议显著提高了参与国的基础设施水平；如果 β 显著小于 0，表明“一带一路”倡议反而降低了参与国的基础设施水平；如果 β 不显著，说明“一带一路”倡议对基础设施水平没有影响。

二、数据说明

本章采用跨国数据，以世界银行 WDI 数据库的国别或地区为蓝本，样本区间为 2009～2018 年。对于国别或地区的处理，由于强调中国对世界的贡献，删去中国、中国台湾、中国香港和中国澳门的数据；最后，在剩下的国家（或地区）中，剔除 2009～2018 年年均人口最少 5% 范围内的国家（或地区）。由于还是存在部分国家部分变量值缺失，本章最终采用的是 90 个国家（或地区）2009～2018 年的非平衡面板数据。

被解释变量，基础设施水平变量，在这里选取每万人铁路里程（取对

---

① 除中国外，本章主要选取“一带一路”沿线国家 64 个，包括：蒙古国、俄罗斯、印度尼西亚、泰国、马来西亚、越南、新加坡、菲律宾、缅甸、柬埔寨、老挝、文莱、东帝汶、乌克兰、白俄罗斯、格鲁吉亚、阿塞拜疆、亚美尼亚、摩尔多瓦、印度、巴基斯坦、孟加拉国、斯里兰卡、阿富汗、尼泊尔、马尔代夫、不丹、沙特、阿联酋、阿曼、伊朗、土耳其、以色列、埃及、科威特、伊拉克、卡塔尔、约旦、黎巴嫩、巴林、也门、叙利亚、巴勒斯坦、波兰、罗马尼亚、捷克、斯洛伐克、保加利亚、匈牙利、拉脱维亚、立陶宛、斯洛文尼亚、爱沙尼亚、克罗地亚、阿尔巴尼亚、塞尔维亚、马其顿、波黑、黑山、哈萨克斯坦、乌兹别克斯坦、塔吉克斯坦、土库曼斯坦、吉尔吉斯斯坦。

数，*lprail*）[①]，值得注意的是，由于铁路里程有较多缺失，故进行回归的国家（或地区）数为 90 个。铁路里程是传统的衡量地区基础设施水平的指标（王小鲁等，2009）。除此之外，在稳健性检验中，本章也采用了每百人固定宽带互联网用户（取对数，*lpnet*）[②]，以此作为新型基础设施水平的度量变量。

核心解释变量，交乘项 $treat \times post$ 是沿线 64 国虚拟变量，以及“一带一路”倡议实施前后年份（2014 年）虚拟变量的交乘项。这是双重差分法的典型设定。

其他控制变量包括：人均实际 GDP（*lpgdp*）、储蓄率（总国内储蓄/GDP × 100，取对数，*lns*）；城镇人口比例（城镇人口/总人口 × 100，取对数，*lnur*）；对外开放度（贸易总额/GDP × 100，取对数，*lntr*），产业结构（工业增加值/GDP × 100，取对数，*lnstr*）。

上述数据，均来源于世界银行 WDI 数据库。表 7 – 1 报告了所有主要变量的描述性统计。

表 7 – 1　　主要变量的描述性统计

符号	变　量	样本量	均值	标准差	最小值	最大值
lprail	每万人铁路里程	684	1.324	0.689	0.048	2.865
lpnet	每百人固定宽带互联网用户	1873	1.790	1.307	0.000	4.148
lpgdp	人均实际 GDP（取对数）	1858	8.647	1.462	5.351	11.615
lns	储蓄率（取对数）	1454	2.941	0.834	–5.843	4.475
lnur	城镇人口比例（取对数）	1923	14.898	2.137	10.041	19.947
lntr	对外开放度（取对数）	1746	4.376	0.546	–1.787	6.516
lnstr	产业结构（取对数）	1767	3.154	0.486	0.266	4.358

第四节　实证分析

一、基准回归

采用式（7 – 1）的双重差分法进行回归，检验“一带一路”倡议对参与

① 实际回归中，鉴于部分铁路里程为 0，*lprail* = ln（1 + 每万人铁路里程）。
② 同样地，*lpnet* = ln（1 + 每百人固定宽带互联网用户）。

国基础设施水平的影响。表 7－2 呈现了基准回归的结果。

表 7－2　基准回归

变量	(1)	(2)	(3)	(4)
treat × *post*	0.063 *** (0.018)	0.134 *** (0.044)	0.025 *** (0.009)	0.046 *** (0.014)
lpgdp		0.310 *** (0.013)	0.009 (0.056)	0.021 (0.061)
lns		－0.013 (0.031)	－0.011 (0.008)	－0.007 (0.007)
lnur		－0.182 *** (0.016)	－0.302 *** (0.077)	－0.221 *** (0.081)
lntr		－0.017 (0.054)	－0.049 ** (0.021)	－0.045 * (0.025)
lnstr		0.145 ** (0.060)	0.028 *** (0.010)	0.021 ** (0.010)
Constant	1.345 *** (0.007)	1.051 ** (0.439)	6.286 *** (0.948)	4.891 *** (1.061)
国家固定效应	有	有	有	有
年份固定效应	有	无	无	有
N	684	632	632	632
R^2	0.087	0.561	0.139	0.180
CN	90	88	88	88

注：(1) 括号中为稳健标准误；(2) ***、**、* 分别表示在 1%、5%、10% 的统计水平上显著；(3) N 为样本量，R^2 为拟合优度，CN 为国家数。

表 7－2 的第（1）列仅控制了国家固定效应和年份固定效应，并没有添加控制变量。此时，交乘项（*treat* × *post*）的系数为 0.063，通过 1% 统计水平的显著性检验。第（2）列添加了其他控制变量，但只控制了国家固定效应，交乘项（*treat* × *post*）的系数为 0.134，通过 1% 统计水平的显著性检验。第（3）列也添加了其他控制变量，同时只控制年份固定效应，交乘项（*treat* × *post*）的系数为 0.025，通过 1% 统计水平的显著性检验。第（4）列不但添加了控制变量，还同时控制国家固定效应和年份固定效应，交乘项（*treat* × *post*）的系数为 0.046，依然通过 1% 统计水平的显著性检验。

由此可见，4 列的回归中，反映“一带一路”倡议对基础设施水平影响效应的交乘项（*treat* × *post*）的系数均在 1% 统计水平上显著为正，意味着，共建“一带一路”倡议显著提高了参与国的基础设施水平。从数值上说，“一带一路”倡议显著提高了参与国的人均铁路里程，提高了4.6%。

二、稳健性检验

表7-2采用双重差分法检验出“一带一路”倡议显著提高了参与国的基础设施水平。这里接着进行稳健性检验，包括三项：平行趋势检验、更换被解释变量以及考虑内生性问题。

1. 平行趋势检验

双重差分法的运用需要样本满足严格的前提假设，例如，满足平行趋势假设，即在“一带一路”倡议提出前，处理组和对照组的基础设施水平度变化趋势必须保持一致。为此，借鉴伯特兰和穆莱纳森（Bertrand and Mullainathan，2003）的研究方法，对处理组和对照组的变化趋势进行进一步考察。

根据前文的研究，政策实施年份定义为2014年，将回归方程设定如下：

$$Infra_{it} = \alpha + \sum_{k=2009}^{2018}\beta_k w_k + X'\lambda + \gamma_i + \nu_t + \varepsilon_{it} \tag{7-2}$$

其中，w_k是每个年份虚拟变量与实验组虚拟变量的交互项，若 $treat=1$ 且 $t=k$，则 $w_k=1$，否则为0，其他变量和基准回归模型设定一致。w_k的系数反映的是对于政策实施前后的某一年，实验组和对照组的差异。将2014年设为Current，2014年前的年份定义为$Before_k$，2014年后的年份定义为$After_k$。

表7-3的第（1）~（2）列分别展示了是否加入控制变量的结果，可知，无论是否加入控制变量，“一带一路”倡议提出前的虚拟变量交互项$Before_k$均不显著，说明控制组和对照组在“一带一路”倡议提出前没有明显差异，满足双重差分法平行趋势假定的前提。

表7-3　　稳健性检验Ⅰ：平行趋势检验

变量	(1)	(2)
$Before_3$	0.009 (0.007)	0.011 (0.008)
$Before_2$	0.028 (0.030)	0.027 (0.031)
$Before_1$	0.010 (0.009)	0.011 (0.009)

续表

变量	(1)	(2)
$After_1$	0.033 * (0.017)	0.018 ** (0.007)
$After_2$	-0.008 (0.014)	-0.011 (0.015)
$After_3$	0.025 * (0.014)	0.020 (0.021)
Constant	1.346 *** (0.007)	4.810 *** (1.096)
控制变量	无	有
国家固定效应	有	有
年份固定效应	有	有
N	684	632
R^2	0.107	0.202
CN	90	88

注：(1) 括号中为稳健标准误；(2) ***、**、* 分别表示在 1%、5%、10% 的统计水平上显著；(3) N 为样本量，R^2 为拟合优度，CN 为国家数。

2. 更换被解释变量

在表 7-2 的基准回归中，采用人均铁路里程来衡量基础设施水平，作为被解释变量。表 7-4 则采用每百人固定宽带互联网用户（取对数），作为新型基础设施水平的度量变量，并以此作为被解释变量。

表 7-4　稳健性检验Ⅱ：更换被解释变量

变量	(1)	(2)	(3)	(4)
treat × post	0.195 *** (0.050)	0.535 *** (0.044)	0.245 *** (0.046)	0.204 *** (0.054)
lpgdp		0.802 *** (0.010)	0.855 *** (0.179)	0.317 * (0.189)
lns		-0.202 *** (0.035)	-0.024 (0.027)	-0.040 (0.025)
lnur		0.117 *** (0.012)	0.965 *** (0.187)	-0.026 (0.259)

续表

变量	(1)	(2)	(3)	(4)
lntr		0.314*** (0.059)	−0.039 (0.038)	−0.090*** (0.024)
lnstr		−0.518*** (0.064)	−0.063 (0.130)	0.029 (0.085)
Constant	1.471*** (0.022)	−6.161*** (0.363)	−20.221*** (2.807)	−0.356 (4.269)
国家固定效应	有	有	有	有
年份固定效应	有	无	无	有
N	1873	1414	1414	1414
R^2	0.439	0.815	0.402	0.476
CN	189	155	155	155

注：（1）括号中为稳健标准误；（2）***、**、*分别表示在1%、5%、10%的统计水平上显著；（3）N为样本量，R^2为拟合优度，CN为国家数。

表7－4的第（1）列只添加国家固定效应和年份固定效应，第（2）～（4）列则添加了其他控制变量，在国家固定效应和年份固定效应的控制上有所差别。但4列的交乘项（*treat*×*post*）系数均为正，且都通过1%统计水平的显著性检验。也就是表明，更换被解释变量，采用新型基础设施变量后，“一带一路”倡议显著提高参与国基础设施水平的结论依然存在。

3. 考虑内生性问题

表7－2～表7－4采用的是面板数据的固定效应模型，可能无法完全解决内生性问题。为此，这里参考宋凌云和王贤彬（2013），加入被解释变量的滞后期作为解释变量，进一步缓解内生性问题（见表7－5）。

表7－5　稳健性检验Ⅲ：更换被解释变量

变量	(1)	(2)	(3)	(4)
	OLS		系统 GMM	
L. lprail	0.715*** (0.105)	0.457*** (0.137)	0.971*** (0.024)	0.865*** (0.076)
treat×*post*	0.017** (0.007)	0.024* (0.013)	0.015*** (0.002)	0.014*** (0.003)

续表

变量	(1)	(2)	(3)	(4)
	OLS		系统 GMM	
Constant	0.381** (0.145)	2.360*** (0.833)	0.023 (0.031)	0.643 (0.488)
控制变量	无	有	无	有
国家固定效应	有	有	—	—
年份固定效应	有	有	有	有
N	569	524	569	524
R^2	0.464	0.348	—	—
CN	85	83	85	83

注：(1) 括号中为稳健标准误；(2) ***、**、* 分别表示在 1%、5%、10% 的统计水平上显著；(3) N 为样本量，R^2 为拟合优度，CN 为国家数。

加入人均铁路里程的滞后期（*L. lprail*）作为解释变量后，表 7－5 的第（1）~（2）列依然采用双向固定效应模型。交乘项（*treat* × *post*）系数均为正，且至少通过 10% 统计水平的显著性检验。第（3）~（4）列采用系统 GMM，同样地，交乘项（*treat* × *post*）系数也均为正，且均通过 1% 统计水平的显著性检验。也就是说，进一步考虑内生性问题，更换估计方法，“一带一路”倡议显著提高参与国基础设施水平的结论依然存在。

第五节 机制探索

一、中国对外直接投资机制

前文检验已经证明了“一带一路”倡议能够显著促进参与国的基础设施水平，为了进一步探究为何“一带一路”倡议可以带来参与国基础设施水平的提高，我们将分析“一带一路”倡议影响参与国基础设施水平的具体影响过程和内部作用机制。依照理论假说，这里强调两大机制：“一带一路”倡议提高中国对参与国的 OFDI，以及倡议提高中国和参与国的出口贸易。

先检验“一带一路”倡议对中国向参与国直接投资的影响，结果由表 7－6 呈现。中国的对外直接投资数据来源于历年的《中国对外直接投资统计公报》。表 7－6 的被解释变量为中国 OFDI 存量，做对数处理，由于可能存在存量为 0 的情况，*lofdis* = ln（1 + OFDI 存量）。

表 7－6　　　　机制检验 I：中国对外直接投资

变量	(1)	(2)	(3)	(4)
treat × *post*	0.717*** (0.126)	0.896** (0.382)	0.420*** (0.138)	0.298** (0.149)
Constant	16.100*** (0.058)	－10.178*** (2.134)	－94.432*** (8.281)	－77.733*** (8.900)
控制变量	无	有	有	有
国家固定效应	有	无	有	有
年份固定效应	有	有	无	有
N	1930	1421	1421	1421
R^2	0.120	0.268	0.208	0.224
CN	193	156	156	156

注：（1）括号中为稳健标准误；（2）***、**、*分别表示在 1%、5%、10% 的统计水平上显著；（3）N 为样本量，R^2 为拟合优度，CN 为国家数。

4 列结果显示，无论是否添加控制变量，也无论是否控制国家固定效应和年份固定效应，交乘项（*treat* × *post*）系数均为正，且至少通过 5% 统计水平的显著性检验。以第（4）列为例，交乘项系数为 0.298，意味着“一带一路”倡议能显著提高中国向参与国的直接投资存量达 29.8%。综上可见，“一带一路”倡议能显著提高中国向参与国的 OFDI，从而促进参与国的基础设施水平。

二、对中国出口机制

接下来，检验“一带一路”倡议对参与国向中国出口的影响，结果由表 7－7 呈现。这里的出口数据来源于 CEPII BACI 国际贸易数据库。第（1）～（2）列的被解释变量为对中国出口额（*leximc_mo*），作对数处理，*leximc_mo* = ln（1 + 出口额）。无论是否添加控制变量，这两列的参与“一带一路”倡议交乘项（*treat* × *post*）的系数均至少在 5% 水平上显著为正，意味着，参与“一带一路”倡议，显著提高了参与国向中国的出口额。其中，第（2）列显示，和没有参与“一带一路”倡议的国家相比，参与国对中国的出口额提高 13.6%。第（3）~（4）列的被解释变量为对中国出口的种类（*leximc_ty*），作对数处理，*leximc_ty* = ln（1 + 出口种类）。同样地，无论是否添加控制变量，这两列的交乘项（*treat* × *post*）的系数均在 1% 统计水平上显著为正，意味着，参与“一带一路”倡议，提高了参与国对中国的出口种类。其中，第（4）列显示，和没有参与“一带一路”倡议的国家相比，参与国对中国的出口种类提高 16.0%。

表 7 – 7　　　　机制检验Ⅱ：对中国进出口

变量	（1）	（2）	（3）	（4）
	对中国出口金额		对中国出口种类	
treat × *post*	0.291 *** （0.074）	0.136 ** （0.067）	0.176 *** （0.049）	0.160 *** （0.033）
Constant	12.227 *** （0.031）	–25.768 *** （4.288）	4.687 *** （0.011）	–8.308 *** （2.131）
控制变量	无	有	无	有
国家固定效应	有	有	有	有
年份固定效应	有	有	有	有
N	1801	1341	1801	1341
R^2	0.037	0.168	0.024	0.129
CN	182	149	182	149

注：（1）括号中为稳健标准误；（2）***、**、* 分别表示在 1%、5%、10% 的统计水平上显著；（3）N 为样本量，R^2 为拟合优度，CN 为国家数。

综上可见，“一带一路”倡议能显著提高参与国对中国的出口，从而促进参与国基础设施水平。

第六节　异质性检验

一、经济发展水平异质性

通过前文的检验，可以得到以下结论：“一带一路”倡议显著提高中国向参与国的直接投资，以及提高参与国对中国的出口，以促进参与国的基础设施水平。接下来，本节将进行异质性分析，展现“一带一路”倡议提高参与国基础设施水平的效应在不同条件下的差异，从而更加深入地剖析其背后的特征规律。

重点关注经济发展水平和对外开放度产生的异质性，这里的异质性检验将采用分样本方式，根据样本的经济发展水平是否大于中位数，划分为经济发展水平较低的样本，即经济发展水平小于等于中位数样本，以及经济发展水平较高的样本，即经济发展水平大于中位数样本。同样地，根据样本的对外开放度是否大于中位数，划分为对外开放度较低的样本，即对外开放度小于等于中位数样本，以及对外开放度较高的样本，即对外开放度大于中位数样本。

表7－8以人均实际GDP（*lpgdp*）衡量地区经济发展水平。第（1）列是人均实际GDP小于等于中位数的样本，即经济发展水平较低的样本。此时，交乘项（*treat*×*post*）系数在5%的统计水平上显著为正。第（2）列是人均实际GDP大于中位数的样本，即经济发展水平较高的样本。同样地，交乘项（*treat*×*post*）系数在1%的统计水平上显著为正。换言之，共建“一带一路”倡议提高参与国的基础设施水平的效应，无论在经济发展水平较低的国家，还是在经济发展水平较高的国家，都成立。

表7－8　　　　　　　　异质性检验Ⅰ：经济发展水平

变量	(1)	(2)
	lpgdp≤中位数	*lpgdp*>中位数
treat×*post*	0.034** (0.017)	0.052*** (0.010)
Constant	2.090 (1.589)	6.444*** (1.505)
控制变量	有	有
国家固定效应	有	有
年份固定效应	有	有
N	229	403
R^2	0.194	0.252
CN	41	52

注：(1) 括号中为稳健标准误；(2) ***、**、*分别表示在1%、5%、10%的统计水平上显著；(3) N为样本量，R^2为拟合优度，CN为国家数。

二、对外开放度异质性

继而分析对外开放度的异质性。表7-9的第（1）列是对外开放度（*lntr*）小于等于中位数的样本，即对外开放度较小的样本。此时，交乘项（*treat*×*post*）系数在1%的统计水平上显著为正。第（2）列是对外开放度大于中位数的样本，即对外开放度较大的样本。同样地，交乘项（*treat*×*post*）系数也在1%的统计水平上显著为正。换言之，共建“一带一路”倡议提高参与国的基础设施水平的效应，无论在对外开放度较小的国家，还是在对外开放度较大的国家，都成立。

表7-9　　　　异质性检验Ⅱ：对外开放度

变量	(1)	(2)
	lntr≤中位数	*lntr*>中位数
treat×*post*	0.048*** (0.009)	0.038** (0.015)
Constant	1.626* (0.959)	7.627*** (1.580)
控制变量	有	有
国家固定效应	有	有
年份固定效应	有	有
N	332	300
R^2	0.317	0.140
CN	55	48

注：（1）括号中为稳健标准误；（2）***、**、*分别表示在1%、5%、10%的统计水平上显著；（3）N为样本量，R^2为拟合优度，CN为国家数。

第七节　本章小结

本章是绩效篇的开端，首先检验共建“一带一路”倡议对参与国基础设施水平的影响。本章基于拟自然实验的框架，采用双重差分法，利用全球90个国家2009~2018年的面板数据，进行实证检验。本章以沿线64个国家为实验组，其他国家为对照组，以2014年为政策发生年份。本章研究发现：共建“一带一路”倡议显著提高了参与国的基础设施水平，具体为，相比于非“一带一路”沿线国家，倡议使得沿线国家的人均铁路里程提高4.6%，基础设施水平显著提高。该发现是稳健的，通过了平行趋势检验，在改变基础设施水平的度量变量以及考虑内生性问题后，该效应依然存在。

上述机制是由于共建“一带一路”倡议显著提高了中国向参与国的直接投资，以及参与国对中国的出口，从而提高参与国基础设施水平。本章还发现，共建“一带一路”倡议显著提高了参与国的基础设施水平，不但存在于经济发展水平较低的国家，还存在于经济发展水平较高的国家，且同时存在于对外开放度较高和较低的国家。

第八章　共建“一带一路”倡议与中外科技合作*

第一节　引　　言

本书进入绩效篇，重在检验共建“一带一路”倡议带来的绩效。在第七章，本书分析了倡议对参与国基础设施水平的影响。本章将继续探索倡议对中外科技合作的影响。

党的十九大吹响了中国全面建成社会主义现代化强国的号角。正处于百年未有之大变局的当下，科技创新能力已越来越成为综合国力竞争的决定性因素。党的十九大报告明确指出，“创新是引领发展的第一动力，是建设现代化经济体系的战略支撑”。党的十九届四中全会更是强调“完善科技创新体制机制”。近年来的研究显示，创新研发的重大成果大部分来自国际合作，这意味着科技创新的可持续发展离不开合作（Johannes，2011；张雨辰，2019）。国际科技创新合作是科技全球化背景下各国科技创新活动的共同需求，国际科技合作越来越受各国科技研究者的青睐和国家的重视。在新时代新征程中，我们同样需要重视科技创新能力，重视科技创新的国际合作。2013 年先后提出的共建“丝绸之路经济带”和“21 世纪海上丝绸之路”的宏伟倡议为开展中外科技创新合作带来新的重要契机。本章正是试图检验共建“一带一路”倡议对中外科技创新合作的影响绩效。

在国家创新体系国际化和科技全球化的特征日益显现，全球科技呈现科学研究大合作、多元文化大碰撞和技术创新大发展的趋势下。世界各国在不

* 本章的作者为：黄亮雄（华南理工大学经济与金融学院）、曹婷婷（浙江大学经济学院）、申晨（浙江理工大学经济管理学院）。

同程度上都卷入了国际科技创新合作的浪潮，为了在国际竞争中处于领先地位，各国更是试图加大国际科技创新合作程度。以往展现国际创新合作的影响因素探讨，更多地关注微观主体的特征，如强调公司规模、成本和风险、上下游关系等（Faria and Schmidt，2007；Abramovsky et al.，2009；尹希果和李后建，2009）。也有合作双方地区的宏观因素分析，如两地的科学、技术、贸易和经济互动状况等（陶蕴芳和李慧，2008；Komkov et al.，2011；Fedulova，2013），但甚少涉及某项宏观政策，尤其是两地合作政策的绩效分析。“一带一路”倡议就是中国与世界各国深度合作、互惠共赢的新模式（陈伟光，2015；邢广程，2016）。

“一带一路”倡议是中国与世界深度互动的新型链接范式，是以发展为导向的新型区域经济合作机制（李向阳，2016；任琳和彭博，2020）。党的十八届三中、五中全会及党的十九大均强调积极促进“一带一路”国际合作。“一带一路”倡议提出至今已逾七年，需要严谨审视倡议的绩效，以寻找进一步高质量发展的动力，这已成为研究的热点。现有研究开始基于拟自然实验的框架，采用双重差分法检验“一带一路”倡议的各方面绩效。例如，孙楚仁等（2017）关注的是中国出口增长；吕越等（2019）展现的是中国企业的对外绿地投资；王桂军和卢潇潇（2019a，2019b）则分析中国企业的创新与升级；徐思等（2019）探索倡议对中国企业融资约束的影响。这些分析虽然为识别“一带一路”倡议的绩效带来有益的尝试，但尚未有研究评估倡议对中外科技创新合作的影响。中外科技创新合作如此重要，2015 年 3 月提出的纲领性文件《推动共建丝绸之路经济带和 21 世纪海上丝绸之路的愿景与行动》更明确强调，要加强国际科技领域的合作，稳步推动我国创新驱动发展战略的全面实施。习近平总书记指出，共建“一带一路”倡议受到了国际社会广泛欢迎。与相关国家开展科技合作是共建“一带一路”的重要内容，在改善民生、促进发展、应对共同挑战等方面发挥着积极作用。因此，我们有必要科学严谨地研判“一带一路”倡议对中外科技创新合作的绩效。

本章匹配世界知识产权组织（WIPO）的国际专利数据库及世界银行 WDI 数据库，构成加入专利合作条约（PCT）的 152 个国家 2009～2018 年的面板数据，然后参考孙楚仁等（2017）、孙焱林和覃飞（2018）的做法，基于拟自然实验框架，采用双重差分法，检验“一带一路”倡议引致的中外科技创新合作的影响效应，剖析其作用机制。与现有的研究相比，本章可能的边际贡献与创新在于以下几点：第一，以互惠共赢的新视角，拓展“一带一路”绩效分析的研究领域。随着“一带一路”建设的深入，实证检验“一带一路”倡议带来效应的研究愈发增多，但大多站在中国的利益诉求，关心中国从中得到的收益（孙楚仁等，2017；孙焱林和覃飞，2018；吕越等，2019；等等）。而事实上，中国社会主义现代化国家的建设，既要强调自身的获益，也要重视中国对世界的影响与贡献（黄亮雄和钱馨蓓，2016；黄亮雄等，2018b），即强调中国与世界互惠共赢，中外科技创新合作正是当中的重要途径。本章检验的是“一带一路”倡议带来的中外科技创新合作的绩效，据笔者掌握的文献看，本章可能是首篇开宗明义采用严谨的计量方法识别“一带一路”倡议对中外科技创新影响的文献。第二，为国际科技创新合作提供合理的衡量指标。基于当前度量国际科技创新合作指标的顾此失彼的情况（Guellec and van Potterlsberghe，2001；张明倩和邓敏敏，2016；陈欣，2019），本章创造性地采用 WIPO 的 PATPATENTSCOPE 数据库，选用跨国合作的专利数据作为中外科技创新合作的衡量指标。此外，在稳健性检验中，我们还利用 WOS 中的 SCIE 数据库作为中外合作论文数指标，以使本章的度量更为全面。第三，为新时代推动“一带一路”高质量发展提供理论参考与政策指引。本章不但检验了“一带一路”倡议的绩效，还进一步采用中介效应模型，挖掘“一带一路”倡议通过促进中国进出口贸易以及对外直接投资来促进中外科技合作，继而分析该影响效应在不同条件下的差异，试图在“一带一路”倡议效应的不充分性特征下，寻找进一步推进的动力和抓手。

本章余下的部分结构如下：第二节是理论假说；第三节是实证策略与数据说明；第四节是实证结果；第五节是机制探索；第六节是异质性检验；第七节是本章小结。

第二节　理论假说

一、以往研究

国际科技创新合作是跨国（或地区）间合作的重点领域，也是产出科技创新的重要途径。本章旨在识别“一带一路”倡议对中外科技创新合作产生的绩效，主要涉及两类文献：一是，国际科技创新合作的影响因素分析；二是，“一带一路”倡议的绩效分析。

在跨国的科技创新合作方面，国际合作的重要性不言而喻。拉迪奇等（Radicic et al.，2018）通过七个欧盟地区传统制造业中小企业的样本，探讨合作与外部组织如何影响技术创新（产品和过程）、非技术创新（组织和市场营销）以及商业的成功（即产品和工艺的创新、创新销售）。实证结果表明，合作提高了企业的创新能力，并产生了可观的商业效益，创新支持项目应以需求为导向；特别是，增加合作伙伴的数量对衡量创新绩效的所有指标都有积极影响。在探讨科技创新的国际合作的影响因素时，主要包括微观因素和宏观因素。微观因素强调合作的微观主体，即企业的特征。阿布拉莫夫斯基等（Abramovsky et al.，2009）利用欧洲四个主要国家（法国、德国、西班牙和英国）的制造业和服务业的国际企业层面数据，调查合作创新活动，重点研究了知识流动、成本和风险分担以及公共财政支持在企业合作决策中的作用。研究结果表明，与其他公司相比，在外部信息流上具有更大价值的公司更可能与研究机构合作，面临专用性问题的公司更有可能与研究基地和上游与下游企业而非直接竞争对手进行合作。尹希果和李后建（2009）通过建立国际科技合作结构方程模型，发现人力资源、资本成本、思想开放程度对国际科技创新合作的影响较大。海梅里克斯和杜特斯特（Heimeriks and Dusters，2007）通过对1997~2001年151家联盟企业经理和副总裁的调查，发现经验和学习能力能够影响合作绩效。法里亚和施密特（Faria and Schmidt，2007）运用来自葡萄牙和德国统一社区创新调查的数据，使用双变量概率模型比较两国私营企业的创新合作行为，研究了导致企业与外国合作伙伴开展创新活动进行合作的因素。结果显示两国中与外国人合作的公司的特征非常相似，且除公司规模和知识保护方法以外的国际活动对两国与外国伙伴合作的决策具有积极影响；但是，仍然存在一些差异：在德国，与非出口商相比，出口商更可能与外国合作伙伴合作，而在葡萄牙，情况并非如此。

宏观因素强调合作中两地的区域特征。肖特（Schott，1988）通过国家科技合作网络分析，发现两国之间的政治联系、经济联系、文化合作、地理上的接近性和语言上的共同性会影响国家科技合作。卡兹（Katz，1994）将合著论文的数量看作地理距离的一个函数，通过分析英国大学与澳大利亚、加拿大大学之间的论文合著情况，得出大学间地理距离对国际科技合作有阻碍作用的结论。陶蕴芳和李慧（2008）通过思辨性分析认为，宗教信仰、思维方式、价值取向等文化层面因素能够影响国际科技合作。科姆科夫等（Komkov et al.，2011）分别从俄罗斯与乌克兰的创新潜力、前景和阻碍其合作的问题等角度，通过调查讨论了对俄罗斯与乌克兰之间的科学、技术、贸易和经济互动状况的研究结果。结果表明，俄罗斯和乌克兰都具有相当大的科学和技术潜力，两国经济现代化的机遇和条件取决于两国潜力的协调利用。费杜洛娃（Fedulova，2013）从理论分析的角度，探究了乌克兰和俄罗斯之间的科技合作现状，对创新驱动经济转型条件下的潜力进行了估计，在集群机制发展的基础上，明确了两国未来的合作领域和合作机制。由此可见，目前有关国际科技创新合作的影响因素研究，甚少涉及某项宏观政策的绩效分析。本章正是试图基于拟自然实验的框架，识别“一带一路”倡议带来的中外科技创新合作的绩效，同时检验其作用渠道以及进行异质性分析。

共建“一带一路”由中国首倡，是站在全球高度，深化区域合作，推动国际秩序和国际体系朝着公正合理的方向发展的重要模式（陈伟光，2015）。“一带一路”倡议的重要性无可比拟，引起了国内外众多学者与媒体的高度关注，但文献大多为定性分析，从大战略的宏观角度分析建设思路、基本架构、所遇到的风险及探索具体策略和路径（陈万灵和何传添，2014；储殷和高远，2015；薛力，2015），多缺乏严谨的数理分析与实证支撑。当然，也有学者展开定量分析。林玲和刘尧（2018）的实证指出，中国更倾向于向制度质量较好的“一带一路”国家出口契约密集度较高的产品。崔远淼（2018）认为，出口经验能显著提升企业对“一带一路”国家的对外直接投资。郭烨和许陈生（2016）、黄亮雄等（2018a）则指出，国家领导人访问能促进中国企业对沿线国家的贸易与投资。陈胤默等（2017）基于母国文化助推视角，提出孔子学院对中国企业在“一带一路”沿线国家的直接投资有促进作用。可见，这些分析大多仅是采用“一带一路”的地域概念，即仅是采用“一带一路”沿线国家作为分析样本，并不展现“一带一路”倡议产生的影响，也未分析倡议带来的绩效。

在分析“一带一路”的绩效，研究起初进行事前预测，陈虹和杨成玉（2015）运用CGE模型模拟了中国与“一带一路”沿线国家建成自由贸易区后的各方国际经济效应。倪中新等（2016）采用时变向量自回归模型，预测“一带一路”倡议将逐年化解我国过剩的钢铁产能。然后，随着“一带一路”倡议的深入，逐渐有更多学者采用拟自然实验的框架。孙楚仁等（2017）利用中国海关数据库，结合世界发展指标数据库，采用双重差分法验证了“一带一路”倡议的提出显著地促进了中国对“一带一路”国家的出口增长，且对出口数量增长的影响要大于对价格上升的影响。吕越等（2019）同样也采用双重差分法，认为“一带一路”倡议实施显著促进了中国企业对外绿地投资的增长，对沿线国家的投资项目数增长幅度达32%左右。孙焱林和覃飞（2018）关注微观企业的影响，采用双重差分法评估“一带一路”倡议对企业对外直接投资的风险的影响，他们认为“一带一路”倡议能够降低企业在“一带一路”国家投资的风险，且对投资目的地为非邻国的企业的投资风险降低作用更大。王桂军和卢潇潇（2019a，2019b）利用双重差分法考察“一带一路”倡议对中国企业创新、企业升级的影响及作用路径，指出“一带一路”倡议显著提高了企业的创新水平，助推中国以全要素生产率提高为表征的企业升级。徐思等（2019）基于双重差分法，表明“一带一路”倡议的实施显著降低了受到倡议支持企业的融资约束。可见，虽然评估“一带一路”倡议绩效的研究愈发增多，但尚未分析倡议对中外科技创新合作的影响。

当然，也有研究展现中国与“一带一路”沿线国家的科技创新合作状况。张明倩和邓敏敏（2016）利用2001～2015年中国与“一带一路”沿线国家的专利合作数据，采用情报分析方法探究我国在“一带一路”沿线国家的专利合作规模、合作网络地位、合作区域和技术领域分布。吴建南和杨若（2016）通过分析中国与“一带一路”国家合著论文在数量、研究方向、被引频次方面的特征，发现不同国家的差异较大。叶阳平等（2016）利用中国与“一带一路”沿线29个国家的合作专利和论文数据，从多层次进行分析，发现论文合作比专利合作更活跃，科技合作区域不平衡、合作领域比较集中。张明倩和柯莉（2018）利用2000～2015年“一带一路”沿线国家的均衡面板数据，展现了“一带一路”跨国专利合作网络的特征和动态轨迹，并通过固定效应零膨胀负二项回归模型对“一带一路”沿线国家跨国专利合作关系的微观驱动因素进行相关分析。陈欣（2019）基于“一带一路”国家的跨国专利合作数据，构建网络可视图、网络整体结构指标和网络中心性指标，采用社会网络分析方法对其进行对比分析，发现节点国家的合作广度、强度不均衡，发达国家占据网络中核心国家的主导地位。这些也是采用“一带一路”的地域概念，并未分析“一带一路”倡议带来的绩效。

二、假说提出

科学技术是第一生产力，根据格罗斯曼和赫尔曼（Grossman and Helpman，1991）构建质量阶梯模型，发现对创新活动的投资能够促进产品质量的提升并加强出口的可能性。反之，国际贸易对创新活动同样也具有推动作用。对于国家间、跨地区间的交流，贸易与投资是当中最主要也是重要的交流方式。寇和赫尔曼（Coe and Helpman，1995）的贸易技术溢出理论指出，双边贸易能产生知识溢出，具体的传导路径有以下两种：第一，直接途径，直接进口国外高技术产品或技术服务，从而获得国外研发成果。第二，间接途径，通过进口国外高技术中间产品，投入国内生产线进而提升产品技术水平；或者通过国际贸易的契机，获得更多与出口国进行科技交流互动的机会，学习和模仿出口国的先进科技成果，产生更多的国际科技合作（赵志浩和卢进勇，2020）。换言之，国际进出口贸易能促进跨国的科技创新合作。

同时，对外直接投资的技术溢出理论，就东道国而言，吸引直接投资的技术溢出机制大致有三类：一是，外企示范效应，即外资企业进入本国市场，会造成竞争加剧，从而倒逼东道国企业提高技术水平，产生竞争效应；二是，外企带动东道国上下游企业技术水平提升的关联效应；三是，对员工培训提高人力资本水平的人员培训效应等。第一种竞争效应机制，迫使企业，无论是外企还是内企，加强跨国科技创新合作。而两种机制（关联效应和培训效应），为跨国科技创新合作创造条件。就母国而言，投资到外地，一方面，竞争程度加剧，母国企业往往倾向于加大科技创新投入；另一方面，对外直接投资要成功，需要企业本地化，于是，需要研发适宜本地的技术，更需要与本地进行合作研发。于是，对外直接投资也能促进跨国的科技创新合作。而事实上，勒万多斯卡等（Lewandowska et al.，2016）、戈洛夫科等（Golovko et al.，2011）、曲如晓等（2019）、武力超等（2019）等研究也指出，两国的进出口贸易以及对外直接投资，能显著提高两地的科技创新合作。

“一带一路”是创新之路，“一带一路”倡议也将显著影响中外科技创新合作。2015 年发布的《推动共建丝绸之路经济带和 21 世纪海上丝绸之路的愿景与行动》明确提出，要加强中国与“一带一路”沿线国家的科技创新合作，并提出了一系列促进国际科技合作的措施，如共建联合实验室、科技园区合作、跨国技术转移等，这将有效推动中外科技创新合作。贸易与投资就是其中重要的抓手与渠道。

“一带一路”倡议推动了国际创新合作新模式的构建，强调加强“五通”，即政策沟通、设施联通、贸易畅通、资金融通和民心相通，从而逐步实现以点带面、从线到片的区域大合作格局。贸易畅通是“一带一路”合作的核心内容。旨在顺应经济全球化、区域一体化趋势，全方位深化与沿线各国经贸往来、产业投资、能源资源和产能合作，着力推进投资贸易便利化，消除投资和贸易壁垒，构建良好的营商环境，促进区域内经济要素有序自由流动、资源高效配置和市场深度融合，共同打造开放、包容、均衡、普惠的区域经济合作架构，为沿线各国互利共赢、共同发展奠定坚实基础（顾学明，2018）。七年多以来，“一带一路”倡议在贸易畅通，推动中国与沿线国家的贸易和投资合作上成绩斐然。据 2019 年发布的《共建“一带一路”倡议：进展、贡献与展望》报告指出，2013～2018 年，中国与沿线国家货物贸易进出口总额超过 6 万亿美元，年均增长率高于同期中国对外贸易增速，占中国货物贸易总额的比重达到 27.4%，对“一带一路”沿线国家直接投资约 900 亿美元，在沿线国家完成对外承包工程营业额超过 4000 亿美元。截至 2018 年底，中国已与 50 多个沿线国家签署双边投资协定，已与 41 个国家签署产能合作协议并建立了双边产能合作机制，中国与“一带一路”沿线国家已建设 80 多个境外经贸合作区，中白工业园、中国—老挝跨境经济合作区、中哈霍尔果斯国际边境合作中心、中阿（联酋）产能合作园区、中埃及苏伊士经贸合作区等建设和发展势头良好，为沿线国家创造了新的税收源和就业渠道，已为当地创造了 24.4 万个就业岗位，上缴东道国税费累计超过 20.1 亿美元。

在学术的验证上，孔庆峰和董虹蔚（2015）构建了一套完整的贸易便利化指标体系，测算了“一带一路”主要沿线国家的贸易便利化水平，并通过拓展的引力模型，表明贸易便利化水平提升能扩大沿线国家的贸易潜力。张晓静和李梁（2015）的实证指出，沿线国家的贸易便利化水平和中国出口贸易呈现显著正相关关系。陈虹和杨成玉（2015）通过一般均衡模型，发现“一带一路”倡议通过促进沿线国家和地区自由贸易区的建设，促进中国进出口的增加，改善中国的贸易条件。“一带一路”倡议正是提高了中国与沿线国家的贸易便利度。孙楚仁等（2017）更是利用中国海关数据库，结合世界发展指标数据库，采用双重差分法，已经检验出“一带一路”倡议的提出显著地促进了中国对“一带一路”国家的出口增长，且对出口数量增长的影响要大于对价格上升的影响。在对外直接投资方面，张亚斌（2016）通过主成分分析法测度“一带一路”沿线 50 个亚欧非国家的投资便利化水平，并基于引力模型探究“一带一路”倡议对中国对外直接投资的影响，发现“一带一路”在促进投资便利化的同时也能够显著提升中国对外直接投资水平。吕越等（2019）同样也采用双重差分法，认为“一带一路”倡议的实施显著促进了中国企业对外绿地投资的增长，对沿线国家的投资项目数增长幅度达32%左右。

综上所述，整理出“一带一路”倡议影响中外科技创新的作用机制，如图 8－1 所示。

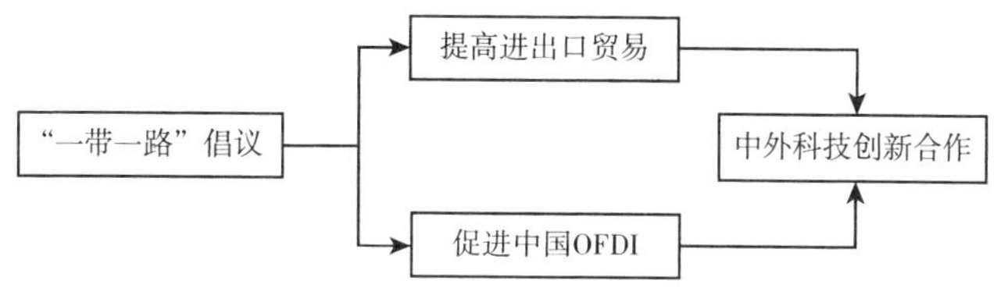

图 8－1　“一带一路”倡议的作用机制

由此，结合理论以及“一带一路”倡议的实践，我们提出本章有待检验的理论假说。

理论假说：“一带一路”倡议显著促进了中外科技创新合作。

“一带一路”倡议开拓了国家间合作的新模式。接下来，我们首先基于拟自然实验框架，采用双重差分法，检验“一带一路”倡议对中外科技创新合作的绩效；其次，采用中介效应模型，识别提高进出口贸易以及促进中国对外直接投资两大作用渠道；最后，我们还进行异质性分析，考察“一带一路”倡议对中外科技创新合作的影响在不同条件下的差异。

第三节　实证策略与数据说明

一、实证策略

本章基于拟自然实验框架，通过构建双重差分法，探究“一带一路”倡议是否能促进中外科技创新合作。双重差分法常被用于定量评估公共政策或项目实施效果。其原理是基于一个反事实的框架来评估政策发生和不发生两种情况下被观测因素的变化。具体地，参考孙楚仁等（2017）、孙焱林和覃飞（2018），模型构造如下：

$$Stec_{it} = \alpha + \beta treat_i \times BR_t + X'\psi + \gamma_i + \upsilon_t + \varepsilon_{it} \qquad (8-1)$$

式（8－1）中，下标 i 代表国家，t 代表年份。$Stec$ 为被解释变量，反映

中国与 i 国的科技创新合作程度。$treat_i$ 为是否处理组，如果 i 国为“一带一路”沿线国家，$treat$ 就赋值为 1，为实验组；如果 i 国为其他国家，$treat$ 就赋值为 0，为控制组。BR_t 为处理效应的时期虚拟变量。“一带一路”倡议在 2013 年提出，参考吕越等（2019）的做法，把 2013 年及之后的年份设定为 1，其他年份设定为 0。$treat \times BR$ 为 $treat$ 与 BR 的交乘项。X_{it} 是一组除“一带一路”倡议外会影响中外科技创新合作的控制变量，γ_i 为国家固定效应，ν_t 为年份固定效应，ε_{it} 为随机误差项。在双向固定效应下，式（8 - 1）构成经典的双重差分法模型（Beck et al.，2010；黄亮雄等，2020）。于是，系数 β 的符号与大小衡量“一带一路”倡议对中外科技创新合作的影响，若 β 显著大于 0，表明“一带一路”倡议显著提高了中外科技创新合作；如果 β 显著小于 0，表明“一带一路”倡议反而降低了中外科技创新合作；如果 β 不显著，说明“一带一路”倡议对中外科技创新合作没有影响。

二、数据说明

被解释变量中外科技创新合作：$Stec_{ijt} = PE_{ijt}/PFI_{jt}$，表示国家（或地区）$i$ 与 j 国在 t 年的国际合作发明程度，该指标最早由盖勒克和范·波特斯伯格（Guellec and van Potterlsberghe，2001）提出，用于技术国际化趋势的分析，之后众多学者将其作为国际科技合作的衡量指标。由于本章探讨的是中外合作情况，j 代表中国，$Stec_{ijt}$ 表示中国的跨国合作研发专利在其全部专利中占的比重，PF_{ijt} 为中国与外国双边合作研发的专利量，PFI 为中国的专利总量。$Stec$ 指标的值越高，反映一国在研发过程中越注重于国际研发机构的跨国合作，通过知识共享提升技术创新水平。

控制变量（X）方面，相比国内科技合作，国际间的科技创新合作意味着面对更加复杂庞大的环境体系，因此，将受到更多因素的影响（陶爱祥，2011）。本章试图从三个层面选择控制变量。

第一，反映东道国情况，即外国的控制变量。从经济水平、产业结构、人力资本、基础设施、经济开放程度共五个方面各选择一个指标作为控制变量。其中，人均实际 GDP（取对数，*lpgdp*）用来表示东道国经济水平，第二产业增加值占 GDP 的比重（*mfp*）表示产业结构，高等院校入学率（*edu*）用来表示教育程度和人力资本，安全互联网服务器数量（取对数，*linter*）用来表示一国基础设施建设情况，对外贸易依存度（进出口总额占 GDP 比重，

dft）表示经济开放程度。

第二，反映母国情况，即中国的控制变量。分别包括中国人均实际 GDP（取对数，*lcpgdp*）、中国第二产业增加值占 GDP 的比重（*cmfp*）、中国高等院校入学率（*cedu*）和中国安全互联网服务器数量（取对数，*lcinter*）。

第三，反映中国与外国关系的控制变量。分别包括中外政治制度距离、中外经济距离、中外地理距离。其中，中外政治制度距离（*pdist*）是中国与东道国的制度质量差异，衡量指标是中国与东道国全球治理指数差额的绝对值，各国治理指数（WGI）的六个单项指标包括话语权和问责、政治定性与非暴乱、政府有效性、管理质量、法治制度、腐败控制，取这六项指标总得分的平均值衡量一国的政治制度质量，所有指标的评分区间为［-2.5 - 2.5］；中外经济制度距离（*edist*）以中国与东道国经济自由度指数差额的绝对值来衡量，世界经济自由度包括财产权、政府诚信、司法有效性、税收负担、政府财政支出、财政健康度、商业自由、劳动自由、货币自由、贸易自由、投资自由、财政自由等 12 个方面组成，取其平均值作为一国的总体经济制度质量；中外地理距离（取对数，*ldist*）为中国北京与各东道国首都的距离。

本章采用 2009～2018 年的数据，基于专利视角衡量国际科技合作。在样本选择上，集中于国际专利合作组织（PCT）的 152 个成员国（加上中国共 153 个国家加入）。对选定的样本进行分类，其中，实验组为 PCT 中属于“一带一路”沿线的 52 个国家，控制组为 PCT 中非“一带一路”的 100 个国家。“一带一路”的政策冲击以 2013 年为起始点。

国际科技合作是两个或两个以上国家的合作主体（如政府、企业、高校、科研院所等）借助一定的合作方式，对科学、技术、知识开展共享、借鉴、融合和创新的科技活动。根据国际合作专利的定义，将专利申请人国籍包括中国和外国作为专利跨国合作发明数据。虽然跨国合作申请的专利并非衡量科技合作的完美指标，但却是最直接有效的指标，相比合作授权专利，合作申请专利能够更加科学地反映出国家的跨国科技创新合作。我们通过直接构建网络矩阵的方式来建立中外专利合作网络，运用字段组合检索，在 WIPO 的 PATPATENTSCOPE 数据库中选择“申请人国籍”“申请日”来识别和搜集中外两两国家之间的专利合作数据，从而构建了 2009～2018 历年 152×10 矩阵，共计检索 1520 次。关于数据的检索，做两点说明：第一，由于专利发明人只能是个人不能是单位，而专利申请人或专利权人可以为个人和单位，因此，为了避免漏记单位和机构的合作专利，选择“专利申请人”而非“专利发明人”作为检索字段；第二，由于专利从申请到授权的时间间隔为18个月，所以，本章采用专利最早登记时间（申请日）而非公开时间（公布日）以保证及时性。

在稳健性检验中，我们还采用了中外论文合作数表征中外科技创新合作程度，中外论文合作数量来自Web of Science数据库，其他数据，如各国人均实际GDP、第二产业增加值比重、研究人员数量、安全互联网服务器数量、高等院校入学率、对外贸易依存度的数据来自世界银行数据库，中外两国首都的地理距离来自CEPII数据库，中国对外直接投资数据来自Wind数据库，外商直接投资数据来自国家统计局，中国出口额来自联合国贸易数据库（UN Comtrade）。各个数据的来源以及描述性统计分别列于表8－1、表8－2。

表8－1　数据来源

指　标	数据来源	备　注
中外专利合作程度	WIPO、国家知识产权局	中外合作专利/中国专利总数
中外合作论文数量	Web of Science数据库	
人均GDP	世界银行数据库	2010基期
第二产业增加值/GDP	世界银行数据库	第二产业增加值/GDP
安全互联网服务器	世界银行数据库	每百万人
高等院校入学率	世界银行数据库	大学（ISCED 5和6）入学百分比
对外贸易依存度	世界银行数据库	对外贸易额/GDP
政治制度距离	世界银行数据库	6个指标综合平均分
经济制度距离	美国传统基金会（Heritage Foundation）	12个指标综合平均分
地理距离	CEPII数据库	两国首都的距离
中国对外直接投资	中国对外直接投资统计公报、Wind数据库	
中国进出口贸易额	UN Comtrade	

表8－2　数据的描述性统计

变量	定　义	样本容量	平均值	标准误	最大值	最小值
Stec	中外专利合作程度（取对数）	1520	0.0027	0.02	0.39	0
lpgdp	人均GDP（取对数）	1479	8.76	1.48	12.19	5.81
mfp	第二产业增加值/GDP	1385	12.60	6.79	65.00	0.97

续表

变量	定　义	样本容量	平均值	标准误	最大值	最小值
edu	高等院校入学率	993	42. 85	27. 71	136. 60	0. 72
linter	安全互联网服务器数量（取对数）	1341	4. 41	3. 16	12. 48	-3. 24
dft	对外贸易依存度	1423	92. 43	53. 72	408. 36	19. 10
lcpgdp	中国人均 GDP（取对数）	1520	8. 67	0. 20	8. 96	8. 33
cmfp	中国第二产业增加值/GDP	1520	30. 52	1. 09	32. 06	28. 96
cedu	中国高等院校入学率	1520	36. 96	10. 76	50. 60	22. 44
lcinter	中国安全互联网服务器数量（取对数）	1368	2. 71	1. 93	6. 10	0. 18
pdist	中外政治制度距离	1520	0. 79	0. 66	2. 44	0. 0004
edist	中外经济制度距离	1510	13. 50	12. 64	57. 80	0
ldist	中外首都距离（取对数）	1480	8. 99	0. 52	9. 86	6. 70

第四节　实证结果

一、基准回归

本章考察“一带一路”倡议的实施对中外科技创新合作的影响效应。基于方程（8－1）的双重差分法，表 8－3 呈现了基准回归的结果。

表 8－3　　基准回归结果

变量	(1)	(2)	(3)	(4)
treat×BR	0. 0040 *** (2. 90)	0. 0058 *** (2. 78)	0. 0064 *** (2. 95)	0. 0053 ** (2. 57)
lpgdp		0. 0007 (0. 06)	0. 0003 (0. 02)	0. 0007 (0. 06)
mfp		0. 0001 (0. 25)	0. 0001 (0. 26)	0. 0001 (0. 25)
edu		0. 0003 ** (2. 25)	0. 0003 ** (2. 21)	0. 0003 ** (2. 27)

续表

变量	(1)	(2)	(3)	(4)
linter		0.0013 (1.34)	0.0013 (1.36)	0.0013 (1.37)
dft		-0.0000 (-0.22)	-0.0000 (-0.27)	-0.0000 (-0.25)
pdist			0.0035 (0.60)	0.0036 (0.63)
edist			0.0001 (0.56)	0.0001 (0.74)
ldist			-2.0959 (-1.31)	-1.8563 (-1.17)
lcpgdp				-0.0596*** (-2.85)
cedu				0.0002 (0.73)
cmfp				0.0015 (0.99)
lcinter				0.0028** (2.00)
cons	0.0069*** (6.78)	-0.0121 (-0.13)	18.7194 (1.32)	17.0224 (1.20)
国家固定效应	是	是	是	是
年份固定效应	是	是	是	否
N	1520	833	826	826
R^2	0.0462	0.0714	0.0758	0.0708

注：(1) 括号中为 T 值，采用的是稳健的标准误；(2) ***、**、*分别表示在1%、5%、10%的统计水平上显著；(3) N 为样本量，R^2 为拟合优度。

4 列结果无论添加控制变量与否，双重差分法的关键变量 *treat* × *BR* 的系数均至少在5%的水平上显著为正，也就是说，“一带一路”倡议显著促进了中外科技创新合作，这与本章的理论假说是一致的。

具体而言，表8-3第（1）列控制了国家固定效应和年份固定效应，并没有添加控制变量，交乘项（*treat* × *BR*）的系数为0.0040，通过1%水平的显著性检验。第（2）列同样控制了国家固定效应和年份固定效应，添加了东道国的控制变量，交乘项（$treat \times BR$）的系数为 0.0058，也通过 1% 水平的显著性检验。第（3）列在第（2）列的基础上，加上了中国与外国关系的控制变量，交乘项（$treat \times BR$）的系数为 0.0064，同样通过 1% 水平的显著性检验。第（4）列进一步添加了反映中国情况的控制变量①，交乘项（$treat \times BR$）的系数为 0.0053，也通过 5% 水平的显著性检验。第（3）列显示，“一带一路”倡议促进中外科技创新合作的程度提升了 0.64%②。

二、稳健性检验

1. 平行趋势检验

双重差分法的运用需要样本满足严格的前提假设，例如，满足平行趋势假设，即在“一带一路”倡议提出前，处理组和对照组的中外专利合作程度变化趋势必须保持一致。为此，借鉴伯特兰和穆莱纳森（Bertrand and Mullainathan，2003）的研究方法，对处理组和对照组的变化趋势进行进一步考察。

根据前文的研究，政策实施年份定义为 2013 年，将回归方程设定如下：

$$Stec_{it} = \alpha + \sum_{k=2009}^{2018} \beta_k w_k + X'\psi + \gamma_i + \upsilon_t + \varepsilon_{it} \qquad (8-2)$$

其中，w_k 是每个年份虚拟变量与实验组虚拟变量的交互项，若 $treat=1$ 且 $t=k$，则 $w_k=1$，否则为 0，其他变量和基准回归模型设定一致。w_k 的系数反映的是对于政策实施前后的某一年，实验组和对照组的差异。将 2013 年设为 Current，2013 年前的年份定义为 $Before_k$，2013 年后的年份定义为 $After_k$。

表 8-4 的第（1）~（2）列分别展示了是否加入控制变量的结果，可知，无论是否加入控制变量，“一带一路”倡议提出前的虚拟变量交互项 $Before_k$ 均不显著，说明控制组和对照组在“一带一路”倡议提出前没有明显差异，满足双重差分法平行趋势假定的前提。

---

① 由于此类变量只随时间变化而不随个体变化，此时不能控制年份固定效应。

② 后续分析均控制国家和年份固定效应，控制变量则仅采用反映外国情况与反映中外关系的控制变量。

表 8-4　　稳健性检验 I：平行趋势检验

变量	(1)	(2)
$Before_3$	0.0005 (0.18)	-0.0068 (-1.16)
$Before_2$	0.0014 (0.47)	-0.0051 (-0.88)
$Before_1$	0.0023 (0.76)	-0.0032 (-0.56)
Current	0.0047 (1.54)	0.0009 (0.15)
$After_1$	0.0048 (1.57)	0.0010 (0.18)
$After_2$	0.0051* (1.68)	0.0019 (0.34)
$After_3$	0.0053* (1.76)	0.0022 (0.39)
$After_4$	0.0053* (1.73)	0.0027 (0.47)
$After_5$	0.0054* (1.77)	0.0000 (0.00)
控制变量	否	是
国家固定效应	是	是
年份固定效应	是	是
N	1520	826
R^2	0.0467	0.0775

注：(1) 括号中为 T 值，采用的是稳健的标准误；(2) ***、**、* 分别表示在 1%、5%、10% 的统计水平上显著；(3) N 为样本量，R^2 为拟合优度。

2. 安慰剂检验

为了进一步验证前文结论的稳健性，这里构造反事实的安慰剂检验。本章研究的样本共有 152 个国家和地区，其中“一带一路”沿线国家有 52 个，因此，运用不放回的抽样方法，从 152 个 PCT 成员国中随机选取了 52 个国家作为伪处理组，将剩余国家设定为对照组，并构建伪处理组虚拟变量 *false*，进而构建安慰剂检验的交乘项 $false \times BR$，其中，BR 为“一带一路”倡议实施的年份虚拟变量，2013 年及之后为 1，其余年份为 0。由于伪处理组是随机生成的，因此，若前文结论成立，则 *false* × *BR*，将不会对模型的因变量产生显著的影响，即 *false* × *BR* 的系数不显著，安慰剂处理变量的回归系数不会显著偏离零点；反之，若 *false* × *BR* 的系数显著偏离零，则说明模型设定存在识别偏误。

表 8 – 5 展现了 Bootstrap 随机抽取了 100 次、500 次以及 1000 次的交乘项（*false* × *BR*）的系数均值及 T 值的均值。三列的 *false* × *BR* 的系数均不显著，说明估计结果并没有产生严重偏误。“一带一路”倡议促进中外科技创新合作的结论是稳健的。

表 8 – 5　稳健性检验Ⅱ：安慰剂检验

变量	(1) 100 次	(2) 500 次	(3) 1000 次
false × *BR*	-0.0002 (-0.00)	-0.0001 (-0.01)	-0.0010 (-0.00)
控制变量	是	是	是
国家固定效应	是	是	是
年份固定效应	是	是	是

注：(1) 括号中为 T 值，采用的是稳健的标准误；(2) ***、**、* 分别表示在 1%、5%、10% 的统计水平上显著。

3. 替换变量

现有研究中，国际合作论文量是衡量国际科技创新合作的另一大重要指标。根据中国科技信息研究所的统计，中国的国际合作论文主要发表在国际期刊上，因此本章利用 WOS 中的 SCIE 数据库，检索出论文作者分别包括中国和其他 PCT 成员国的文献作为中外科技创新合作的指标，文献类型包含文章（Article）、书信（Letter）和评论（Review）。

为了验证基准回归中“一带一路”倡议对国际科技创新合作促进作用的稳健性，本章用中外合作论文数量（*lcoi*）替换专利合作度量指标（*Stec*），作为被解释变量进行检验。表 8 – 6 中的第（1）～（3）列分别为不加入控制变量、加入东道国情况控制变量、进一步加入中外关系控制变量的结果，核心解释变量 *treat* × *BR* 的系数均在 1% 的水平上显著为正，这说明“一带一路”倡议对中外科技合作有显著的促进作用。

表 8-6　　　　稳健性检验Ⅲ：替换变量

变量	(1) lcoi	(2) lcoi	(3) lcoi
treat × BR	0.2855*** (5.95)	0.2035*** (3.48)	0.1953*** (3.22)
lpgdp		0.2549 (0.85)	0.2527 (0.79)
mfp		-0.0237*** (-2.61)	-0.0208** (-2.28)
edu		0.0066** (2.03)	0.0065** (1.98)
linter		-0.0008 (-0.03)	0.0016 (0.06)
dft		-0.0048*** (-2.93)	-0.0054*** (-3.29)
pdist			0.3600** (2.24)
edist			-0.0069 (-1.30)
ldist			-52.2848 (-1.18)
cons	2.5498*** (72.36)	1.7049 (0.65)	468.8443 (1.19)
国家固定效应	是	是	是
年份固定效应	是	是	是
N	1520	833	826
R^2	0.6675	0.6669	0.6730

注：(1) 括号中为 T 值，采用的是稳健的标准误；(2) ***、**、* 分别表示在 1%、5%、10% 的统计水平上显著；(3) N 为样本量，R^2 为拟合优度。

4. 考虑数据缺失问题

由于部分控制变量的数据存在缺漏，导致参与回归的样本数减少为 826 个。为了避免由于样本过少造成估计偏误问题，采用后向替换法对缺漏的数据进行补齐，从而将样本数提升至 1026 个。

由表 8-7 可知，采用后向替换法对缺漏的数据进行补齐后，3 列回归无论是否加入控制变量，*treat* × *BR* 的系数均至少在 5% 的水平上显著为正，这再一次验证了前文结论的稳健性，即考虑了数据缺失问题后，"一带一路"倡议促进中外科技创新合作的结论依然成立。

表 8-7　　　稳健性检验Ⅳ：补齐数据

变量	(1)	(2)	(3)
treat × *BR*	0.0040*** (2.90)	0.0051*** (2.86)	0.0035** (2.18)
lpgdp		0.0024 (0.28)	-0.0018 (-1.18)
mfp		0.0001 (0.33)	0.0001 (0.43)
edu		0.0002** (2.41)	0.0001 (1.45)
linter		0.0010 (1.46)	0.0010* (1.71)
dft		-0.0000 (-0.17)	-0.0000** (-2.35)
pdist		0.0049 (1.20)	0.0042* (1.79)
edist		0.0001 (0.38)	0.0000 (0.35)
ldist		-2.3033* (-1.86)	0.0023 (0.91)
cons	0.0069*** (6.78)	20.6361* (1.86)	-0.0035 (-0.14)
国家固定效应	是	是	是
年份固定效应	是	是	是
N	1520	1027	1027
R^2	0.0462	0.0671	0.0676

注：(1) 括号中为 T 值，采用的是稳健的标准误；(2) ***、**、* 分别表示在 1%、5%、10% 的统计水平上显著；(3) N 为样本量，R^2 为拟合优度。

第五节　机制探索

前文检验已经证明了“一带一路”倡议能够显著推动中外科技创新合作，为了进一步探究“一带一路”对中外科技创新合作的具体影响过程和内部作用机制，本节应用梅冬洲等（2018）、王永进和冯笑（2018）的方法，检验“一带一路”倡议促进中外科技创新合作的作用渠道。我们主要关注中外进出口贸易以及对外直接投资，并以二者为被解释变量。

一、进出口贸易机制

进出口贸易包括中国对世界各国的出口，以及从世界各国的进口。表8－8检验进出口贸易的中介效应。第（1）~（2）列以进出口总额（取对数，*ltf*）作为被解释变量，第（1）列并没有控制年份固定效应，第（2）列则采用双向固定效应。两列的双重差分法的交乘项（*treat*×*BR*）系数至少在10%的水平上显著为正。这意味着，“一带一路”倡议显著提高了中国与沿线国家的进出口贸易，这与孙楚仁等（2017）的发现是一致的。“一带一路”倡议通过增加中国进出口总额来促进中外科技创新合作水平的提升。

表8－8　　进出口贸易机制

变量	（1） *ltf*	（2） *ltf*
treat×*BR*	0.0717*** （2.10）	0.0619* （1.84）
控制变量	是	是
国家固定效应	是	是
年份固定效应	否	是
N	1170	1170
R^2	0.4014	0.5136

注：（1）括号中为T值，采用的是稳健的标准误；（2）***、**、*分别表示在1%、5%、10%的统计水平上显著；（3）N为样本量，R^2为拟合优度。

二、对外直接投资机制

表8-9第（1）~（2）列以中国OFDI（取对数，*lofdi*）作为被解释变量。同样，第（1）列仅采用国家固定效应，第（2）列则采用双向固定效应。两列双重差分法的交乘项（*treat*×*BR*）系数在至少10%的水平上显著为正。说明“一带一路”倡议显著提高了中国向沿线国家的直接投资，这又与吕越等（2019）的发现是一致的。“一带一路”倡议通过提高中国对外直接投资额来促进中外科技创新合作水平的提升。

表8-9 对外直接投资机制

变量	(1) *lofdi*	(2) *lofdi*
treat×*BR*	0.3690** (2.16)	0.3132* (1.66)
控制变量	是	是
国家固定效应	是	是
年份固定效应	否	是
N	862	862
R^2	0.1716	0.2160

注：（1）括号中为T值，采用的是稳健的标准误；（2）***、**、*分别表示在1%、5%、10%的统计水平上显著；（3）N为样本量，R^2为拟合优度。

第六节 异质性检验

通过前文的稳健性检验和机制分析，我们可以得到以下结论：“一带一路”倡议能够通过影响中国的进出口贸易总额，尤其是出口总额，以及中国对外直接投资，从而提升中外科技合作程度。接下来，本节将进行异质性分析，展现“一带一路”倡议提升中外科技创新合作的效应在不同条件下的差异，从而更加深入地剖析其背后的特征规律，主要展现经济规模、基础设施水平以及对外开放程度的异质性。

一、经济规模异质性

先呈现的是东道国的经济规模异质性，以实际 GDP 来反映一国的经济规模。表 8 – 10 第（1）~（2）列是实际 GDP 大于中位数的样本，即经济规模较大的样本，无论是否添加控制变量，两列的交乘项（*treat* × *BR*）系数均在 1% 的水平上显著为正。第（3）~（4）列是实际 GDP 小于等于中位数的样本，即经济规模较小的样本，无论添加控制变量与否，两列的交乘项（*treat* × *BR*）系数均不显著。也就是，“一带一路”倡议促进中外科技创新合作的效应，主要体现在经济规模较大的东道国样本上。从另外一个角度说，“一带一路”倡议促进中外科技创新合作的效应仍有待提高，不应只停留在经济规模较大的东道国样本上，还应扩大到经济规模较小的东道国样本上。

表 8 – 10　　　　异质性检验 I：经济规模

变量	(1)	(2)	(3)	(4)
	实际 GDP 大于中位数		实际 GDP 小于等于中位数	
treat × *BR*	0.0110 *** (4.31)	0.0134 *** (3.71)	0.0000 (0.12)	0.0000 (0.90)
控制变量	否	是	否	是
国家固定效应	是	是	是	是
年份固定效应	是	是	是	是
N	770	480	750	346
R^2	0.1027	0.1468	0.0972	0.2061

注：（1）括号中为 T 值，采用的是稳健的标准误；（2）***、**、* 分别表示在 1%、5%、10% 的统计水平上显著；（3）N 为样本量，R^2 为拟合优度。

二、基础设施水平异质性

接下来，分析东道国基础设施水平带来的异质性。表 8 – 11 采用每百万人移动蜂窝电话订阅数量来表征基础设施水平。第（1）~（2）列的样本是每百万人移动蜂窝电话订阅量大于中位数，即基础设施较好的样本，交乘项（*treat*×*BR*）系数均在1%的水平上显著为正。第（3）~（4）列的样本是每百万人移动蜂窝电话订阅数量小于等于中位数，即基础设施水平较差的样本，交乘项（*treat*×*BR*）系数均不显著。这表明，“一带一路”倡议促进中外科技创新合作的效应，主要体现在移动蜂窝电话订阅数量较多，即基础设施水平较好的国家样本上。

表8-11　　　　异质性检验Ⅱ：基础设施水平

变量	(1)	(2)	(3)	(4)
	每百万人移动蜂窝电话订阅数量大于中位数		每百万人移动蜂窝电话订阅数量小于等于中位数	
treat×*BR*	0.0044*** (6.69)	0.0045*** (7.89)	0.0029 (0.96)	0.0052 (0.87)
控制变量	否	是	否	是
国家固定效应	是	是	是	是
年份固定效应	是	是	是	是
N	760	487	760	339
R^2	0.2195	0.4494	0.0334	0.0981

注：（1）括号中为T值，采用的是稳健的标准误；（2）***、**、*分别表示在1%、5%、10%的统计水平上显著；（3）N为样本量，R^2为拟合优度。

三、对外开放程度异质性

最后分析对外开放程度的异质性。以对外贸易依存度（进出口总额/GDP）来衡量对外开放程度，表8-12按对外贸易依存度是否大于中位数来区分样本。第（1）~（2）列是对外贸易依存度大于中位数的样本，即对外开放程度较高的样本，两列的交乘项（*treat*×*BR*）系数均在1%的水平上显著为正。第（3）~（4）列是对外贸易依存度小于等于中位数的样本，即对外开放程度较低的样本，两列的交乘项（*treat*×*BR*）系数均不显著。表明，“一带一路”倡议促进中外科技创新合作的效应，主要体现在对外贸易依存度较高，即对外开放程度较高的国家样本上。

表 8-12　　异质性检验Ⅲ：对外开放程度

变量	(1)	(2)	(3)	(4)
	对外贸易依存度大于中位数		对外贸易依存度小于等于中位数	
treat × *BR*	0.0011*** (2.92)	0.0032*** (6.96)	0.0051 (1.58)	0.0083 (1.43)
控制变量	否	是	否	是
国家固定效应	是	是	是	是
年份固定效应	是	是	是	是
N	800	416	720	410
R^2	0.1177	0.4447	0.0625	0.1138

注：(1) 括号中为 T 值，采用的是稳健的标准误；(2) ***、**、* 分别表示在 1%、5%、10% 的统计水平上显著；(3) N 为样本量，R^2 为拟合优度。

第七节　本章小结

“一带一路”倡议是中国与世界深度互动的新型链接范式，是中国积极推动国际合作的重要平台，中外科技创新合作是国际合作的典型内容。本章通过 WIPO 的国际专利数据库，利用加入 PCT 的 152 个国家 2009~2018 年的面板数据，基于拟自然实验框架，运用双重差分法，评价“一带一路”倡议的中外科技创新合作影响效应。研究发现，“一带一路”倡议显著促进了中外科技创新合作程度，相比于非“一带一路”沿线国家，“一带一路”倡议使得中国与沿线国家的科技创新合作程度提升 0.64%。该结果是稳健的，满足平行性趋势检验和安慰剂检验，以及在替换科技创新合作度量变量和考虑样本缺失问题后，结果依然成立。究其机制，“一带一路”倡议能提高中国与外国的进出口贸易量，提高中国的对外直接投资，从而促进中外科技创新合作。研究进一步发现，“一带一路”倡议促进中国科技创新合作的效应，仅在经济规模较大、基础设施水平较高以及对外开放程度较高的东道国样本才成立。

第九章　共建“一带一路”倡议与经济增长

第一节　引　　言

在进入本章的第三部分绩效篇后，第七章和第八章基于拟自然实验框架，以“一带一路”倡议的提出作为政策冲击，构建双重差分法模型，分别检验“一带一路”倡议对基础设施与中外科技创新合作的影响。本章也不例外，继续采用双重差分法探索“一带一路”倡议的绩效。由于经济增长对国家或地区发展的重要性不言而喻；同时，对世界经济的贡献被认为是中国对世界贡献的重要领域（丁一凡，2005；庞中英，2006），本章正式探讨共建“一带一路”倡议对参与国经济增长的影响。

共建“一带一路”倡议是中国在面临世界各种新形势和挑战下更大地全方位对外开放的重要举措，也是中国主动承担大国责任，为世界做贡献，让世界各国分享中国改革发展红利的重要手段。“一带一路”倡议秉持共商、共建、共享的原则，七年来，为世界各国各方的合作不断牵线搭桥、不断明确合作路线图，截至 2021 年 1 月，中国与 171 个国家和国际组织，签署了 205 份共建“一带一路”合作文件。随着“一带一路”倡议的不断推进，分析“一带一路”倡议带来的影响，尤其是其经济绩效，成为社会各界关注的话题。

正如前文所指出的，“一带一路”倡议已提出 7 年多，全面检验其带来的影响是审视“一带一路”倡议的效果，提出政策建议，进一步推进“一带一路”倡议的重要前提。但我们也注意到，逐渐有学者开始采用拟自然实验框架，构建双重差分法模型，检验“一带一路”倡议带来的影响，例如，孙楚仁等（2017）检验了“一带一路”倡议与中国对沿线国家的贸易增长；孙焱林和覃飞（2018）利用 2011 ~ 2016 年 A 股上市公司数据，通过构建 DID-

PSM模型来检验了“一带一路”倡议能显著降低企业对外投资风险；吕越等（2019）指出，“一带一路”倡议的实施显著促进了中国企业对外绿地投资的增长，对沿线国家的投资项目数增长幅度达32%左右；王桂军和卢潇潇（2019a，2019b）考察“一带一路”倡议对中国企业创新、企业升级的影响及作用路径，指出倡议显著提高了企业的创新水平，助推中国以全要素生产率提高为表征的企业升级。但有两点值得注意：一是，这些研究大多站在中国的角度，讨论中国在“一带一路”倡议中的获益。但共建“一带一路”是互惠共赢的，中国在获益的同时，也要让各国受益。更进一步地，中国积极参与全球经济治理，需发挥负责任大国的作用，更好地让中国的发展成果惠及全球，让各国搭乘中国发展的列车，此时，也应强调世界各国从“一带一路”倡议的获益。因此，本书的第七章和第八章强调中国对世界的贡献，分别检验了“一带一路”倡议对参与国的基础设施与中外创新合作的影响。本章也遵循该话题，强调中国对世界的贡献，强调参与国在倡议中的获益。二是，尽管现有分析展现了“一带一路”倡议的各项绩效，又尽管经济增长是一国发展最为关注的问题，但现有的分析仍没有严谨地考察“一带一路”倡议对参与国经济增长的影响。

本章将构建2009～2018年193个国家的面板数据模型，采用双重差分法，检验“一带一路”倡议对沿线国家经济增长的影响效应。与以往的研究相比，本章可能存在的创新点在于：第一，以往“一带一路”倡议的绩效分析，大多以沿线64个国家为处理组（孙楚仁等，2017；孙焱林和覃飞，2018），以2013年或2014年为政策发生年份（吕越等，2019；王桂军和卢潇潇，2019b）。本章则创新划分处理组和对照组的方法，以是否与中国签订“一带一路”合作协议来判定该国或地区是否参与了“一带一路”倡议。从笔者掌握的文献来看，这可能是首篇如此处理“一带一路”倡议中的处理组与对照组。第二，遵循及回应第四章的研究，鉴于有部分国家，尤其是发展中国家的GDP统计不健全、质量较差，本章采用灯光总值来衡量地区的经济增长状况。特别地，目前夜间灯光数据有美国国家海洋和大气局（NOAA）的由美国国防气象卫星搭载的可见光成像线性扫描业务系统（DMSP/OLS）数据和美国国家极轨卫星搭载的可见光近红外成像辐射仪（NPP/VIIRS）数据两大来源，本章把两大来源整合起来，这也是现有研究中较为少见的。第三，本章不但检验了“一带一路”倡议对参与国经济增长的影响，还识别了该影响效应的作用机制，以及分析影响效应的异质性条件。由此，与以往的检验"一带一路"倡议绩效的文献相比，本章无疑更具完备性。

本章余下部分的结构如下：第二节是理论假说；第三节是实证策略与数据说明；第四节是实证分析；第五节是机制探索；第六节是异质性分析；第七节是本章小结。

第二节　理论假说

在国家经贸合作中，吸引外资和贸易出口是一国或地区获得经济增长的两大重要来源。共建"一带一路"倡议开拓了参与国之间的合作空间，增大了中国和参与国的经贸往来。

事实上，"一带一路"倡议强调加强"五通"，即政策沟通、设施联通、贸易畅通、资金融通和民心相通。其中，贸易畅通是"一带一路"合作的核心内容，旨在全方位深化与沿线各国经贸往来、产业投资、能源资源和产能合作，着力推进投资贸易便利化，消除投资和贸易壁垒，构建良好的营商环境，促进区域内经济要素有序自由流动、资源高效配置和市场深度融合，共同打造开放、包容、均衡、普惠的区域经济合作架构，为沿线各国互利共赢、共同发展奠定坚实基础（顾学明，2018）。

就中国的投资而言，共建"一带一路"倡议提出后，"一带一路"沿线国家愈发成为中国对外直接投资的重要目的地。2014～2018 年，中国向沿线国家直接投资流量占总流量的比重均在 10% 以上，并有所上升。2014 年，中国向沿线国家的直接投资流量为 136.6 亿美元，占中国总流量的 11.1%；2018 年，中国向沿线国家的投资流量为 178.9 亿美元，占比 12.5%。截至 2018 年末，中国在沿线国家设立境外企业超过 1 万家，年末存量为 1727.7 亿美元。中国已与 50 多个沿线国家签署双边投资协定，已与 41 个国家签署产能合作协议并建立了双边产能合作机制，中国与"一带一路"沿线国家已建设 80 多个境外经贸合作区，中白工业园、中国－老挝跨境经济合作区、中哈霍尔果斯国际边境合作中心、中阿（联酋）产能合作园区、中埃及苏伊士经贸合作区等建设和发展势头良好，为沿线国家创造了新的税收源和就业渠道，已为当地创造了 24.4 万个就业岗位，上缴东道国税费累计超过 20.1 亿美元。张亚斌（2016）通过主成分分析法测度"一带一路"沿线 50 个亚欧非国家的投资便利化水平，并基于引力模型探究"一带一路"倡议对中国对外直接投资的影响，发现“一带一路”在促进投资便利化的同时也能够显著提升中国对外直接投资水平。孙焱林和覃飞（2018）采用中国上市公司数据，发现“一带一路”倡议能显著降低企业对外投资风险。吕越等（2019）则指出，“一带一路”倡议的实施显著促进了中国企业对外绿地投资的增长，对沿线国家的投资项目数增长幅度达32%左右。

就贸易而言，“一带一路”倡议为中国和参与国企业的出口清除了不少技术性和机制性障碍，降低了很多交易成本以及相关风险，因倡议签订的各种合作协议也为双边企业创造了更多的贸易条件和机会。根据2019年发布的《共建“一带一路”倡议：进展、贡献与展望》报告指出，2013～2018年，中国与沿线国家货物贸易进出口总额超过6万亿美元，年均增长率高于同期中国对外贸易增速，占中国货物贸易总额的比重达到27.4%。孔庆峰和董虹蔚（2015）构建了一套完整的贸易便利化指标体系，测算了“一带一路”主要沿线国家的贸易便利化水平，并通过拓展的引力模型，表明贸易便利化水平提升能扩大沿线国家的贸易潜力。张晓静和李梁（2015）的实证指出，沿线国家的贸易便利化水平和中国出口贸易呈现显著正相关关系。陈虹和杨成玉（2015）通过一般均衡模型，发现“一带一路”倡议通过促进沿线国家和地区自由贸易区的建设，促进中国进出口的增加，改善中国的贸易条件。“一带一路”倡议正是提高了中国与沿线国家的贸易便利度。

综上所述，整理出“一带一路”倡议影响参与国经济增长的作用机制，如图9－1所示。

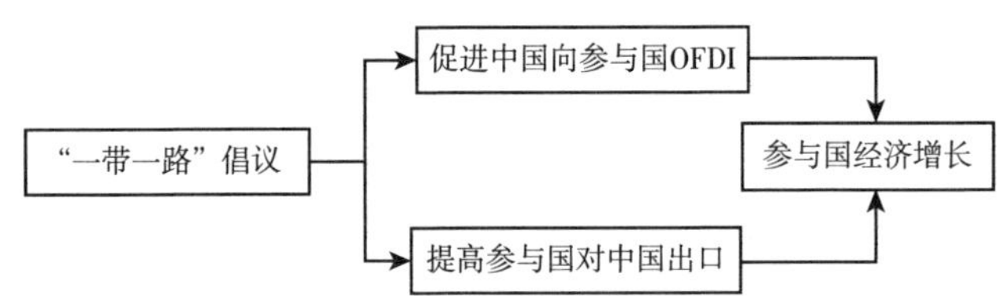

图9－1 “一带一路”倡议对参与国经济增长的作用机制

由此，结合理论以及“一带一路”倡议的实践，我们提出本章有待检验的理论假说。

理论假说：“一带一路”倡议显著促进了参与国的经济增长。

共建“一带一路”是中国深化区域合作、推动全球和平发展的重要举措。接下来，我们首先基于拟自然实验框架，采用双重差分法，站在中国对世界的贡献视角，检验“一带一路”倡议对参与国经济增长的绩效；其次，识别促进中国向参与国 OFDI 以及提高参与国对中国出口两大作用渠道；最后，我们还进行异质性分析，考察“一带一路”倡议对参与国经济增长的影响在不同条件下的差异。

第三节　实证策略与数据说明

一、实证策略

与前两章类似，本章依然基于拟自然实验框架，通过构建双重差分法模型，探究“一带一路”倡议是否能提高倡议参与国的经济增长。具体地，采用 Barro 增长方程，参考孙楚仁等（2017）、孙焱林和覃飞（2018），模型构造如下：

$$gorwth_{it} = \alpha + \beta DBR_{it} + X'\psi + \gamma_i + \upsilon_t + \varepsilon_{it} \tag{9-1}$$

其中，下标 i 代表国家，t 代表年份。*growth* 为经济增长状况变量，鉴于部分国家的 GDP 统计数据不健全，这里采用人均灯光总值增长率。当然，在稳健性检验中，本章也采用了灯光总值增长率和人均实际 GDP 增长率。*DBR* 为是否为共建“一带一路”倡议参与国。如果某国 i 在 t 年是倡议的参与国，就赋值为 1，否则赋值为 0。不同于前两章的设定，本章以是否与中国签订“一带一路”合作协议来判定是否为倡议参与国。也就是，若某国 i 在 t 年与中国签订“一带一路”合作协议，这个国家在 t 年及以后年份的 *DBR* 为 1，否则为 0。例如，A 国在 2015 年跟中国签订“一带一路”合作协议，那么，该国在 2015 年及之后 *DBR* 为 1。要注意的是，7 月份之前签订协议算当年签，7 月份之后签的算第二年，例如，2015 年 6 月签的，算 2015 年签；2016 年 8 月签的，算 2017 年签。类似地，在稳健性检验中，我们也采用第七章的做法，构建交乘项 $treat_i \times BRafter_t$，*treat* 为 64 个沿线国家（刘红铎，2015；孙楚仁等，2017；黄亮雄等，2018a；孙焱林和覃飞，2018），*BRafter* 为“一带一路”倡议实施年份的虚拟变量。这里把 2014 年及以后年份赋值为 1，其他赋值为 0。X 为其他控制变量，γ_i 为国家固定效应，ν_t 为年份固定效应，ε_{it} 为随机误差项。在双向固定效应下，式（9－1）构成经典的双重差分法模型（Beck et al.，2010；黄亮雄等，2020）。

可见，系数β的符号与大小衡量共建“一带一路”倡议对参与国经济增长的影响，若β显著大于0，表明“一带一路”倡议显著提高了参与国的经济增长；如果β显著小于0，表明“一带一路”倡议反而降低了参与国的经济增长；如果β不显著，说明“一带一路”倡议对经济增长没有影响。

二、数据说明

本章采用跨国数据，以世界银行 WDI 数据库的国别或地区为蓝本，样本区间为 2009 ~ 2018 年。对于国别或地区的处理，由于强调中国对世界的贡献，删去中国、中国台湾、中国香港和中国澳门地区数据；然后，剔除没有灯光数据的地区；最后，在剩下的国家（或地区）中，剔除 2009 ~ 2018 年年均人口最少的 5% 范围内的国家（或地区）。由于还是存在部分国家部分变量值是缺失的，本章最终采用的是 193 个国家（或地区）2009 ~ 2018 年的非平衡面板数据。

被解释变量即经济增长状况，以人均灯光总值增长率（*gplight*）表征。夜间灯光数据有两个来源：一是，美国国家海洋和大气局（NOAA）的由美国国防气象卫星搭载的可见光成像线性扫描业务系统（DMSP/OLS）数据，年份为 1992 ~ 2013 年；二是，美国国家极轨卫星搭载的可见光近红外成像辐射仪（NPP/VIIRS）数据，年份为 2012 ~ 2018 年。本章采用的样本区间为 2009 ~ 2018 年，横跨上述两个灯光来源数据。DMSP/OLS 的灯光数据的空间分辨率约为 1 千米，NPP/VIIRS 的灯光数据的空间分辨率约为 500 米。两个数据存在缺乏星上的辐射定标、像元饱和、时间尺度不连续、多源夜间灯光影像辐射不一致等问题（陈颖彪等，2019），一般地，两组数据不能直接比较。

在数据处理上，本章采用全球行政区域边界地图（Global Administrative Areas）提供的世界地图矢量地形图，根据亨德森等（Henderson et al.，2012）的方法，采用 ArcGIS 软件取得 2009 ~ 2018 年 193 个国家（或地区）的夜间灯光数据，然后对区域内各栅格的灯光 DN 值进行加总，作为其灯光总量的度量，部分年份有两颗或以上卫星观察灯光数据，我们仍按亨德森等（Henderson et al.，2012）的方法，计算各卫星的算术平均数，作为该年的灯光数值。此外，这里也采用了曹子阳等（2015）的方法进行灯光数据的修正。

关于两个灯光来源数据的整合，本章参考李等（Li et al.，2017）在叙利亚夜光动态研究中的数据相互校正方法，以 DMSP/OLS 数据为标准，利用 NPP/VIIRS 数据拟合生产对应年份的 DMSP/OLS 数据。该方法也得到了郑等（Zheng et al.，2019）、董鹤松等（2020）的应用。

在获取、校正和整合国别灯光数据之后，用灯光总值数据除以该地区的人口，然后计算年度增长率，即当年的人均灯光总值对数值减去上一年人均灯光总值，从而得到人均灯光总值增长率（*gplight*）。

核心解释变量，即参与“一带一路”倡议虚拟变量（*DBR*），以是否与中国签订“一带一路”合作协议来判定是否为倡议参与国，详见中国一带一路网的《已同中国签订共建“一带一路”合作文件的国家一览》（https://www.yidaiyilu.gov.cn/gbjg/gbgk/77073.htm）。

其他控制变量，以 Barro 方程为基准，包括：上一年的人均灯光总值（取对数，*L. lptlight*）、储蓄率（总国内储蓄/GDP × 100，取对数，*lns*）、人口增长率与折旧率之和（年度人口增长率 + 10，取对数，*lnnd*）。除此之外，本章的回归还添加了城镇人口比例（城镇人口/总人口 × 100，取对数，*lnur*）、对外开放度（贸易总额/GDP × 100，取对数，*lntr*）、产业结构（工业增加值/GDP × 100，取对数，*lnstr*）。

上述数据，除夜间灯光数据外，均来源于世界银行 WDI 数据库。表 9-1 报告了所有主要变量的描述性统计。

表 9-1　　主要变量的描述性统计

符号	变　量	样本量	均值	标准差	最小值	最大值
gplight	人均灯光总值增长率	1730	0.013	0.155	-1.135	1.526
DBR	“一带一路”参与国虚拟变量	1930	0.040	0.196	0.000	1.000
lptlight	人均灯光总值（取对数）	1923	-3.454	1.599	-7.717	-0.072
lns	储蓄率（取对数）	1454	2.941	0.834	-5.843	4.475
lnnd	人口增长率与折旧率之和（取对数）	1923	2.422	0.124	1.698	3.184
lnur	城镇人口比例（取对数）	1923	14.898	2.137	10.041	19.947
lntr	对外开放度（取对数）	1746	4.376	0.546	-1.787	6.516
lnstr	产业结构（取对数）	1767	3.154	0.486	0.266	4.358

第四节 实证分析

一、基准回归

本章重在考察参与“一带一路”倡议能否带来更高的经济增长，同样强调中国对世界的贡献。基于方程（9－1），表9－2呈现了本章基准回归的结果。

表9－2　　基准回归

变量	(1)	(2)	(3)	(4)
	人均灯光总值增长率（*gplight*）			
DBR	0.051*** (0.014)	0.035*** (0.013)	0.037** (0.015)	0.038** (0.016)
L. lptlight		-0.361*** (0.025)	-0.374*** (0.029)	-0.383*** (0.029)
lns			0.014 (0.011)	0.021* (0.012)
lnnd			-0.116** (0.057)	-0.092 (0.059)
lnur				0.231*** (0.071)
lntr				-0.039*** (0.012)
lnstr				0.013 (0.029)
Constant	-0.028*** (0.007)	-1.274*** (0.087)	-1.020*** (0.168)	-4.599*** (1.129)
国家固定效应	有	有	有	有
年份固定效应	有	有	有	有
N	1730	1730	1310	1287
R^2	0.056	0.300	0.333	0.346
CN	193	193	157	155

注：（1）括号中为稳健标准误；（2）***、**、*分别表示在1%、5%、10%的统计水平上显著；（3）N为样本量，R^2为拟合优度，CN为国家数。

表9-2共4列回归，4列的“一带一路”倡议参与国虚拟变量（*DBR*）的系数均至少在5%的统计水平上显著为正，意味着，“一带一路”倡议显著提高了参与国的经济增长，表现为提高了参与国的人均灯光总值增长率。

具体而言，表9-2的第（1）列控制了国家固定效应和年份固定效应，并没有添加控制变量，倡议参与国虚拟变量（*DBR*）的系数为0.051，通过了1%水平的显著性检验。第（2）列同样控制了国家固定效应和年份固定效应，添加了人均灯光总值滞后期作为控制变量，倡议参与国虚拟变量（*DBR*）的系数为0.035，也通过1%水平的显著性检验。第（3）列在第（2）列的基础上，加上了储蓄率（取对数）、人口增长率与折旧率之和（取对数）作为控制变量，也就是经典的Barro增长模型（Mankiw et al.，1992），虚拟变量（*DBR*）的系数为0.037，通过了5%水平的显著性检验。第（4）列继而添加城镇人口比例（取对数）、对外开放度（取对数）和产业结构（取对数）作为控制变量，虚拟变量（*DBR*）的系数为0.038，仍然通过5%水平的显著性检验。从影响效应大小来说，第（4）列指出，“一带一路”倡议显著提高了参与国的人均灯光总值增长率，提高了3.8%。

二、稳健性检验

表9-2采用双重差分法检验出“一带一路”倡议显著提高了参与国的人均灯光总值增长率。这里接着进行稳健性检验，包括四项：平行趋势检验、安慰剂检验、更换被解释变量以及更换解释变量。

1. 平行趋势检验

双重差分法的运用需要样本满足严格的前提假设，如满足平行趋势假设，即在参与“一带一路”倡议前，处理组和对照组的人均灯光总值增长率变化趋势必须保持一致。为此，借鉴伯特兰和穆莱纳森（Bertrand and Mullainathan，2003）的研究方法，对处理组和对照组的变化趋势进行进一步考察。这里把各国参与“一带一路”倡议的时间提前若干年，构造相应的虚拟变量，添加到回归方程当中，结果如表9-3所示。

表 9 - 3　　稳健性检验 I：平行趋势检验

变量	(1)	(2)
	人均灯光总值增长率（*gplight*）	
$Before_2$	0.030 (0.023)	0.012 (0.021)
$Before_1$	-0.016 (0.027)	-0.001 (0.030)
L. lptlight		-0.373 *** (0.032)
lns		0.007 (0.013)
lnnd		-0.192 *** (0.065)
lnur		0.082 (0.095)
lntr		-0.044 *** (0.013)
lnstr		0.036 (0.024)
Constant	0.037 *** (0.006)	-1.959 (1.482)
国家固定效应	有	有
年份固定效应	有	有
N	1346	998
R^2	0.143	0.391
CN	193	152

注：(1) 括号中为稳健标准误；(2) ***、**、* 分别表示在 1%、5%、10% 的统计水平上显著；(3) N 为样本量，R^2 为拟合优度，CN 为国家数。

表 9 - 3 中变量 $Before_1$ 是把各国参与“一带一路”倡议的时间提早一年，$Before_2$ 是把各国参与“一带一路”倡议的时间提早两年，例如，某国在 2016 年上半年与中国签订“一带一路”合作协议，在基准回归核心解释变量 *DBR* 的设定中，该国 2016 年及以后年份赋值为 1，2016 年之前赋值为 0。这里 $Before_1$ 的设定为，该国 2015 年及以后年份赋值为 1，2015 年之前赋值为 0。

$Before_2$ 的设定为，该国2014年及以后年份赋值为1，2014年之前赋值为0。观察虚拟变量 $Before_1$ 和 $Before_2$ 的系数，若二者系数不显著，则满足平行趋势。

表9-3的两列，无论添加控制变量与否，虚拟变量 $Before_1$ 和 $Before_2$ 的系数均不显著，表明，基准回归的双重差分法满足平行趋势检验，“一带一路”倡议显著提高了参与国的人均灯光总值增长率的结论成立。

2. 安慰剂检验

为了进一步验证前文结论的稳健性，这里构造反事实的安慰剂检验。具体为，在现有数据的基础上，随机给国家（或地区）分配虚拟变量 *DBR* 的值，再进行方程（9-1）的回归，观察 *DBR* 的系数。由于伪处理组是随机生成的，因此，若前文结论成立，则 *DBR* 将不会对模型的因变量产生显著的影响，即 *DBR* 的系数不显著，安慰剂处理变量的回归系数不会显著偏离零点；反之，若 *DBR* 的系数显著偏离零，则说明模型设定存在识别偏误。

表9-4展现了Bootstrap随机抽取了500次、1000次以及2000次后，虚拟变量（*DBR*）的系数均值及相应标准误的均值。三列虚拟变量（*DBR*）的系数不显著，说明估计结果并没有产生严重偏误。“一带一路”倡议提高参与国经济增长的结论是稳健的。

表9-4　　稳健性检验Ⅱ：安慰剂检验

变量	(1)	(2)	(3)
	500次	1000次	2000次
DBR	-0.001 (0.018)	-0.001 (0.018)	0.000 (0.019)
控制变量	是	是	是
国家固定效应	是	是	是
年份固定效应	是	是	是

注：括号中为稳健标准误。

3. 更换被解释变量

表9-2至表9-4中，被解释变量均采用人均灯光总值增长率，表9-5更换被解释变量。第（1）、（2）列的被解释变量为灯光总值增长率（*gtlight*），无论添加控制变量与否，参与“一带一路”倡议虚拟变量（*DBR*）的系数均为正，至少通过5%统计水平的显著性检验。第（3）、（4）列以人均实际GDP增

长率（*gpGDP*）为被解释变量，同样地，无论添加控制变量与否，参与“一带一路”倡议虚拟变量（*DBR*）的系数至少在10%的统计水平上显著为正。因此，更换度量经济增长的变量后，“一带一路”倡议提高参与国的经济增长的结论依然成立。

表9-5　　　　稳健性检验Ⅲ：更换被解释变量

变量	(1)	(2)	(3)	(4)
	灯光总值增长率（*gtlight*）		人均实际GDP增长率（*gpGDP*）	
DBR	0.047*** (0.014)	0.038** (0.016)	0.002* (0.001)	0.003** (0.001)
L. lptlight		-0.389*** (0.029)		-0.001 (0.002)
lns		0.021* (0.012)		0.003*** (0.001)
lnnd		0.010 (0.060)		-0.027*** (0.007)
lnur		0.251*** (0.071)		-0.024*** (0.006)
lntr		-0.040*** (0.012)		0.003** (0.001)
lnstr		0.011 (0.030)		0.003 (0.002)
Constant	-0.013* (0.007)	-5.160*** (1.116)	0.024*** (0.000)	0.436*** (0.092)
国家固定效应	有	有	有	有
年份固定效应	有	有	有	有
N	1737	1287	1670	1281
R^2	0.055	0.349	0.027	0.081
CN	193	155	187	154

注：（1）括号中为稳健标准误；（2）***、**、*分别表示在1%、5%、10%的统计水平上显著；（3）N为样本量，R^2为拟合优度，CN为国家数。

4. 更换解释变量

表9-2至表9-5中，以是否与中国签订“一带一路”合作协议来判定

是否参与“一带一路”倡议。表 9-6 则采用第七章的做法，构建交乘项 $treat_i \times BRafter_t$，*treat* 为 64 个沿线国家（刘红铎，2015；孙楚仁等，2017；黄亮雄等，2018a；孙焱林和覃飞，2018）；*BRafter* 为“一带一路”倡议实施年份的虚拟变量。这里把 2014 年及以后年份赋值为 1，其他赋值为 0。无论添加控制变量与否，两列的交乘项（$treat_i \times BRafter_t$）系数均为正，在第（2）列通过了 10% 统计水平的显著性检验。由此可见，更换核心解释变量后，更换处理组和对照组的划分方法，“一带一路”倡议提高参与国的经济增长的结论依然成立。

表 9-6　　稳健性检验Ⅳ：更换解释变量

变量	(1)	(2)
	人均灯光总值增长率（*gplight*）	
$treat_i \times BRafter_t$	0.004 (0.012)	0.021* (0.012)
L. lptlight		-0.386*** (0.018)
lns		0.022** (0.009)
lnnd		-0.096 (0.075)
lnur		0.245*** (0.062)
lntr		-0.039** (0.016)
lnstr		0.012 (0.023)
Constant	-0.020*** (0.006)	-4.823*** (1.025)
国家固定效应	有	有
年份固定效应	有	有
N	1730	1287
R^2	0.049	0.343
CN	193	155

注：（1）括号中为稳健标准误；（2）***、**、*分别表示在 1%、5%、10% 的统计水平上显著；（3）N 为样本量，R^2 为拟合优度，CN 为国家数。

第五节 机制探索

前文检验已经证明了“一带一路”倡议能够显著促进参与国的经济增长，为了进一步探究为何“一带一路”倡议可以带来参与国的经济增长效应，我们将分析“一带一路”倡议影响参与国经济增长的具体过程和内部作用机制。在国际经济合作中，吸引外资和提高出口，是促进东道国经济增长的两大重要渠道。由于本章依然强调中国的贡献，本节将检验“一带一路”倡议能否促进中国对参与国的对外直接投资，以及能否促进参与国对中国的出口。

一、中国对外直接投资机制

先检验“一带一路”倡议对中国向参与国直接投资的影响，结果由表9-7呈现。中国的对外直接投资数据来源于历年的《中国对外直接投资统计公报》。第（1）~（2）列的被解释变量为中国OFDI流量（*lofdif*），由于可能存在流量为0的情况，*lofdif* = ln（1 + OFDI流量）。无论添加控制变量与否，这两列的参与“一带一路”倡议虚拟变量（*DBR*）的系数均在10%的水平上显著为正，意味着，参与“一带一路”倡议，显著提高了中国向参与国OFDI流量。其中，第（2）列显示，和没有参与“一带一路”倡议的国家相比，中国向参与国的OFDI流量提高23.8%。第（3）~（4）列的被解释变量为中国OFDI存量（*lofdis*），同样地，作对数处理，即*lofdis* = ln（1 + OFDI存量）。无论添加控制变量与否，这两列的参与“一带一路”倡议虚拟变量（*DBR*）的系数均为正，并在第（3）列通过1%统计水平的显著性检验。意味着，参与“一带一路”倡议，提高了中国向参与国OFDI存量。

表9-7　　机制检验Ⅰ：中国对外直接投资

变量	(1)	(2)	(3)	(4)
	中国OFDI流量（*lofdif*）		中国OFDI存量（*lofdis*）	
DBR	0.342* (0.175)	0.238* (0.142)	0.925*** (0.180)	0.011 (0.181)
L. lptlight		-0.046 (0.029)		-0.118 (0.224)

续表

变量	(1)	(2)	(3)	(4)
	中国 OFDI 流量（*lofdif*）		中国 OFDI 存量（*lofdis*）	
lns		0.320 *** (0.055)		0.162 *** (0.054)
lnnd		1.079 *** (0.361)		0.575 (0.818)
lnur		0.533 *** (0.029)		0.946 * (0.543)
lntr		0.423 *** (0.125)		-0.134 (0.113)
lnstr		-0.199 ** (0.095)		0.543 *** (0.177)
Constant	16.509 *** (0.101)	4.363 *** (1.301)	16.669 *** (0.024)	-0.574 (8.741)
国家固定效应	有	有	有	有
年份固定效应	有	有	有	有
N	1830	1251	1830	1251
R^2	0.081	0.349	0.131	0.054
CN	183	151	183	151

注：（1）括号中为稳健标准误；（2）***、**、*分别表示在1%、5%、10%的统计水平上显著；（3）N 为样本量，R^2 为拟合优度，CN 为国家数。

综上所述，“一带一路”倡议能显著提高中国向参与国的 OFDI，从而促进参与国的经济增长。

二、对中国出口机制

接下来，检验“一带一路”倡议对参与国向中国出口的影响，结果由表 9-8 呈现。这里的出口数据来源于 CEPII BACI 国际贸易数据库。第（1）~（2）列的被解释变量为对中国出口额（*leximc_mo*），作对数处理，*leximc_mo* = ln（1 + 出口额）。无论添加控制变量与否，这两列的参与“一带一路”倡议虚拟变量（*DBR*）的系数均至少在 5% 的水平上显著为正，意味着，参与“一带一路”倡议，显著提高了参与国向中国的出口额。其中，第（2）列显示，和没有参与“一带一路”倡议的国家相比，参与国对中国的出口额提高19.7%。第（3）~（4）列的被解释变量为对中国出口的重量（*leximc_we*），作对数处理，*leximc_we* = ln（1 + 出口重量）。同样地，无论添加控制变量与否，这两列的参与“一带一路”倡议虚拟变量（*DBR*）的系数均至少在10%的统计水平上显著为正，意味着，参与“一带一路”倡议，提高了参与国对中国的出口重量。其中，第（4）列显示，和没有参与“一带一路”倡议的国家相比，参与国对中国的出口重量提高22.3%。

表9-8　　机制检验Ⅱ：对中国出口

变量	(1)	(2)	(3)	(4)
	对中国出口额（*leximc_mo*）		对中国出口的重量（*leximc_we*）	
DBR	0.431*** (0.104)	0.197** (0.098)	0.444*** (0.147)	0.223* (0.131)
L. lptlight		-0.007 (0.111)		-0.302* (0.166)
lns		-0.012 (0.119)		0.045 (0.082)
lnnd		0.039 (0.504)		1.059 (0.796)
lnur		-0.854 (0.661)		1.354*** (0.506)
lntr		0.174** (0.071)		-0.001 (0.144)
lnstr		0.872*** (0.275)		0.245 (0.292)
Constant	12.480*** (0.023)	23.434** (11.052)	12.362*** (0.037)	-12.377 (8.738)
国家固定效应	有	有	有	有
年份固定效应	有	有	有	有
N	1725	1182	1723	1182
R^2	0.040	0.116	0.025	0.053
CN	174	144	174	144

注：（1）括号中为稳健标准误；（2）***、**、*分别表示在1%、5%、10%的统计水平上显著；（3）N为样本量，R^2为拟合优度，CN为国家数。

综上所述，“一带一路”倡议能显著提高参与国对中国的出口，从而促进参与国的经济增长。

第六节 异质性分析

通过前文的检验，可以得到以下结论：“一带一路”倡议显著提高中国向参与国的直接投资，以及提高参与国对中国的出口，从而促进参与国的经济增长。接下来，本节将进行异质性分析，展现“一带一路”倡议促进参与国经济增长效应在不同条件下的差异，从而更加深入地剖析其背后的特征规律。

重点关注经济发展水平和基础设施水平产生的异质性，这里的异质性检验将采用分样本方式，根据样本的经济发展水平是否大于中位数，划分为经济发展水平较低的样本，即经济发展水平小于等于中位数样本，以及经济发展水平较高的样本，即经济发展水平大于中位数样本。同样地，把样本的基础设施水平是否大于中位数，划分为基础设施水平较低的样本，即基础设施水平小于等于中位数样本，以及基础设施水平较高的样本，即基础设施水平大于中位数样本。

一、经济发展水平异质性

表9－9以人均灯光值与人均实际GDP衡量地区经济发展水平。第（1）~（2）列的划分标准是人均灯光值。第（1）列为小于等于中位数，即经济发展水平较低的样本，此时，“一带一路”倡议参与虚拟变量（*DBR*）系数在1%的统计水平上显著为正。第（2）列是大于中位数，即经济发展水平较高的样本，*DBR*系数并不显著。第（3）~（4）列的衡量标准是人均实际GDP。在第（3）列经济发展水平较低的样本（人均实际GDP小于等于中位数），*DBR*系数在1%的统计水平上显著为正；在第（4）列经济发展较高的样本（大于中位数），*DBR*系数并不显著。

表 9－9　　　　　　　　　　异质性检验 I：经济发展水平

变量	(1)	(2)	(3)	(4)
	人均灯光总值增长率（*gplight*）			
	人均灯光值≤中位数	人均灯光值>中位数	人均实际 GDP≤中位数	人均实际 GDP>中位数
DBR	0.077*** (0.021)	0.013 (0.020)	0.070*** (0.019)	0.005 (0.021)
L. lptlight	-0.456*** (0.045)	-0.350*** (0.030)	-0.419*** (0.045)	-0.363*** (0.033)
lns	0.028 (0.018)	0.012 (0.012)	0.020 (0.014)	0.019 (0.018)
lnnd	0.296 (0.253)	-0.075 (0.064)	0.413 (0.314)	-0.147** (0.062)
lnur	0.078 (0.111)	0.368** (0.160)	0.176 (0.133)	0.237* (0.129)
lntr	-0.052*** (0.012)	0.054 (0.067)	-0.049*** (0.012)	-0.018 (0.064)
lnstr	0.038 (0.025)	-0.046 (0.051)	0.032 (0.027)	-0.061 (0.049)
Constant	-4.116** (1.768)	-6.529** (2.665)	-5.651** (2.158)	-4.046* (2.155)
国家固定效应	有	有	有	有
年份固定效应	有	有	有	有
N	560	691	559	692
R^2	0.393	0.391	0.359	0.379
CN	76	89	74	85

注：（1）括号中为稳健标准误；（2）***、**、*分别表示在1%、5%、10%的统计水平上显著；（3）N 为样本量，R^2 为拟合优度，CN 为国家数。

综上所述，“一带一路”倡议促进参与国经济增长的效应，更多地体现在经济发展水平较低的样本，即欠发达国家中。也就是说，发展中国家参与“一带一路”倡议将带来更高的经济增长效应，中国对发展中国家的贡献作用更大。

二、基础设施水平异质性

表 9－10 采用人均铁路里程与每百人固定宽带互联网用户数衡量地区经济发展水平。第（1）~（2）列的划分标准是人均铁路里程。在第（1）列人均铁

路里程小于等于中位数，即基础设施水平较低的样本中，“一带一路”倡议参与虚拟变量（*DBR*）系数在5%的统计水平上显著为正。第（2）列是人均铁路里程大于中位数，即基础设施水平较低的样本，*DBR* 系数并不显著。第（3）~（4）列的衡量标准是每百人固定宽带互联网用户数。在第（3）列基础设施水平较低的样本（每百人固定宽带互联网用户数小于等于中位数）中，*DBR* 系数在1%的统计水平上显著为正；在第（4）列基础设施水平较高的样本（每百人固定宽带互联网用户数大于中位数）中，*DBR* 系数并不显著。

表 9-10　　　　异质性检验Ⅱ：基础设施水平

变量	(1)	(2)	(3)	(4)
	人均灯光总值增长率（*gplight*）			
	人均铁路里程≤中位数	人均铁路里程>中位数	每百人固定宽带互联网用户数≤中位数	每百人固定宽带互联网用户数>中位数
DBR	0.040** (0.019)	0.017 (0.019)	0.079*** (0.025)	0.022 (0.018)
L. lptlight	-0.334*** (0.053)	-0.382*** (0.032)	-0.448*** (0.046)	-0.381*** (0.024)
lns	0.037 (0.026)	0.016 (0.016)	0.038** (0.018)	0.002 (0.012)
lnnd	-0.151 (0.226)	-0.101 (0.082)	0.127 (0.236)	-0.147* (0.087)
lnur	0.344*** (0.114)	-0.038 (0.064)	0.016 (0.125)	0.507*** (0.135)
lntr	0.016 (0.041)	-0.040*** (0.013)	-0.058*** (0.013)	0.040 (0.045)
lnstr	0.004 (0.018)	0.008 (0.048)	0.028 (0.030)	-0.022 (0.056)
Constant	-6.765*** (2.239)	-0.330 (1.073)	-2.567 (1.950)	-8.705*** (2.228)
国家固定效应	有	有	有	有
年份固定效应	有	有	有	有
N	280	971	555	696
R^2	0.338	0.305	0.373	0.406
CN	49	132	81	92

注：（1）括号中为稳健标准误；（2）***、**、*分别表示在1%、5%、10%的统计水平上显著；（3）N为样本量，R^2为拟合优度，CN为国家数。

综上所述，“一带一路”倡议促进参与国经济增长的效应，更多地体现在基础设施水平较低的样本中，这与表9－9的结果是一致的。基础设施水平较低的国家，往往也是经济发展水平较低的国家。那么，基础设施水平较差的发展中国家参与“一带一路”倡议将带来更高的经济增长效应，中国对发展中国家的贡献作用更大。

第七节　本章小结

获得经济增长是国家（或地区）发展、人民过上美好生活的基础。本章整合DMSP/OLS和NPP/VIIRS夜间灯光数据，匹配世界银行数据库，形成2009～2018年的193个国家（或地区）面板数据，继而，以是否与中国签订“一带一路”合作协议来判定某国是否参与“一带一路”倡议，构建双重差分模型检验共建“一带一路”倡议对参与国经济增长的影响。研究结果表明：“一带一路”倡议的实施显著提高了参与国的经济增长，具体来说，参与“一带一路”倡议，显著提高其人均灯光总值，增长率为3.8%。该发现是稳健的，满足了平行趋势检验和安慰剂检验，并在更换了被解释变量和解释变量后，结果依然成立。探索该结果的形成机制，发现“一带一路”倡议显著提高了中国向参与国的直接投资，提高了参与国对中国的出口，从而促进了倡议参与国的经济增长。更进一步地，本章还发现，“一带一路”倡议促进经济增长的效应，更多地体现在经济发展水平较低、基础设施水平较差的国家中，从而显示出，通过共建“一带一路”倡议，中国对世界的贡献更多地有益于发展中国家的发展。

第十章　结论、政策建议及研究展望

第一节　结　　论

共建“一带一路”倡议是在百年未有之大变局中，中国建设社会主义现代化国家、承担大国责任、增强国际影响力、深化区域合作、推动全球经济治理体系边际改革的重要外交部署。共建“一带一路”秉持着共商、共建、共享的理念，是中国与参与方互惠共赢，共同构建人类命运共同体的重要国际平台。有别于以往强调中国获益的“一带一路”研究，本书站在中国对世界做出贡献的视角，展开针对“一带一路”倡议的实证研究。在介绍了本书的研究脉络，进行了相关文献综述，总结了七年多来“一带一路”倡议的建设成效和问题后，本书余下部分分为区域篇和绩效篇进行论述。区域篇只是把“一带一路”看成区域概念，以沿线 64 个国家为样本进行研究；绩效篇转而构建拟自然实验框架，采用全球数据，探讨倡议带来的绩效。区域篇进行了三个方面的研究：一是，中国的经济发展对沿线国家经济发展的影响；二是，中国直接投资对沿线国家基础设施的影响；三是，中国直接投资对沿线国家经济增长的影响。绩效篇也进行了三个话题的研究：一是，“一带一路”倡议对参与国基础设施水平的影响；二是，倡议对中外科技合作的影响；三是，倡议对参与国经济发展的影响。

在第四章，结合中国对世界的贡献视角和区域篇分析的特点，本章采用 2002 ~ 2013 年 64 个沿线国家的非平衡面板数据，检验中国的经济发展对沿线国家经济发展的影响，剖析其理论机制。实证表明，中国经济发展能显著促进沿线国家的经济发展。具体表现为，在控制其他条件不变的情况下，2002 ~ 2013 年，中国的人均实际 GDP 增长 1%，使得沿线国家的人均实际 GDP 提高 0.38%，累计提高 67.21%。中国经济发展对沿线国家经济发展的推动作用，是通过提高沿线国家对中国的出口，以及促进中国对沿线国家的直接投资实现的。从数量上说，中国人均实际 GDP 提高 1%，沿线国家对中国出口额约增长 2.47%，总出口额增长 0.75%，中国对沿线国家直接投资额约提高 4.03%，沿线国家的资本净流入约提高 1.34%。进一步分析发现，无论是中国领导人访问沿线国家还是沿线国家领导人访问中国，均能显著强化中国经济发展推动沿线国家经济发展的效应。同时，与中国建有良好的经贸关系，也能强化中国经济发展推动沿线国家经济发展的作用。由此可见，通过综合国力不断壮大，中国将夯实“一带一路”建设；中国与世界的深入互动，与沿线国家的深度合作，也将强化中国发展推动“一带一路”建设的效应。

在第五章，本书首先采用多指标评价方法，构建了五维度（交通、能源、通信、城市以及农村）基础设施水平指数，衡量沿线国家的基础设施水平。继而建立面板数据模型，发现中国向沿线国家的直接投资显著改善了沿线国家的基础设施水平，具体为中国向沿线国家直接投资增长 1%，能显著促进沿线国家基础设施水平提高约 0.006%。在控制其他因素不变的情况下，在样本期的 2003～2013 年，中国投资对沿线国家基础设施水平改善的贡献率约为 12%。进一步地，相比于经济发展“逆梯度”的投资，中国对外直接投资于人均实际 GDP 低于中国的“一带一路”沿线国家时，中国对外直接投资改善基础设施水平的效应将减弱 79.78%。同时，政府治理因素没有显著的调节作用，是否政府治理“顺梯度”并不影响该促进效应。

在第六章，本书构建 PVAR 模型，重点分析中国向沿线国家对外直接投资与沿线国家人均实际 GDP 的互动关系。结果表明，中国向沿线国家的直接投资在统计上显著促进了沿线国家的经济增长，具体为中国向沿线国家直接投资增长 1%，平均能促进沿线国家人均实际 GDP 增长 0.002%～0.005%。自 2003 年以来，在控制其他因素不变的情况下，中国向沿线国家的直接投资总共促进沿线国家人均实际 GDP 增长约 2%，对沿线国家的经济增长贡献率不足 8%。沿线国家自身的经济状况是其经济增长的重要因素，中国对外直接投资推动沿线国家经济发展的效应有待加强。中国向沿线国家的直接投资对沿线国家经济增长的推动作用具有一定的持续效应，一旦中国向沿线国家进行直接投资，能影响到该国未来 7 年左右的经济增长，该影响在 2～3 年后达到峰值。沿线国家的经济发展情况是中国向沿线国家进行直接投资的重要考虑因素，沿线国家经济运行情况越好，越吸引中国的投资，具体表现为，沿线国家的人均实际 GDP 增长 1%，中国向沿线国家的直接投资将提高

3.65%。这种影响效应同样具有持续性，能存在10年左右，即中国企业决定是否向沿线国家投资及投资额的大小，一般会考虑沿线国家最近10年左右的经济发展情况。

第七章检验共建“一带一路”倡议对参与国基础设施水平的影响。该章基于拟自然实验的框架，采用双重差分法，利用全球90个国家2009～2018年的面板数据，进行实证检验。该章以沿线64个国家为实验组，其他国家为对照组，以2014年为政策发生年份。本章的研究发现：共建“一带一路”倡议显著提高了参与国的基础设施水平，具体为，相比于非“一带一路”沿线国家，倡议使得沿线国家的人均铁路里程提高4.6%，基础设施水平显著提高。该发现是稳健的，通过了平行趋势检验，在改变基础设施水平的度量变量以及考虑内生性问题后，该效应依然存在。该效应是由于共建“一带一路”倡议显著提高了中国向参与国的直接投资，以及参与国对中国的出口，从而提高参与国基础设施水平。进一步还发现，共建“一带一路”倡议显著提高了参与国的基础设施水平，该效应不但存在于经济发展水平较低的国家，还存在于经济发展水平较高的国家，且同时存在于对外开放度较高和较低的国家。

第八章通过WIPO的国际专利数据库，利用加入PCT的152个国家2009～2018年的面板数据，基于拟自然实验框架，运用双重差分法，评价“一带一路”倡议的中外科技创新合作影响效应。研究发现，“一带一路”倡议显著促进了中外科技创新合作程度，相比于非“一带一路”沿线国家，“一带一路”倡议使得中国与沿线国家的科技创新合作程度提升0.64%。该结果是稳健的，满足平行性趋势检验和安慰剂检验，以及在更换科技创新合作度量变量和考虑样本缺失问题后，结果依然成立。究其机制，“一带一路”倡议能提高中国与外国的进出口贸易量，提高中国的对外直接投资，从而促进中外科技创新合作。研究进一步发现，“一带一路”倡议促进中国科技创新合作的效应，仅在经济规模较大、基础设施水平较高以及对外开放程度较高的东道国样本中才成立。

第九章整合DMSP/OLS和NPP/VIIRS夜间灯光数据，匹配世界银行WDI数据库，形成2009～2018年的193个国家（或地区）面板数据，继而，以是否与中国签订“一带一路”合作协议来判定某国是否参与“一带一路”倡议，构建双重差分模型检验共建“一带一路”倡议对参与国经济增长的影响。研究结果表明：“一带一路”倡议的实施显著提高了参与国的经济增长，具体来说，参与“一带一路”倡议，显著提高其人均灯光总值，增长率为3.8%。该发现是稳健的，满足了平行趋势检验和安慰剂检验，并在更换了被解释变量和解释变量后，结果依然成立。探索该结果的形成机制，发现“一带一路”倡议显著提高了中国向参与国的直接投资，提高了参与国对中国的出口，从而促进了倡议参与国的经济增长。更进一步地还发现，“一带一路”倡议促进经济增长的效应，更多地体现在经济发展水平较低、基础设施水平较差的国家上，从而显示出，通过“一带一路”倡议，中国对世界的贡献更多地有益于发展中国家的发展。

第二节 政策建议

根据前述发现，本书产生以下政策启示。

第一，阐释人类命运共同体理念，继续推动共建“一带一路”高质量建设。中国积极参与全球经济治理，需有大国担当，更要强调中国对世界的影响与贡献。本书的实证指出，中国向沿线国家的直接投资能在统计上显著拉动沿线国家的经济增长，促进东道国的基础设施水平。本书也发现，共建“一带一路”倡议是中国对世界做出贡献的重要平台，倡议提高了参与国的基础设施水平、中外科技合作程度以及经济发展。这是中国对世界的影响与贡献的验证。中国未来积极影响、引领与推动建立更加公正合理的国际新秩序，首先要树立负责任发展中大国形象，更多地提供全球公共品。共建“一带一路”是中国与世界深度互动的新型链接范式，是中国展现良好国际形象的重要平台。在积极推动“一带一路”建设过程中，通过外交、经济建设等途径，阐释中国式“共生、共济、共荣”的治理理念，强调共建“一带一路”是平等互利、合作共赢的“利益共同体型”新型经济关系，充分体现经济合作的包容性和开放性，从而避免大国对抗和零和博弈的历史覆辙。

第二，制定“走出去”规划，积极推动企业“走出去”。对外直接投资是中国让世界各国搭乘中国发展的列车，积极推动和谐世界建设的重要手段。本书发现，中国对外直接投资是“一带一路”倡议带来绩效的重要渠道。然而，本书的实证同时指出，中国的直接投资虽然能推动沿线国家的经济增长，但贡献率不足8%，中国的直接投资改善沿线国家基础设施水平的贡献率仅约12%，总体贡献仍有待提高。在未来的发展中，中国需借助于共建“一带一路”平台，鼓励企业到沿线国家投资。虽然中国对外直接投资正进入快速增长阶段，但中国仍需进一步完善海外投资法律、改进政策支持措施、改善金融支持环境、简化审批手续等。企业应紧跟政策导向，积极开拓海外市场。要把握各国大力发展基础设施建设急需资金和技术支持的时机，充分发挥经验技术优势，以“一带一路”建设为先导，以亚洲基础设施投资银行、丝路基金为后盾，大力推进区域互联互通等战略项目。

第三，政府与企业共建风险评估体系与风险防控机制。虽然本书的实证指出，企业在考虑是否进行对外投资时，会综合考虑东道国最近十多年的经济发展情况，但伴随着中国企业“走出去”的热潮，境外投资面临的风险也在累积，企业“走出去”正步入风险高发期。在政府层面，要按照市场导向和自主决策原则，切实加强对境外投资的宏观指导，加强基础工作，建立预警制度，强化监管措施，引导企业有序到境外开展投资合作；在社会层面，要努力培育中国本土的风险评估机构，为企业“走出去”提供风险评估服务；在企业层面，中国企业应总结经验教训，加大吸引海外高端人才的力度，切实遵守所在国的法律法规，尊重当地的文化、宗教和习俗，保护生态环境，积极履行社会责任。同时，共建“一带一路”也并不是对外援助，除利益共享外，还要风险共担。加强对潜在风险和防范风险措施的研究，将是共建“一带一路”亟待解决与探究的话题。

第四，借助“一带一路”倡议的契机，推动贸易便利化。对外贸易也是引起“一带一路”倡议绩效的重要中介变量，可以通过签订政府间合作协议、降低关税和非关税壁垒、简化通关程序等措施，提升贸易便利化程度，进而扩大中国与沿线国家的出口贸易规模。推进贸易便利化，政府部门充当着重要角色，但同时，进出口货物涉及进出口商以及货物从启运国到目的国所在地所需的银行保险、海陆空国际与国内运输、港口、码头、仓储、堆场、报关、检验检疫、商品质量检测等十多个不同类型的机构及企业，是贸易便利化的实际参与方。政府部门应设法充分调动、发挥这些社会服务型机构和企业在推进贸易便利化方面的积极作用。

第五，积极参与国际区域间合作组织，扩大对外开放程度。基于“一带一路”合作倡议，中国应该以更加开放、包容、友好的态度展示大国风范与合作诚意，积极通过 WTO、上海合作组织、欧盟等一系列国际组织与“一带一路”国家展开交流对话，在深度的交流互动中实现知识流动与合作，促进沿线国家对外开放水平的提升，以点带面，构建多层次对外开放平台。

第三节　研究展望

本书站在中国向世界做贡献的视角，以区域篇和绩效篇部分，系统地对“一带一路”倡议进行实证检验。本书虽然涉及经济发展、基础设施、科技合作、对外直接投资、进出口贸易等领域，但“一带一路”倡议是复杂的系统工程，本书的研究只是冰山一角，仅仅起到抛砖引玉的作用。正因如此，本书忽略了一些重要且有待研究的话题，至少有以下三个方面。

第一，有关“一带一路”倡议对全球价值链影响的研究。越来越多的学者讨论共建“一带一路”对全球价值链分工体系的冲击，虽有零星的实证检验，但仍以概念阐述为主。张辉（2015）、张辉等（2017）提出，全球金融危机之后，世界经济的循环愈发从传统的“中心—外围”式的单一循环，演变为以中国为枢纽点的“双环流”体系，其中一个环流位于中国与发达国家或地区之间（北美经济体和西欧经济体），另一个环流存在于中国与亚非拉等发展中国家或地区之间。他们认为，“一带一路”正是在以中国为枢纽点的全球价值双环流体系出现端倪的背景下，中国从区域大国向世界大国转型过程中，第一次主动尝试构建适宜自身发展的全球治理机制。蓝庆新和姜峰（2016）更是认为，共建“一带一路”有助于推动以中国为枢纽的双环流价值链体系的形成。魏龙和王磊（2016）从贸易增加值的角度，验证了共建“一带一路”有利于中国由嵌入全球价值链转为主导“一带一路”区域价值链。刘志彪和吴福象（2018）指出，“一带一路”倡议下企业嵌入全球价值链的方式发生了新变化，形成“二重嵌入”模式，即既要融入发达国家主导的全球创新链，又要在“一带一路”沿线重构全球价值链。戴翔和宋婕（2020）开始从全球价值链的上游依赖度和下游影响度来捕捉全球价值链重构，并比较了“一带一路”倡议提出前后的指数差异，指出“一带一路”建设推动全球价值链重构已初见成效，但全球价值链体系并没有根本性改变。他们的分析更多的只是指标测算与对比，既没有理论机制和渠道分析，又没有展现中国的角色。检验“一带一路”倡议对全球价值链的影响，将是未来分析的重要领域。

第二，“一带一路”倡议在金融领域的分析。本书的研究更多地集中于实体经济上的宏观分析。在金融领域的分析同样重要，毕竟无论是人民币国际化，还是中国在金融领域的高质量开放，还是丝路基金、亚投行的发展，无不需要金融上的支持。当前在这方面上的研究是有所欠缺的。这种分析也至少包括两个方面：一是，“一带一路”倡议在金融领域带来怎样的绩效，如人民币国际化、中国的金融开放等；二是，怎样在金融领域支撑“一带一路”倡议的高质量发展。

第三，“一带一路”倡议对全球经济治理的影响。本书虽然强调“一带一路”倡议是中国参与全球经济治理的重要平台，也是边际改革国际政治经济秩序的重要平台，但是，本书并没有深入分析，倡议能否影响全球经济治理，如何影响，影响的效应有多大，未来应该怎么做。全球经济治理是新兴的重要科学，同样需要高度关注。而事实上，在未来的分析中，也至少可以在两个方面进行探索：一是，构建合理的全球经济治理指标，同样采用拟自然实验框架，透视“一带一路”倡议的绩效；二是，采用数值模拟的方法，分析“一带一路”倡议对当前全球经济治理格局的影响路径。在此基础上，得到可行的政策建议。

参考文献

[1]“中国2020”课题组.2020：中国在世界的定位［J］. 国际经济评论，2013（3）：9－43.

[2]《中国发展对世界经济的影响》课题组，赵晋平，胡江云，赵福军. 中国发展对世界经济的影响［J］. 管理世界，2014（10）：1－16.

[3] 安树伟.“一带一路”对我国区域经济发展的影响及格局重塑［J］. 经济问题，2015（4）：1－4.

[4] 蔡昉. 中国经济发展的世界意义［J］. 今日中国，2019，68（10）：36－39.

[5] 曾赛星，林翰.“一带一路”基础设施建设的中国担当［N］. 光明日报，2017－04－25（T14B）.

[6] 柴尚金. 涵养“一带一路”良好人文生态［J］. 前线，2019（6）：9－12.

[7] 陈虹，杨成玉.“一带一路”国家战略的国际经济效应研究——基于CGE模型的分析［J］. 国际贸易问题，2015，40（10）：4－12.

[8] 陈继勇，陈大波. 贸易开放度、经济自由度与经济增长——基于中国与“一带一路”沿线国家的分析［J］. 武汉大学学报（哲学社会科学版），2017，70（3）：46－57.

[9] 陈万灵，何传添. 海上丝绸之路的各方博弈及其经贸定位［J］. 改革，2014（3）：74－83.

[10] 陈伟光. 论21世纪海上丝绸之路合作机制的联动［J］. 国际经贸探索，2015，31（3）：72－82.

[11] 陈文府. 中国制造业参与全球价值链的竞争力——基于世界投入产出表的国际比较研究［J］. 产业经济研究，2015（5）：1－11，51.

[12] 陈欣.“一带一路”沿线国家科技合作网络比较研究［J］. 科研管理，2019，40（7）：22－32.

［13］陈胤默，孙乾坤，张晓瑜．孔子学院促进中国企业对外直接投资吗——基于“一带一路”沿线国家面板数据的分析［J］．国际贸易问题，2017（8）：84－95.

［14］储殷，高远．中国“一带一路”战略定位的三个问题［J］．国际经济评论，2015（2）：6，90－99.

［15］崔日明，黄英婉．“一带一路”沿线国家贸易投资便利化水平及其对中国出口的影响——基于面板数据的实证分析［J］．广东社会科学，2017（3）：5－13.

［16］崔远淼，方霞，沈璐敏．出口经验能促进中国对“一带一路”国家的直接投资吗——基于微观企业面板数据的实证检验［J］．国际贸易问题，2018（9）：66－79.

［17］戴翔．世界经济增长中的中国贡献：基于新框架的测算［J］．世界经济研究，2020（11）：45－56，135－136.

［18］丁一凡．中国对世界经济的影响到底有多大？［J］．国际经济评论，2005，10（5）：10－12.

［19］丁云宝．“一带一路”视域下的新地缘经济观［J］．同济大学学报（社会科学版），2019，30（2）：35－44.

［20］董鹤松，李仁杰，李建明，李帅．基于DMSP-OLS与NPP-VIIRS整合数据的中国三大城市群城市空间扩展时空格局［J］．地球信息科学学报，2020，22（5）：1161－1174.

［21］杜德斌，马亚华．“一带一路”：中华民族复兴的地缘大战略［J］．地理研究，2015，34（6）：1005－1014.

［22］范云成．我国外汇储备的适度规模与结构优化研究——基于国家“一带一路”战略［J］．当代经济，2016（13）：15－17.

［23］付韶军．东道国政府治理水平对中国OFDI区位选择的影响——基于“一带一路”沿线59国数据的实证分析［J］．经济问题探索，2018（1）：71－78.

［24］付永嘉．以“一带一路”建设推动构建人类命运共同体［J］．学校党建与思想教育，2020（20）：94－96.

［25］傅元海，唐未兵，王展祥．FDI溢出机制、技术进步路径与经济增长绩效［J］．经济研究，2010，45（6）：92－104.

［26］郜亮亮．中国减贫实践为世界贡献了什么——落实联合国千年发

展目标与可持续发展目标的视角［J］. 中国井冈山干部学院学报，2019，12（2）：120－129.

［27］龚鸣，吴乐珺，张朋辉，姜波，丁子，李晓骁，万宇. 中国经济增长将带动世界经济复苏［J］. 理论导报，2020（10）：39－41.

［28］龚晓莺，王海飞. 新中国成立70年来中国经济发展的世界贡献［J］. 福建论坛，2019（9）：65－70.

［29］龚新蜀，马骏. “丝绸之路”经济带交通基础设施建设对区域贸易的影响［J］. 企业经济，2014，35（3）：156－159.

［30］龚新蜀，史雪然，魏涛. 中国制造业出口增长二元边际及影响因素研究——基于“一带一路”沿线国家数据［J］. 新疆农垦经济，2021（1）：46－53.

［31］古柳，戴翔. 中国对世界经济增长的贡献究竟有多大？——基于全球投入产出分析［J］. 上海经济研究，2020（8）：94－105.

［32］顾学明. 总结“一带一路”经贸合作成果推动“一带一路”建设行稳致远——《中国“一带一路”贸易投资发展研究报告》介绍［J］. 中国外资，2018（19）：30－33.

［33］广东国际战略研究院课题组. 中国参与全球经济治理的战略：未来10～15年［J］. 改革，2014（5）：51－67.

［34］郭宏宇，竺彩华. 中国—东盟基础设施互联互通建设面临的问题与对策［J］. 国际经济合作，2014（8）：26－31.

［35］郭吉涛，张边秀. “一带一路”倡议与中国OFDI企业财务绩效——基于微观企业样本数据的实证分析［J］. 山东社会科学，2020（12）：160－167.

［36］郭熙保，罗知. 外资特征对中国经济增长的影响［J］. 经济研究，2009（5）：52－65.

［37］郭烨，许陈生. 双边高层会晤与中国在“一带一路”沿线国家的直接投资［J］. 国际贸易问题，2016（2）：26－36.

［38］哈瑞尔达·考利，利奥·扎克，吴敏，葛逸晅，龚新宇. “一带一路”倡议五年回顾——基于经济视角的分析［J］. 国际经济合作，2019（2）：20－31.

［39］韩晶，孙雅雯，陈曦. “一带一路”倡议与中国企业经营绩效——基于不同类型产业政策效果的分析［J］. 国际商务（对外经济贸易大学学

报），2020（6）：31－45.

［40］韩永辉，王贤彬，韦东明，况丽文．双边投资协定与中国企业海外并购——来自准自然实验的证据［J］．财经研究，2021，47（4）：33－48.

［41］何茂春，张冀兵，张雅芃，田斌．“一带一路”战略面临的障碍与对策［J］．新疆师范大学学报（哲学社会科学版），2015，36（3）：2，36－45.

［42］何志鹏．“一带一路”与国际制度的中国贡献［J］．学习与探索，2016（9）：49－56，158.

［43］胡鞍钢．“丝绸之路经济带”：战略内涵、定位和实现路径［J］．新疆师范大学学报，2014，35（2）：1－11.

［44］胡宗山，聂锐．“一带一路”倡议：成就、挑战与未来创新［J］．社会主义研究，2019（6）：162－170.

［45］黄凤志，魏永艳．“一带一路”倡议与建设对传统地缘政治学的超越［J］．吉林大学社会科学学报，2019，59（2）：66－73，220.

［46］黄俊，董小玉．“一带一路”国家战略的传播困境及突围策略［J］．马克思主义研究，2015（12）：121－127.

［47］黄亮雄，钱馨蓓，李青．领导人访问与中国企业在“一带一路”沿线国家的海外并购［J］．国际商务（对外经济贸易大学学报），2018（6）：47－60.

［48］黄亮雄，钱馨蓓，隋广军．中国对外直接投资改善了“一带一路”沿线国家的基础设施水平吗？［J］．管理评论，2018，30（3）：226－239.

［49］黄亮雄，钱馨蓓．中国投资推动“一带一路”沿线国家发展——基于VAR模型的分析［J］．国际经贸探索，2016，32（8）：76－90.

［50］黄亮雄，孙湘湘，王贤彬．商事制度改革有效激发创业了吗？——来自地级市的证据［J］．财经研究，2020，46（2）：42－155.

［51］黄亮雄，王震，王贤彬．地方经济增长目标对外商直接投资的影响与机制研究［J］．国际经贸探索，2021，37（2）：51－66.

［52］贾妮莎，韩永辉，邹建华．中国双向FDI的产业结构升级效应：理论机制与实证检验［J］．国际贸易问题，2014（11）：109－120.

［53］姜巍，傅玉玢．中国双向FDI的进出口贸易效应：影响机制与实证检验［J］．国际经贸探索，2014（6）：15－27.

［54］姜卫平，蒋岩桦．新时代中国特色社会主义对世界社会主义的重

大贡献 [J]. 党建研究，2018 (12)：56－58.

[55] 金碚. 论经济全球化3.0时代——兼论“一带一路”的互通观念 [J]. 中国工业经济，2016 (1)：5－20.

[56] 金灿荣，王浩. 从多重视角看中国对世界经济的贡献 [J]. 当代关注，2014 (3)：13－15.

[57] 阚阅，周谷平. “一带一路”背景下的结构改革与创新创业人才培养 [J]. 教育研究，2016，37 (10)：19－24.

[58] 孔庆峰，董虹蔚. “一带一路”国家的贸易便利化水平测算与贸易潜力研究 [J]. 国际贸易问题，2015 (12)：160－170.

[59] 雷达，程万昕. “双循环”新格局的经济思想史解析 [J]. 南开学报（哲学社会科学版），2021 (1)：8－13.

[60] 李斌，李玉芳. 中国企业“一带一路”背景下的跨国并购绩效研究 [J]. 国际商贸，2020 (4)：95－98.

[61] 李峰. “一带一路”战略下行业协会的组织功能与作用探索——基于企业走出去的视角 [J]. 理论与现代化，2016 (4)：16－21.

[62] 李锋. “一带一路”沿线国家的投资风险与应对策略 [J]. 中国流通经济，2016，30 (2)：115－121.

[63] 李凤亮，宇文曼倩. “一带一路”对文化产业发展的影响及对策 [J]. 同济大学学报，2016，10：48－60.

[64] 李磊，郑昭阳. 议中国对外直接投资是否为资源寻求型 [J]. 国际贸易问题，2012 (2)：146－157.

[65] 李青，黄亮雄. 中国的产业结构调整与全球经济失衡治理 [J]. 国际经贸探索，2015 (1)：39－51.

[66] 李瑞琴. 新时代中国特色社会主义的世界意义——以国际社会论中国对世界的贡献为视角 [J]. 当代世界社会主义问题，2018 (2)：3－12.

[67] 李伟. “一带一路”文化交流的差异性与包容性 [J]. 人民论坛，2019 (22)：138－139.

[68] 李向阳. 跨太平洋伙伴关系协定与“一带一路”之比较 [J]. 世界经济与政治，2016 (9)：29－43，155－156.

[69] 李晓，李俊久. “一带一路”与中国地缘政治经济战略的重构 [J]. 世界经济与政治，2015 (10)：30－59，156－157.

[70] 李晓钟，吕培培. 我国装备制造产品出口贸易潜力及贸易效率研

究——基于“一带一路”国家的实证研究［J］. 国际贸易问题，2019（1）：80－92.

［71］李艳丽. FDI对国内投资的挤入挤出效应——基于地区差异及资金来源结构视角的分析［J］. 经济学动态，2010（10）：20－23.

［72］连玉君. 中国上市公司投资效率研究［M］. 北京：经济管理出版社，2009.

［73］林江，孙辉，黄亮雄. 中国经济有外向路径依赖吗？——对Gao假说的检验及解释［J］. 广东社会科学，2011（4）：73－80.

［74］林乐芬，王少楠. “一带一路”进程中人民币国际化影响因素的实证分析［J］. 国际金融研究，2016（2）：75－83.

［75］林玲，刘尧. 制度质量、行业契约密集度与出口贸易——基于中国对“一带一路”国家的出口研究［J］. 国际贸易问题，2018（7）：121－133.

［76］刘得手. 中国是世界经济的稳定器和贡献者［J］. 人民论坛，2017（12）：83－85.

［77］刘宏，李述晟. FDI对我国经济增长、就业影响研究——基于VAR模型［J］. 国际贸易问题，2013（4）：105－114.

［78］刘辉煌，余昌龙，马添冀，江航翔. FDI技术外溢、技术差距与经济增长的非线性关系［J］. 金融研究，2009（9）：72－88.

［79］刘家国. 加强风险管理 提高“一带一路”交通基础设施投资质量［J］. 中国水运，2021（2）：63－64.

［80］刘京军，鲁晓东，张健. 中国进口与全球经济增长：公司投资的国际证据［J］. 经济研究，2020，55（8）：73－88.

［81］刘维林. 中国式出口的价值创造之谜：基于全球价值链的解析［J］. 世界经济，2015，38（3）：3－28.

［82］刘芯瑜，许燕滨. “一带一路”民心相通中的“文化走亲东盟行”研究［J］. 沿海企业与科技，2020（5）：3－7.

［83］罗坚毅，何晓洁，张勇. 中国对世界经济增长贡献率的研究——基于1996～2016年数据分析［J］. 经济学家，2017（12）：91－100.

［84］吕越，陆毅，吴嵩博，王勇. “一带一路”倡议的对外投资促进效应——基于2005～2016年中国企业绿地投资的双重差分检验［J］. 经济研究，2019（9）：187－202.

［85］马艳，李俊，王琳. 论“一带一路”的逆不平等性：驳中国“新

殖民主义”质疑［J］. 世界经济，2020，43（1）：3－22.

［86］门洪华，刘笑阳. 中国伙伴关系战略评估与展望［J］. 世界经济与政治，2015（2）：65－95，157－158.

［87］南卡. “一带一路”在建设过程中面临的挑战［J］. 农家参谋，2018（21）：232.

［88］倪中新，卢星，薛文骏. “一带一路”战略能够化解我国过剩的钢铁产能吗——基于时变参数向量自回归模型平均的预测［J］. 国际贸易问题，2016，15（3）：161－174.

［89］钮菊生，刘敏. 中国引领全球治理的问题与对策［J］. 东北亚论坛，2019，28（2）：33－46，127.

［90］潘春阳，吴青山. 中国的 OFDI 是否促进了发展中国家经济增长？［J］. 世界经济文汇，2021（1）：66－84.

［91］潘家华. “一带一路”倡议的战略再思考［J］. 海南大学学报（人文社会科学版），2020，38（1）：1－10，180.

［92］潘世伟. 中国道路为世界文明作出了历史性贡献［J］. 理论导报，2019（9）：55.

［93］庞中英. 中国在国际体系中的地位与作用［J］. 现代国际关系，2006，26（4）：17－22.

［94］裴长洪. 全球经济治理、公共品与中国扩大开放［J］. 经济研究，2014，49（3）：4－19.

［95］曲博. 金融危机背景下的中国与全球经济治理［J］. 外交评论，2010（6）：57－65.

［96］曲如晓，刘霞，于晓宇. 国际科技创新合作对中国出口贸易影响的实证研究［J］. 经济经纬，2019，36（4）：48－55.

［97］任琳，彭博. 全球治理变局与中国应对——一种全球公共产品供给的视角［J］. 国际经济评论，2020（1）：7－8，108－123.

［98］申晨，李胜兰，黄亮雄. 异质性环境规制对中国工业绿色转型的影响机理研究——基于中介效应的实证分析［J］. 南开经济研究，2018（5）：95－114.

［99］申现杰，肖金成. 国际区域经济合作新形势与我国“一带一路”合作战略［J］. 宏观经济研究，2014（11）：30－38.

［100］石薛桥，段宇洁，郭瑞洁. “一带一路”倡议对中国产业结构优

化升级影响的实证研究［J］. 商业经济研究，2019（3）：172－174.

［101］世界银行. 1994年世界发展报告（中文版）［M］. 北京：中国财政经济出版社，1995.

［102］宋泓. 对外开放四十年：从适应者到影响者和引领者［J］. 国际贸易，2018（10）：4－14.

［103］隋广军，黄亮雄，黄兴. 中国对外直接投资、基础设施建设与"一带一路"沿线国家经济增长［J］. 广东财经大学学报，2017，32（1）：32－43.

［104］孙楚仁，张楠，刘雅莹."一带一路"倡议与中国对沿线国家的贸易增长［J］. 国际贸易问题，2017（2）：83－96.

［105］孙相军，戴晓晴，杨伯. 东北亚陆路跨境物流通道发展现状与展望［J/OL］. 公路，2021（4）：211－215［1－04－10］. http：//kns. cnki. net/kcms/detail/11. 1668. u. 20210409. 0916. 076. html.

［106］孙焱林，覃飞."一带一路"倡议降低了企业对外直接投资风险吗［J］. 国际贸易问题，2018（8）：66－79.

［107］谭秀杰，周茂荣. 21世纪"海上丝绸之路"贸易潜力及其影响因素——基于随机前沿引力模型的实证研究［J］. 国际贸易问题，2015（2）：3－12.

［108］陶蕴芳，李慧. 国际科技合作中的中西文化磨合研究［J］. 科技管理研究，2008，28（12）：496－498.

［109］推进"一带一路"建设工作领导小组办公室. 共建"一带一路"倡议：进展、贡献与展望［R］. 一带一路网，2019.

［110］万相昱，张涛. 中国的经济增长为世界经济作出了重要贡献［J］. 红旗文稿，2017（13）：20－22.

［111］王诚志. 中国—东盟互联互通的经济效应研究［D］. 北京：外交学院，2013.

［112］王桂军，卢潇潇."一带一路"倡议可以促进中国企业创新吗?［J］. 财经研究，2019，45（1）：19－34.

［113］王桂军，卢潇潇."一带一路"倡议与中国企业升级［J］. 中国工业经济，2019（3）：43－61.

［114］王国刚."一带一路"：闯出全球经济资源配置的中国之路［J］. 金融论坛，2015，20（10）：17－29.

[115] 王国刚．“一带一路”：基于中华传统文化的国际经济理念创新[J]．国际金融研究，2015 (7)：3-10.

[116] 王继源，陈璋，龙少波．“一带一路”基础设施投资对我国经济拉动作用的实证分析——基于多部门投入产出视角 [J]．江西财经大学学报，2016 (2)：11-19.

[117] 王宁静，魏巍贤．中国大气污染治理绩效及其对世界减排的贡献[J]．中国人口·资源与环境，2019，29 (9)：22-29.

[118] 王小鲁，樊纲，刘鹏．中国经济增长方式转换和增长可持续性[J]．经济研究，2009，59 (1)：4-16.

[119] 王义桅．“一带一路”的国际话语权探析 [J]．探索，2016 (2)：2，46-54.

[120] 王颖，吕婕．中国对“一带一路”沿线国家直接投资的影响因素研究——基于东道国制度环境因素 [J]．国际贸易问题，2018 (1)：83-91.

[121] 王永钦，杜巨澜，王凯．中国对外直接投资区位选择的决定因素：制度、税负和资源禀赋 [J]．经济研究，2014 (12)：126-142.

[122] 王跃生，吕磊．“一带一路”建设、全球结构重建与世界经济增长新引擎 [J]．中国特色社会主义研究，2016 (4)：23-28.

[123] 王志民，陈宗华．“一带一路”建设的七年回顾与思考 [J]．东北亚论坛，2021，30 (1)：104-114，128.

[124] 王中美．全球贸易便利化的评估研究与趋势分析 [J]．世界经济研究，2014 (3)：47-52，88.

[125] 温忠麟，张雷，侯杰泰，刘红云．中介效应检验程序及其应用[J]．心理学报，2004，36：614-620.

[126] 吴建南，杨若愚．中国与“一带一路”国家的科技合作态势研究[J]．科学学与科学技术管理，2016，37 (1)：14-20.

[127] 武力超，姜炎鹏，曾三燕，丛姗．贸易信贷对企业技术创新合作的影响 [J]．金融论坛，2019，24 (9)：21-35.

[128] 习近平．携手推进“一带一路”建设 [N]．人民日报，2017-05-15 (3).

[129] 邢广程．“一带一路”：中国与世界的深度链接 [J]．领导科学论坛，2016 (24)：47-61.

[130] 徐明昊，范梓幸．双边贸易的语言效应——基于“一带一路”沿线

国家的实证分析．东南大学学报（哲学社会科学版），2020（6）：157－162.

[131] 徐思，何晓怡，钟凯．“一带一路”倡议与中国企业融资约束［J］．中国工业经济，2019（7）：155－173.

[132] 许利娜，滕静涛，刘红．“一带一路”沿线国家贸易便利化水平测度分析［J］．中国商论，2021（4）：1－4.

[133] 薛力．中国“一带一路”战略面对的外交风险［J］．国际经济评论，2015（2）：5，68－79.

[134] 严佳佳，辛文婷．“一带一路”倡议对人民币国际化的影响研究［J］．经济学家，2017（12）：83－90.

[135] 严书翰．中国改革开放的成功为世界和平与发展作出了重要贡献［J］．先锋，2018（12）：25－26.

[136] 杨继军，范从来．“中国制造”对全球经济“大稳健”的影响——基于价值链的实证检验［J］．中国社会科学，2015（10）：92－113，205－206.

[137] 杨雷．国际制度视角下“一带一路”与大欧亚伙伴关系的对接［J］．东北亚论坛，2021，30（1）：115－126，128.

[138] 姚树洁，冯根福，韦开蕾．外商直接投资和经济增长的关系研究［J］．经济研究，2006（12）：35－46.

[139] 叶阳平，马文聪，张光宇．中国与“一带一路”沿线国家科技合作现状研究——基于专利和论文的比较分析［J］．图书情报知识，2016（4）：60－68.

[140] 尹希果，李后建．基于 SEM 的欠发达地区国际科技合作环境因素研究［J］．中国科技论坛，2009（12）：124－128.

[141] 余芳东．世界经济增长率的测度以及中国贡献的分析［J］．统计研究，2007（10）：39－44.

[142] 郁强明．多角度推动“一带一路”战略构想的实施［J］．中国党政干部论坛，2016（1）：80.

[143] 张春侠．“一带一路”：全球治理的中国方案［J］．中国报道，2018（7）：34－36.

[144] 张军，高远，傅永等．中国为什么拥有了良好的基础设施？［J］．经济研究，2007，57（3）：4－19.

[145] 张良悦，刘东．“一带一路”与中国经济发展［J］．经济学家，2015（11）：51－58.

[146] 张明倩，邓敏敏．中国与“一带一路”沿线国家跨国专利合作特征研究 [J]．情报杂志，2016，35 (4)：4，37 –42.

[147] 张明倩，柯莉．“一带一路”跨国专利合作网络及影响因素研究 [J]．软科学，2018，32 (6)：21 –25，29.

[148] 张宁宁，张宏．“一带一路”沿线国家制度风险与企业海外市场进入模式选择：基于中国装备制造业上市公司的实证分析 [J]．世界经济研究，2019 (10)：119 –133，136.

[149] 张婷婷，阿尔希波娃·维阿列塔．孔子学院助推中俄“一带一盟”对接中的人文交流 [J]．对外传播，2020 (6)：49 –51.

[150] 张同斌，王树贞，鲍曙明．“中国制造”对世界经济增长的贡献及分解研究 [J]．数量经济技术经济研究，2017，34 (11)：81 –97.

[151] 张晓静，李梁．“一带一路”与中国出口贸易：基于贸易便利化视角 [J]．亚太经济，2015 (3)：21 –27.

[152] 张亚斌．“一带一路”投资便利化与中国对外直接投资选择——基于跨国面板数据及投资引力模型的实证研究 [J]．国际贸易问题，2016 (9)：165 –176.

[153] 张友棠，杨柳．“一带一路”国家税收竞争力与中国对外直接投资 [J]．国际贸易问题，2018 (3)：85 –99.

[154] 张雨辰．国际科技交流合作绩效的影响因素——以基础研究领域为例 [J]．国际经济合作，2019 (3)：79 –88.

[155] 赵东麒，桑百川．“一带一路”倡议下的国际产能合作——基于产业国际竞争力的实证分析 [J]．国际贸易问题，2016 (10)：3 –14.

[156] 赵天睿，孙成伍，张富国．“一带一路”战略背景下的区域经济发展机遇与挑战 [J]．经济问题，2015 (12)：19 –23.

[157] 赵志浩，卢进勇．国际技术溢出：获取路径与对策探讨——基于贸易保护主义抬头背景下的思考 [J]．国际经济合作，2020 (1)：78 –90.

[158] 钟茂初．中国经济发展的世界贡献 [J]．人民论坛，2017 (21)：34 –36.

[159] 种照辉，覃成林．“一带一路”贸易网络结构及其影响因素——基于网络分析方法的研究 [J]．国际经贸探索，2017 (5)：16 –28.

[160] 周方银．“一带一路”面临的风险挑战及其应对 [J]．国际观察，2015 (4)：61 –72.

[161] 朱惠玥．中国对外反倾销进口二元边际的实证分析 [D]．广州：暨南大学，2020.

[162] 朱磊，陈迎．"一带一路"倡议对接2030年可持续发展议程——内涵、目标与路径 [J]．世界经济与政治，2019 (4)：79-100，158.

[163] 朱亚成，王子朴．"一带一路"研究现状综述——基于CNKI的文献计量分析 [J]．武汉生物工程学院学报，2016，12 (4)：256-264.

[164] Abramovsky L, Kremp E, Lopez A, S Tobias, S Helen. Understanding Co-operative Innovative Activity: Evidence from Four European Countries [J]. Economics of Innovation and New Technology, 2009, 18 (3): 243-265.

[165] Aibai A, Huang X, Luo Y, et al. Foreign Direct Investment, Institutional Quality, and Financial Development along the Belt and Road: An Empirical Investigation [J]. Emerging Markets Finance and Trade, 2019, 55 (14): 3275-3294.

[166] Alfaro L., A. Chanda, S. Kalemli-Ozcan, S. Sayek. FDI and Economic Growth: The Role of Local Financial Markets [J]. Journal of International Economic Amsterdam, 2004, 64 (1): 89-112.

[167] Arellano M., S. Bond. Some Tests of Specification for Panel Data: Monte Carlo Evidence and an Application to Employment Equations [J]. The Review of Economic Studies, 1991, 58: 277-297.

[168] Arellano M., O. Bover. Another Look at the Instrumental Variable Estimation of Error-components Models [J]. Journal of Econometrics, 1995, 68: 29-51.

[169] Balasubramanyam V. N., M. Salisu, D. Sapsford. Foreign Direct Investment and Growth in EP and IS Countries [J]. Economic Journal, 1996, 106: 92-105.

[170] Bandiera L, Tsiropoulos V. A Framework to Assess Debt Sustainability and Fiscal Risks under the Belt and Road Initiative [M]. Social Science Electronic Publishing, 2019.

[171] Beck T, Levine R., Levkov A. Big Bad Banks? The Winners and Losers from Bank Deregulation in the United States [J]. The Journal of Finance, 2010, 65 (5): 1637-1667.

[172] Bertrand M, Mullainathan S. Enjoying the Quiet Life? Corporate Gov-

ernance and Managerial Preferences [J]. Journal of Political Economy, 2003, 111 (5): 1043-1075.

[173] Blanchard J. M. F., Flint C. The Geopolitics of China's Maritime Silk Road Initiative [J]. 2017, 22 (2): 223-245.

[174] Bloom N., Draca M., Van Reenen J. Trade Induced Technical Change? The Impact of Chinese Imports on Innovation, IT and Productivity [J]. The Review of Economic Studies, 2016, 83 (1): 87-117.

[175] Blundell R., S. Bond. Initial Conditions and Moment Restrictions in Dynamic Panel-data Models [J]. Journal of Econometrics, 1998, 87: 115-143.

[176] Borensztein E. J., De Gregorie J., Jong-Wang L. How Does FDI Affect Economic Growth? [J]. Journal of International Economics, 1998, 45 (1): 115-135.

[177] Chaisse J., Matsushita M. China's 'Belt and Road' Initiative—Mapping the World's Normative and Strategic Implications [J]. 2018, 51 (1): 163-186.

[178] Chan S. The Belt and Road Initiative: Implications for China and East Asian Economies [J]. The Copenhagen Journal of Asian Studies, 2017, 35 (2): 52-78.

[179] Chen M. Keith. The Effect of Language on Economic Behavior: Evidence from Savings Rates, Health Behaviors, and Retirement Asset [J]. The American Economic Review, 2013, 103 (2): 690-731.

[180] Coe D. T., Helpman E. International R&D Spillovers [J]. European Economic Review (0014-2921), 1995, 39 (5): 859-887.

[181] Daniel G. C., Robert B. N. Do Public Transport Improvements Increase Agglomeration Economies? A Review of Literature and an Agenda for Research [J]. Transport Reviews, 2011, 31 (6): 725-742.

[182] Ding T, Ning Y, Zhang Y. The Contribution of China's Bilateral Trade to Global Carbon Emissions in the Context of Globalization [J]. Structural Change and Economic Dynamics, 2018, 46: 78-88.

[183] Djankov S., Hoekman B. Foreign Direct Investment and Productivity Growth in Czech Enterprises [J]. World Bank Economic Review, 1999, 14 (1): 49-64.

[184] Dunford M., Liu W. Chinese Perspectives on the Belt and Road Initiative [J]. Cambridge Journal of Regions, Economy and Society, 2019, 12 (1): 145 - 167.

[185] Easterly W. How Much Do Distortions Affect Growth? [J]. Journal of Monetary Economics, 1993, 32 (2): 187 - 212.

[186] Ehizuelen M. M. O. More African Countries on the Route: The Positive and Negative Impacts of the Belt and Road Initiative [J]. Transnational Corporations Review, 2017, 9 (4): 341 - 359.

[187] Fardella E., Prodi G. The Belt and Road Initiative Impact on Europe: An Italian Perspective [J]. China & World Economy, 2017, 25 (5): 125 - 138.

[188] Faria P., Schmidt T. International Cooperation on Innovation: Empirical Evidence for German and Portuguese Firms [J]. Centre for European Economic Research Discussion Paper, 2007, 7 (6): 7 - 60.

[189] Fedulova L. I. Development of Scientific and Technological Cooperation between Ukraine and Russia Based on the Cluster Approach [J]. Studies on Russian Economic Development, 2013, 24 (6): 578 - 584.

[190] Flint C., Zhu C. The Geopolitics of Connectivity, Cooperation, and Hegemonic Competition: The Belt and Road Initiative [J]. Geoforum, 2019, 99: 95 - 101.

[191] Foo N., Lean H. H., Salim R. The Impact of China's One Belt One Road Initiative on International Trade in the ASEAN Region [J]. The North American Journal of Economics and Finance, 2020, 54: 101089.

[192] Gao H., Li Y. The Renminbi as a Trading Currency: Evidence from Selected Countries Participating in the Belt and Road Initiative [J]. China & World Economy, 2020, 28 (5): 45 - 63.

[193] Ghatak A., Halicioglu F. Foreign Direct Investment and Economic Growth: Some Evidence from Across the World [J]. Global Business and Economics Review, 2007, 9 (4): 381 - 394.

[194] Gilchrist S., C. Himmelberg. Investment, Fundamentals and Finance [J]. NBER Macroeconomics Annual, 1998, 13: 223 - 262.

[195] Golovko E., Valentini G. Exploring the Complementarity between Innovation and Export for SMEs' Growth [J]. Journal of International Business Stud-

ies, 2011, 42 (3): 362 -380.

[196] Gonçalves, Arnaldo M. A. China's "One Belt, One Road" Initiative. Just Economics? [J]. Pyrex Journal of Political Science and International Relations, 2017, 3 (2): 13 -29.

[197] Grossman G. M., Helpman E. Quality Ladders in the Theory of Growth [J]. The Review of Economic Studies, 1991, 58 (1): 43 -61.

[198] Guellec D., de la Potterie B P. The Internationalisation of Technology Analysed with Patent Data [J]. Research Policy, 2001, 30 (8): 1253 -1266.

[199] He Baogang. The Domestic Politics of the Belt and Road Initiative and Its Implications [J]. Journal of Contemporary China, Volume 28, 2019: 180 -195.

[200] Heimeriks K. H., Duysters G. Alliance Capability as a Mediator between Experience and Alliance Performance: An Empirical Investigation into the Alliance Capability Development Process [J]. Journal of Management Studies, 2007, 44 (1): 25 -49.

[201] Herrero A. G., Xu J. China's Belt and Road Initiative: Can Europe Expect Trade Gains? [J]. China & World Economy, 2017, 25 (6): 84 -99.

[202] Holtz-Eakin D., Joulfaian D., Rosen H. S. Sticking It Out: Entrepreneurial Survival and Liquidity Constraints [J]. Journal of Political Economy, 1994, 102 (1): 53 -75.

[203] Huang Y. Understanding China's Belt & Road Initiative: Motivation, Framework and Assessment [J]. China Economic Review, 2016, 40: 314 -321.

[204] Hurley J., Morris S., Portelance G. Examining the Debt Implications of the Belt and Road Initiative from a Policy Perspective [J]. Journal of Infrastructure, Policy and Development, 2019, 3 (1): 139 -175.

[205] Julien Chaisse, Mitsuo Matsushita. China's 'Belt and Road' Initiative—Mapping the World's Normative and Strategic Implications [J]. Journal of World Trade, 2018 (52): 163 -185.

[206] Katz J. Geographical Proximity and Scientific Collaboration [J]. Scientometrics, 1994, 31 (1): 31 -43.

[207] Kawai H. International Comparative Analysis of Economic Growth: Trade Liberalization and Productivity [J]. The Developing Economies, 1994, 32 (4): 373 -397.

[208] Kerikmäe T. , Zuokui L. New Perspectives for Europe-China Relations [J]. Baltic Journal of European Studies, 2017, 7 (1): 3 -5.

[209] Kneller R. , Pisu M. Industrial Linkages and Export Spillovers from FDI [J]. World Economy, 2007, 30 (1): 105 -134.

[210] Komkov N. I. , Sutyagin V. V. , Frolov I. E. , et al. Scientific and Technological Interactions between Russia and Ukraine: Forecasting Opportunities and Mechanisms for Their Implementation [J]. Studies on Russian Economic Development, 2011, 22 (4): 365 -374.

[211] Lewandowska M. S. , Szymura-Tyc M. , Golebiowski T. Innovation Complementarity, Cooperation Partners, and New Product Export: Evidence from Poland [J]. Journal of Business Research, 2016, 69 (9): 3673 -3681.

[212] Lewis D. China's Global Internet Ambitions: Finding Roots in ASEAN [J]. Institute of Chinese Studies: Occasional Paper, 2017, 14.

[213] Li X. , Li D. , Xu H. , Wu C. . Intercalibration between DMSP/OLS and VIIRS Night-time Light Images to Evaluate City Light Dynamics of Syria's Major Human Settlement during Syrian Civil War [J]. International Journal of Remote Sensing, 2017, 38: 21, 5934 -5951,

[214] Li Z. , Huang Z. , Dong H. The Influential Factors on Outward Foreign Direct Investment: Evidence from the "The Belt and Road" [J]. Emerging Markets Finance and Trade, 2019, 55 (14): 3211 -3226.

[215] Liao H. , Chi Y. , Zhang J. Impact of International Development Aid on FDI along the Belt and Road [J]. China Economic Review, 2020: 101448.

[216] Liu A. , Lu C. , Wang Z. The Roles of Cultural and Institutional Distance in International Trade: Evidence from China's Trade with the Belt and Road Countries [J]. China Economic Review, 2020, 61: 101234.

[217] Liu H. , Lim G. The Political Economy of a Rising China in Southeast Asia: Malaysia's Response to the Belt and Road Initiative [J]. Journal of Contemporary China, 2019, 28 (116): 216 -231.

[218] Liu Hong. The Political Economy of a Rising China in Southeast Asia: Malaysia's Response to the Belt and Road Initiative [J]. Journal of Contemporary China, Volume 28, 2019: 216 -231.

[219] Love I. , Zicchino L. Financial Development and Dynamic Investment

Behavior: Evidence from Panel VAR [J]. The Quarterly Review of Economics and Finance, 2006, 46 (2): 190-210.

[220] Maliszewska M., Van Der Mensbrugghe D. The Belt and Road Initiative: Economic, Poverty and Environmental Impacts [J]. World Bank Policy Research Working Paper No. 8814, 2019.

[221] Mankiw N. Gregory, Romer David, Weil David N., A Contribution to the Empirics of Economic Growth [J]. The Quarterly Journal of Economics, 1992, 107 (2): 407-437.

[222] Dunford M., Liu W. Chinese Perspectives on the Belt and Road Initiative [J]. Cambridge Journal of Regions, Economy and Society, 2019, 12 (1): 145-167.

[223] Mottaleb K. A. Determinants of Foreign Direct Investment and Its Impact on Economic Growth in Developing Countries [J]. Munich Personal RePEc Archive, 2007, No. 9457.

[224] Nourzad F., Greenwold D. N., Yang R. The Interaction between FDI and Infrastructure Capital in the Development Process [J]. International Advances in Economic Research, 2014, 20 (2): 203-212.

[225] Nurgozhayeva R. Rule-Making, Rule-Taking or Rule-Rejecting under the Belt and Road Initiative: A Central Asian Perspective [J]. The Chinese Journal of Comparative Law, 2020, 8 (1): 250-278.

[226] Nurgozhayeva R. Rule-Making, Rule-Taking or Rule-Rejecting under the Belt and Road Initiative: A Central Asian Perspective [J]. The Chinese Journal of Comparative Law, 2020, 8 (1): 250-278.

[227] Prud'homme R. Infrastructure and Development [R]. Washington, DC: World Bank, 2004: 153-180.

[228] Radicic D., Douglas D., Pugh G., Jackson I. Cooperation for Innovation and Its Impact on Technological and Non-technological Innovations: Empirical Evidence for European SMEs in Traditional Manufacturing Industries [J]. International Journal of Innovation Management, 2019, 23 (5): 1950046.

[229] Schott T. International Influence in Science: Beyond Center and Periphery [J]. Social Science Research, 1988, 17 (3): 219-238.

[230] Sun C. and Liu Y. Can China's Diplomatic Partnership Strategy Bene-

fit Outward Foreign Direct Investment? [J]. China & World Economy, 2019, 27 (5): 108 - 134.

[231] Tan X. J., Zhou M. R. Export Potential of 21st-century Maritime Silk Road and Its Determinants: An Empirical Research Based on Stochastic Frontier Gravity Model [J]. Journal of International Trade, 2015, 2: 3 - 12.

[232] Tekdal V. China's Belt and Road Initiative: At the Crossroads of Challenges and Ambitions [J]. The Pacific Review, 2018, 31 (3): 373 - 390.

[233] Urpelainen J. International Technology Cooperation: The Problem of Commercial Rivalry [J]. Review of Policy Research, 2011, 28 (5): 423 - 450.

[234] Vangeli A. China's Engagement with the Sixteen Countries of Central, East and Southeast Europe under the Belt and Road Initiative [J]. China & World Economy, 2017, 25 (5): 101 - 124.

[235] Wang Y. Offensive for Defensive: The Belt and Road Initiative and China's New Grand Strategy [J]. The Pacific Review, 2016, 29 (3): 455 - 463.

[236] Wu Y., Chen C. The Impact of China's Outward Foreign Direct Investment on Trade Intensity with Belt and Road Countries [J]. Emerging Markets Finance and Trade, 2019: 1 - 20.

[237] Xu B. Multinational Enterprises, Technology Diffusion, and Host Country Productivity Growth [J]. Journal of Development Economics, 2000, 62 (2): 477 - 493.

[238] Young S., Lan P. Technology Transfer to China through Foreign Direct Investment [J]. Regional Studies, 1997, 31 (7): 669 - 679.

[239] Zhang F., Yu M., Yu J., et al. The Effect of RMB Internationalization on Belt and Road Initiative: Evidence from Bilateral Swap Agreements [J]. Emerging Markets Finance and Trade, 2017, 53 (12): 2845 - 2857.

[240] Zhao T. National Distance and China's OFDI: Research Based on the 'Belt and Road' Countries [J]. Applied Economics Letters, 2020: 1 - 5.

[241] Zheng Q., Weng Q., Wang K. Developing a New Cross-sensor Calibration Model for DMSP-OLS and Suomi-NPP VIIRS Night-light Imageries [J]. ISPRS Journal of Photogrammetry and Remote Sensing, 2019, 153 (JUL.): 36 - 47.

[242] Zhou W., Esteban M. Beyond Balancing: China's Approach Towards the Belt and Road Initiative [J]. Journal of Contemporary China, 2018, 27

(112)：487 –501.

[243] Zhu Cuiping，Colin Flinta. The Geopolitics of Connectivity，Cooperation，and Hegemonic Competition：The Belt and Road Initiative [J]. Geoforum，Volume 99，February 2019：95 –101.

[244] Ziro Mwatela R.，Changfeng Z. Africa in China's 'One Belt，One Road' Initiative：A Critical Analysis [J]. IOSR Journal of Humanities and Social Science，2016，21 (12)：10 –21.

后　记

2013年秋，习近平总书记提出共建“一带一路”伟大构想。共建“一带一路”倡议于同年写入了党的十八届三中全会决定，成为国家对外开放与经济外交的顶层设计。本人也展开了对“一带一路”的研究，而本书正是这7年多来本人的研究集合。

共建“一带一路”倡议可谓是大道致远、海纳百川，本书也试图综合当前有关“一带一路”研究，尤其是实证方面的研究。遵循“一带一路”倡议实证分析的研究脉络以及本人研究经历，本书的核心部分是针对“一带一路”的实证研究，包括区域篇和绩效篇两个部分。

本书是本人7年多来的研究心血，其能顺利出版，我满怀感激。感谢华中科技大学经济学院给予我经济学的启蒙，让我喜欢上经济学的研究，它踏实勤奋的风格，一直是我不断探索的基础。感谢中山大学五年来对我博士阶段的培养，让我初步具备了经济学研究的能力，岭南学院的“红灰”精神也成为我未来前进的启明灯。特别感谢我的恩师舒元教授，舒老师是我学术的领路人，也是我一生的榜样。有幸成为舒门弟子，是我一生最大的骄傲，也是对我学习研究莫大的鞭策。

这七年基本涵盖了本人博士毕业后的工作历程。这七年来，我先后就职于广东外语外贸大学和华南理工大学。我同样十分感谢广东外语外贸大学对我的培养，我也始终忘不了广外的人与物。2018年3月，我来到华南理工大学经济与金融学院工作。转换工作单位需要莫大的勇气，华工给予了我极大的宽容，让我有更大的空间继续研究。

在华南理工大学，我成为研究生导师，到如今已经招收超过10名研究生，初步组成了学生学术团队。同时，也有不少本科生加入我们的团队。本书的不少章节，正是我与我的学生的共同成果。在这里，我就不一一致谢了。

在华南理工大学，我担任了国际经济与贸易系2018级1班的班主任，跟学生们建立了亦师亦友的关系，见证着他们从稚气未脱的小孩逐渐走向成熟。

当前，他们也正经历人生又一重要节点——是工作，还是继续学业。同时，我也讲授本科生的《国际经济学》《博弈论基础》、研究生的《国际金融与政策》《产业经济学》等课程。我的学生勤奋且机灵，更重要的是，对知识有着极大的渴望。

也感谢我的合作者，感谢不少专家和同行们给予了我大量的建议与支持，与他们的交流总是开心而富有启发的，也带来了更多的研究火花。感谢暨南大学王贤彬副教授、李书娟博士，广州大学刘淑琳博士，广东财经大学刘敏副教授，广东外语外贸大学韩永辉教授，中山大学徐现祥教授、才国伟教授、张莉教授，华南理工大学邓可斌教授、谭锐研究员等。

我要特别感谢我的两名“情人”。“大情人”彩婷是我的爱人，她美丽动人，是个知性和坚强的伴侣。家庭生活既温馨又琐碎，彩婷总是包容我，承担了家里的大部分家务，把家庭打理得井井有条，给予了我充足的时间和莫大的支持，让我安心工作。彩婷还牢牢地拴住了我的胃，她烹制的美味佳肴是对我学术研究的最好奖励，使我在愉快工作中发胖。“小情人”蕴洵是我的女儿，在我心目中，她是世界上最可爱、最聪明、最疼爸爸的女儿，她总能逗我开心。

把以往研究集结成书出版需要极大的勇气，夫人彩婷、女儿蕴洵给予了我充分的理解和鼓励。对她们的感谢与爱意，说再多也不为过。两名“情人”是我不断前进的动力。我想，我要把此书献给她们，希望她们永远幸福快乐。

本书聚焦于“一带一路”倡议的实证分析，只是我对这个问题研究的开端，本书的部分章节也已经在《经济学家》《管理评论》《国际经贸探索》等期刊上发表，但远远不够。无论如何，本书的出版，是我研究成果的见证，也鞭策着我继续努力。

再次感谢国家自然科学基金面上项目“中国对外直接投资推动全球价值链重构：基于共建‘一带一路’背景的研究”（项目编号：72073047）、广东省软科学项目“有关国家技术出口管制对广东科技创新发展的影响研究”（项目编号：2018B07071401）、广州市哲学社会科学规划项目“RCEP 协定影响下广州构建‘双循环’重要战略地位研究”（项目编号：2021GZYB01）的资助。

感谢出版社老师辛勤的劳动，感谢张燕编辑一丝不苟的工作。

黄亮雄

2021 年 7 月于广州大学城